言語研究と言語学の進展シリーズ②

言語の認知とコミュニケーション
意味論・語用論，認知言語学，社会言語学

JN171564

言語研究と言語学の
進展シリーズ............ ②

[監修] 西原哲雄・福田　稔
　　　早瀬尚子・谷口一美

言語の
認知とコミュニケーション

意味論・語用論，認知言語学，社会言語学

早瀬尚子
[編]

早瀬尚子　　吉村あき子
谷口一美　　小松原哲太
井上逸兵　　多々良直弘
[著]

開拓社

「言語研究と言語学の進展シリーズ」の刊行にあたって

　20世紀以降の言語学に関わる分野の発展には急激な変化があり，アメリカ構造主義言語学，生成文法理論，そして近年の認知言語学や生物言語学（進化言語学を含む）などに及ぶ，さまざまな言語理論が提案されて発展を続けてきている．同時にコンピューターの技術革新やITの発展などにより，コーパス言語学をはじめとする新たな方法論が導入され，言語研究は急速な発達を遂げてきたといえる．英語や日本語というような個別の言語研究についても，共時的な観点や通時的な観点を含む多くのさまざまな角度からの分析が進められ，それらの成果の多くは，研究論文や研究書（兼概説書や論文集など）という形で広く世の中に公にされてきている．

　このように，言語理論研究においても個別言語研究においても，時代とともに次第に特殊化や細分化が進み，その結果，それらの研究内容が複雑になり，また多様化していった．現在では，それぞれの分野でとられる分析手法が異なるために，専門家であっても自分の研究分野における最新の成果を十分に理解するのが困難なことも珍しくはない．このような状況の中で，英語学や日本語学を含む言語学の研究を目指している学生や，大学で教鞭をとるそれぞれの専門分野の研究者たちに対して，言語全般，個別言語や各専門分野における基本的な内容を含みながらも，最新のそれぞれの（専門分野の）言語研究の成果を提示できることは，非常に意義深いことであると同時に，十分な必要性があると考えられる．

　そこで我々は，英語学，日本語学および言語学全般を研究し，関心を持つ学生や，研究者たちを読者の対象として，これらの読者の研究における上記で述べたニーズや必要性に対応すべく，『言語研究と言語学の進展シリーズ（全3巻）』の出版を企画した．そして，より多くの読者のニーズに答えるべく，以下のように，全9部門を全3巻（各巻3部構成）に分け，それぞれ1巻から3巻に3名の編集者，および，各部の執筆者は基本的に複数名を配置して，各分野の執筆をお願いした．

　また，各巻の内容は，次に挙げるような構成となっている．

v

第 1 巻　言語の構造と分析
　　　　　──統語論，音声学・音韻論，形態論──　　　　（西原哲雄 編）
第 2 巻　言語の認知とコミュニケーション
　　　　　──意味論・語用論，認知言語学，社会言語学──　（早瀬尚子 編）
第 3 巻　言語の獲得・進化・変化
　　　　　──心理言語学，進化言語学，歴史言語学──　　　（遊佐典昭 編）

　各巻の執筆者には，幸運にも，それぞれの分野を代表するような方々をお迎えすることもができた．読者の方々には，各自の専門分野に関わる巻，部から読み始めていただくとともに，関連する隣接分野の巻や部についてもぜひ，参照していただけるようにお勧めしたい．そのように活用していただくことにより，読者の専門とする分野の知識を豊かにしていただくだけでなく，英語学や日本語学を含む言語学研究の分野についての理解はよりいっそう深くなるものである，と監修者一同確信している．

　2018 年 5 月

シリーズ監修者
西原哲雄・福田　稔・早瀬尚子・谷口一美

第 2 巻　言語の認知とコミュニケーション

は し が き

　言語学の研究はまず形式的および構造的な側面を中心として始まった．音声
や形態といった，言語の中でも具体性を備えた形をとって生じる側面を先に研
究の対象とし，その後に統語的側面に関心の焦点が移っていった．意味や語用
論といった分野への関心は，どうしても後手に回っていたが，それでも 21 世
紀も 5 分の 1 を過ぎようとしている今，かなりその領域に対する研究が進め
られてきたと言える．

　本巻では，言語学の中でも意味論・語用論・認知言語学・社会言語学という
分野を中心に，その最新の研究動向と進展について扱っている．5 部構成の形
をとっており，第 I 部「最新の意味論研究の進展」，第 II 部「最新の語用論研
究の進展」，第 III 部「最新の構文論研究の進展」，第 IV 部「最新の認知文法
研究の進展」および第 V 部「最新の言語文化研究と社会言語学の進展」となっ
ている．それぞれの分野は，互いに独立はしているものの，関連づけられる側
面も多く，読んでいただけるとわかるように，それぞれの分野同士の相互参照
的な項目もある．

　第 I 部では意味論に焦点を当てている．意味論研究には長い歴史があり，
言語の意味に対する立場も変化している．本章では，従来の意味論で扱われて
きた語と語の間に見られる意味関係から話を始め，さらには語の意味そのもの
の成り立ちを理解し記述する語彙分解の考え方へとその視野を広げていくこと
としているが，その背後に貫かれる視点は「フレーム」という背景的・百科事
典的知識である．この流れから，第 I 部の後半では認知意味論的な説明に焦
点を当てる．また認知意味論に関わる最新の展開として，フレームネットプロ
ジェクトの精神や，近年のビッグデータ理論の流れとも軌を一にする性質をも
つメンタルコーパスの発想，さらには意味変化研究の近年の展開を概観する．

　第 II 部では，語用論を扱う．前半で語用論の成り立ちとその陣営の関心に
ついての全貌を広く概観した上で，後半ではその中でも特に関連性理論の最新
の展開についてページを割いている．関連性理論については，近年翻訳も次々
に出版されており，その内容についても日本語を介して詳細に知ることが可能

vii

viii

になっているが，特に本書では2018年の現時点で理論的流動性の高い「手続き的意味の拡大」という考え方について触れており，この先駆的な点において他に類を見ない最新の理論紹介となっている．

第III部では構文文法論を取り扱っている．FillmoreやGoldbergらの研究に端を発し，言語学のひとつの新しい時代を確実に構築したと言える構文文法は，意味論的および語用論的な側面と統語的な側面とを互いに組み合わせた記号体系として言語を捉える点が，古くて新しかった．この章ではこれまでの流れを振り返る概説箇所に加え，特に最近の展開について，言語習得研究や談話文法との絡みを考える研究の最先端を紹介しており，この分野の裾野の拡がりを感じることができるだろう．

第IV部は認知文法の詳細な内容紹介となっている．その緻密さゆえに難解とも目されてきたLangackerの文法理論の概略と，近年見られるその談話への展開について，詳細な説明を行っている．Langackerの論考の翻訳はあるものの，その内容についてここまで踏み込んで説明している論考は2018年現在において他には見られない貴重な論考である．

第V部では，言語文化研究と社会言語学に焦点を当てている．コミュニケーションの場で具体的に言語がどのように使われ，解釈され，それがどのような文化的側面と絡んでいくのか，についても扱っている．この分野では紙媒体の言語だけではなく会話，動画などさまざまなジャンルにおける言語の使用実態を分析の対象として，言語によって，また文化によって，どのような側面，どのようなキーワードに注目する形でその言語使用が特徴付けされるのかを扱っている．また，レジスター，性別，階級，男女など様々な要因による言語使用の差異や，話し言葉の中にみられる一貫したパターンなど，従来の言語学ではあまり正面からは取り扱われてこなかった側面の重要性について，丁寧に説明している．分野そのものが多岐にわたるとはいえ，これほどの拡がりを俯瞰し，概説的にわかりやすく述べている論考はまれなのではないだろうか．

本書を手に取る読者の方は，どこから読み始めていただいてもかまわない．言語の意味やその使用に関するこれまでの概観および発展についての知見を少しでも得ていただけるなら，幸いである．

2018年7月

早瀬　尚子

第 2 巻　言語の認知とコミュニケーション

目　　次

「言語研究と言語学の進展シリーズ」の刊行にあたって　v
はしがき　vii

第 I 部　最新の意味論研究の進展
早瀬尚子

第 1 章　はじめに：最新の意味論研究の進展 ･･････････････････････････ 2

第 2 章　〈基礎内容部門〉辞書的・概念的意味と百科事典的意味 ･･････････ 4
　2.1.　辞書的・概念的意味間の語彙関係 (Lexical Relations) ･･････････････ 4
　2.2.　意味場 (semantic field) 理論 ･･････････････････････････････ 8
　2.3.　百科事典的知識 ･･･ 9

第 3 章　〈基礎内容部門〉語の意味論 ･･････････････････････････････ 12
　3.1.　素性分析・成分分析 ･････････････････････････････････････ 12
　3.2.　意味役割 ･･･ 13
　3.3.　生成意味論 ･･･ 16
　3.4.　概念意味論 (Jackendoff) ････････････････････････････････ 18
　3.5.　語彙意味論 (Levin and Rappaport Hovav) ･･･････････････････ 19
　3.6.　生成語彙論 (Pustejovsky) ･･････････････････････････････ 22
　3.7.　移動事象の類型論 (Talmy) ･･････････････････････････････ 25
　3.8.　プロトタイプ意味論 ･････････････････････････････････････ 26
　3.9.　文化的概念の意味と NSM 理論 (Wierzbicka) ･･･････････････････ 27

第 4 章　〈基礎内容部門〉言語表現の意味とその指示対象 ･･･････････････ 29
　4.1.　タイプ vs. トークン ･････････････････････････････････････ 29
　4.2.　多義の問題と言語テスト ･･････････････････････････････････ 31
　4.3.　意味のネットワーク分析 (Tuggy) ･･････････････････････････ 33
　4.4.　さらに精緻な意味：Microsenses と Facet ･･･････････････････ 34

ix

4.5. 多義的立場：認知意味論の語義ネットワーク ……………………… 36
　4.5.1. 転義のメカニズム (1)：メタファー ……………………… 37
　4.5.2. 転義のメカニズム (2)：メトニミー ……………………… 39
　4.5.3. 転義のメカニズム (3)：シネクドキ ……………………… 42
4.6. 単義的立場：関連性理論による語彙語用論 ………………………… 43

第5章　〈基礎内容部門〉意味変化論における文法化・語彙化 ………… 45
5.1. 意味変化の基本概念 …………………………………………………… 45
5.2. 意味変化の方向性 ……………………………………………………… 48

第6章　〈応用進展部門〉フレーム意味論の進展とフレームネット …… 51

第7章　〈応用進展部門〉メンタル・コーパス──語の意味と文脈との不可分性 ‥ 57

第8章　〈応用進展部門〉意味変化と構文化論 ………………………… 61

第9章　結　語 …………………………………………………………… 66

第 II 部　最新の語用論研究の進展
吉村あき子

第1章　はじめに ………………………………………………………… 68

第2章　〈基礎内容部門〉語用論という領域 ………………………… 69
2.1. 語用論の成り立ち ……………………………………………………… 70
2.2. ビッグテント語用論：問題解決者と境界追究者 …………………… 72
2.3. 語用論の定義に向けて ………………………………………………… 77

第3章　〈基礎内容部門〉境界追究者の3理論 ……………………… 79
3.1. Grice の語用論 ………………………………………………………… 79
3.2. ネオ・グライス派語用論 ……………………………………………… 84
3.3. 関連性理論（標準理論, Sperber and Wilson (1986), Wilson (2017)) … 91
3.4. 発話の論理形式 ………………………………………………………… 95

3.5.	表意：基本表意と高次表意（文副詞・疑問文） ·················	95
3.6.	基本表意と高次表意 ·················	98
3.7.	文副詞や疑問文と高次表意 ·················	99
3.8.	推意 ·················	100

第4章　〈応用進展部門〉帰属的使用（リポートとエコー的使用）········ 104

| 4.1. | アイロニーと帰属的使用 ················· | 106 |
| 4.2. | not とノデハナイ ················· | 109 |

第5章　〈応用進展部門〉手続き的意味と概念的意味の革新 ············ 111

5.1.	手続き的意味の拡大：4つのステージ ·················	111
5.2.	手続き的意味の5特徴 ·················	113
5.3.	感情表出表現と手続き的意味（ステージ III, 間投詞・ジェスチャーほか） ·················	116
5.4.	概念表出語と手続き的意味（ステージ IV, 概念語の手続き） ············	119

第6章　結　語 ················· 122

第 III 部　最新の構文文法研究の進展
谷口一美

第1章　はじめに ················· 126

第2章　〈基礎内容部門〉構文とイディオム性 ················· 130

| 2.1. | 構文のイディオム：文法とレキシコンの連続性 ················· | 130 |
| 2.2. | 構文と語用論的意味 ················· | 133 |

第3章　〈基礎内容部門〉項構造構文と「構文の意味」 ················· 135

3.1.	構文の多義性と拡張 ·················	137
3.2.	構文の意味と動詞の意味 ·················	140
3.3.	構文によって認可される文法要素 ·················	143
3.4.	動詞の意味と構文の意味の相互作用に関する議論 ·················	144

xii

第4章 〈基礎内容部門〉ボトムアップによる構文の習得 ・・・・・・・・・・・・・ 148

第5章 〈応用進展部門〉構文形態論 ・・・・・・・・・・・・・・・・・・・・・・・・・・・・・・・・・・ 151

第6章 〈応用進展部門〉チャンク化と構文 ・・・・・・・・・・・・・・・・・・・・・・・・・ 154
6.1. チャンク化による構文の慣用化 ・・・・・・・・・・・・・・・・・・・・・・・・・・・ 154
6.2. 二重の IS ・・ 156
6.3. 文法化と構文化 ・・ 159

第7章 〈応用進展部門〉アドホック構文：談話から立ち現れる構文 ・・・ 161

第8章 おわりに ・・・ 166

第 IV 部　最新の認知文法研究の進展
小松原哲太

第1章 はじめに ・・・ 168

第2章 〈基礎内容部門〉記号的文法観 ・・・・・・・・・・・・・・・・・・・・・・・・・・・・・ 171

第3章 〈基礎内容部門〉意味と文法 ・・・・・・・・・・・・・・・・・・・・・・・・・・・・・・・ 174
3.1. 主観的意味論 ・・ 175
3.2. 概念化としての意味 ・・・・・・・・・・・・・・・・・・・・・・・・・・・・・・・・・・・・・ 177
3.3. 文法カテゴリーのプロトタイプとスキーマ ・・・・・・・・・・・・・・・・ 180

第4章 〈基礎内容部門〉構文としての文法規則 ・・・・・・・・・・・・・・・・・・・ 183
4.1. 統語構造とカテゴリー化 ・・・・・・・・・・・・・・・・・・・・・・・・・・・・・・・・・ 183
4.2. 構文スキーマ ・・・ 186
4.3. 意味の創発性 ・・・ 188
4.4. 認知文法と構文文法 ・・・・・・・・・・・・・・・・・・・・・・・・・・・・・・・・・・・・・ 190

第5章 〈応用進展部門〉「認知」と文化・身体 ・・・・・・・・・・・・・・・・・・・・ 191

第 6 章 〈応用進展部門〉非自律性の言語学：概念基盤 · · · · · · · · · · · · · · · · · 193
  6.1. 相互行為の概念基盤 · 194
  6.2. 言語の意味と相互行為 · 196
  6.3. 談話の概念基盤 · 199
  6.4. 概念基盤と認知能力 · 202

第 7 章 〈応用進展部門〉非対称性の言語学：B/E 構成 · · · · · · · · · · · · · · · · 204
  7.1. 基準と精緻化 · 205
  7.2. カテゴリー化再考 · 206
  7.3. プロトタイプのゆらぎ · 209
  7.4. 基準と精緻化の諸相 · 211

第 8 章 おわりに · 213

第 V 部　最新の言語文化研究と社会言語学の進展
井上逸兵・多々良直弘

第 1 章 言語文化研究と社会言語学の概略 · 216
  1.1. 言語人類学と社会言語学 · 217
  1.2. マクロとミクロの視点 · 217
  1.3. 言語文化研究の概要 · 219
  1.4. 社会言語学の概要 · 220

第 2 章 〈基礎内容部門〉言語文化研究 · 221
  2.1. 言語と文化 · 221
  2.2. 言語により伝達される文化モデル · 222
  2.3. メタファーと文化 · 223
  2.4. 文化とカテゴリー化 · 224
  2.5. 言語相対論—サピア・ウォーフの仮説 · 228
  2.6. 言語相対論とことばの民族誌の必要性 · 232

第 3 章 〈応用進展部門〉言語相対論再考 · 233
  3.1. 名詞の区分と認知 · 234

xiv

3.2.	文化により異なる空間表現 ……………………………………	235
3.3.	Thinking for speaking：話すための思考パターン …………	237
3.4.	言語における好まれる言い回し—言語と文化の相同性 …………	240

第4章 〈応用進展部門〉動画を使用した対照研究 …………………… 243

4.1.	ミスター・オー・コーパス ………………………………………	244
4.2.	メディア翻訳に現れる文化的特徴 ………………………………	246
4.3.	スポーツの実況中継の日英対照研究 ……………………………	248

第5章 言語文化研究の今後 …………………………………………… 256

第6章 〈基礎内容部門〉社会言語学序論 ………………………………… 257

6.1.	社会言語学のはじまりとその背景 ………………………………	257
6.2.	日本の社会言語学 …………………………………………………	258
6.3.	言語のバリエーションと変異理論 ………………………………	259
	6.3.1. Labov の研究の概要と意義 …………………………………	259
	6.3.2. 顕在的権威と潜在的権威 ……………………………………	261
6.4.	英語の多様性 ………………………………………………………	262
	6.4.1. 英語の三大円圏 ………………………………………………	262
	6.4.2. 世界諸英語研究の流れ ………………………………………	263
	6.4.3. 英語圏における英語の地位 …………………………………	265
6.5.	異なった言語コードの接触と共存 ………………………………	266
	6.5.1. コードスイッチング …………………………………………	266
	6.5.2. ダイグロシア …………………………………………………	267
	6.5.3. 精密コードと制限コード ……………………………………	269
	6.5.4. ピジンとクレオール …………………………………………	270
6.6.	言語とアイデンティティ …………………………………………	270
	6.6.1. 言語とジェンダー ……………………………………………	270
	6.6.2. 批判的談話分析とジェンダー ………………………………	272
6.7.	言語と年齢 …………………………………………………………	273
6.8.	言語と集団——連帯と排除の機能 ………………………………	274
6.9.	言語とコンテクスト ………………………………………………	275
	6.9.1. レジスターとスタイル ………………………………………	275
	6.9.2. オーディエンスデザイン ……………………………………	276
	6.9.3. スピーチアコモデーション …………………………………	277

第 7 章 〈基礎内容部門〉言語とポライトネス・言語と対人関係の構築‥ 278

第 8 章 〈基礎内容部門〉相互行為分析 ‥‥‥‥‥‥‥‥‥‥‥‥ 281
  8.1. 相互行為の社会言語学 ‥‥‥‥‥‥‥‥‥‥‥‥‥ 281
  8.2. エスノメソドロジー ‥‥‥‥‥‥‥‥‥‥‥‥‥‥ 282
  8.3. 会話のスタイル ‥‥‥‥‥‥‥‥‥‥‥‥‥‥‥‥ 283

第 9 章 〈応用進展部門〉社会言語学 ‥‥‥‥‥‥‥‥‥‥‥‥‥ 284
  9.1. 変異理論の展開 ‥‥‥‥‥‥‥‥‥‥‥‥‥‥‥ 284
  9.2. 英語の三大円圏は現在でも有効か ‥‥‥‥‥‥‥‥ 286
  9.3. グローバル社会における言語と社会言語学 ‥‥‥‥ 288
    9.3.1. 英語と少数言語 ‥‥‥‥‥‥‥‥‥‥‥‥‥ 288
    9.3.2. グローバルテクスト ‥‥‥‥‥‥‥‥‥‥‥ 291

第 10 章 〈応用進展部門〉テクノロジーの進化と社会言語学 ‥‥‥‥‥ 293
  10.1. 「社会統語論」の意味するところ ‥‥‥‥‥‥‥‥ 293
  10.2. 量的転換の社会言語学的意味 ‥‥‥‥‥‥‥‥‥ 297
  10.3. 分節化の時代 ‥‥‥‥‥‥‥‥‥‥‥‥‥‥‥‥ 298

第 11 章 まとめ：これからの社会言語学 ‥‥‥‥‥‥‥‥‥‥‥ 301

参考文献 ‥‥‥‥‥‥‥‥‥‥‥‥‥‥‥‥‥‥‥‥‥‥‥‥‥ 303

索　　引 ‥‥‥‥‥‥‥‥‥‥‥‥‥‥‥‥‥‥‥‥‥‥‥‥‥ 325

執筆者紹介 ‥‥‥‥‥‥‥‥‥‥‥‥‥‥‥‥‥‥‥‥‥‥‥‥ 329

第 I 部

最新の意味論研究の進展

早瀬尚子　　（大阪大学）

第1章

はじめに：最新の意味論研究の進展

　「意味論」とは、言語が表す意味の側面にまつわる問題を扱う専門分野を言う．意味といっても，いわゆる辞書的に定義される意味もあれば，それにまつわる文化的・社会的な知識に相当する意味，また状況に応じて推測することで喚起される意味などがあり，意味という語で扱われる射程がどの範囲のものかについてもさまざまな意見がある．

　意味論研究には，大きく分けて形式的な側面を重視するものと機能的な側面に焦点を当てるものとがある．前者は論理学と深い関わりをもち，数学的演算に基づいて得られる意味や推論のあり方を，記号式に基づいて計算，記述していこうとする．後者は実際に我々が用いる自然言語の意味分析を対象とし，その意味の変化や意味の構築，推論などを分析する．本章では主としてこの後者をターゲットとし，前者の形式意味論には立ち入らないこととする．意味分析をする対象は主に，語や表現そのものの意味となることもあるが，他の類似の意味を成す語や表現と共に形成する意味グループであることも，また共起する語との関わり合いのこともある．

　意味論の流れはソシュールの言語学的見地である構造主義的分析をその底流に持っている．構造主義的分析とは，対立・差異に基づいて対象を分析することであり，言語表現がどのような他の要素と線的につながるかという「結合関係（syntagmatic relation）」と，その結合関係の中にある特定の語が他のどんな語と潜在的に交換可能かという「選択関係（＝範列関係：paradigmatic relation）」を明らかにすることを研究の重要な目標としてきた．この目標はその

後の構造主義言語学や生成文法にも引き継がれ，素性（feature）・音素・形態素・語・句・節・文へとつながる構成素関係，選択制限などの共起制約，文と文の関係など，言語構造の形式面に大きく貢献することとなった．

　この構造主義の波は意味論にも及び，大きく 2 つの流れを作り出した．1 つは**意味場（semantic field）の理論**による分析であり，もう 1 つは**素性分析・成分分析（{feature/componential} analysis）**である．この 2 つの概念および発想は，その形を変えて現在の意味論にも深く根付いている．

　多くの場合，意味論の研究対象は，文脈や状況に依存しない文脈自由（context-free）な状況で安定して得られる（とされる）意味である．しかし近年では，意味が文脈や知識体系と切り離して考えられることができない側面が大きいことを重視し，語用論的推論に基づく意味や世界に関する一般的な百科事典的知識と呼ばれるものも連続体として研究対象に含められるようになってきている．[1] 以下では，特にこの百科事典的知識にまつわる現象に焦点をあてつつ，意味論の概説を行っていく．

---

　[1] 意味論に関わる概説書としては Murphy（2003），Saeed（2003），Griffiths（2006），Bagha（2011），松本（編）（2003）など，ほかにもさまざまなものが出版されている．

第 2 章 〈基礎内容部門〉

辞書的・概念的意味と百科事典的意味

　言語表現が伝達する意味には，その表現が本来的に安定して持っている意味と，社会的文脈状況等に照らして得られる意味とがある，とされる．前者は「指示対象に共通して見られる特性」とされ，概念的意味あるいは辞書的意味と呼ばれる一方で，後者は百科事典的意味と呼ばれる．言語学では基本的にこの2つを区別する考え方が主流だが，[2] 一方で，フレーム意味論や認知意味論のように，2つの境界が明確に分けられるものではないとする考え方もある．本章ではこの百科事典的知識が言語の意味に関わるとする立場から，意味の分析や説明を行う．

2.1. 辞書的・概念的意味間の語彙関係 (Lexical Relations)

　語彙関係には大別して同義関係（synonymy），反義関係（antonymy），包摂関係（hyponymy）および部分 − 全体関係（meronymy）が挙げられる．[3]

　同義関係にある2つの語は，現実世界で指し示す対象が同じ同義語（syn-

---

　[2] 構造主義的意味論では，意味を言語的な対立関係に基づいて捉えようとするため，言語的知識と一般的知識とは分けて，前者のみを対象とした．また，生成文法でも言語知識と一般的知識の違いを区別することを前提としている．

　[3] このほかにも，メンバー集団（member—collection）関係（例：tree-forest, card-deck）やportion—mass（grain-salt）や feature—activity（paying-shopping）などの関係を含める研究者もいる（Chaffin et al. (1988)）などを参照のこと）．

onym）となる．例えば anyhow/anyway や everybody/everyone などは同じ対象，状況を表すと言えるが，これは真理条件（truth-condition）的な側面が同じだとみなす「認知的同義（Cognitive Synonymy（Quine（1951）））」という考え方に基づいている．しかし，現実には完全な同義語（synonym）というものはまれで，現実にはフォーマルな語か否か，語源の違い，その語にまつわる評価など，何らかの側面で異なっているのが普通である．同義関係を扱う研究はむしろ，その意味の差異を対象とするものが多い．例えば，die，kick the bucket，pass away は真理条件的にはいずれも「死ぬ」を意味するが，文体やニュアンスが異なっている．また firm，stubborn，pig-headed はいずれも真理条件的に生真面目であることを，それぞれ異なる好悪の評価と共に表している．

　同義性と密接に関わる意味関係として，**同音異義**（**homonymy**）と**多義**（**polysemy**）とが挙げられる．同音異義とは，同じ語形式をとりながらも，その意味が互いに関連性を持たないものをいう．英語では $bank_1$（土手）と $bank_2$（銀行）や $tattoo_1$（入れ墨）と $tattoo_2$（軍隊の楽団によるパレード）などがこの例である．[4]

　一方，多義とは，1つの語形式に複数の関連する意味が結びついている状況を表す．例えば，air という語には「空気」という意味もあれば，人や場所にまつわる「雰囲気」という意味もある．この2つの意味はそれぞれ独立して存在するわけではなく，「空気」→ 人や場所に特有の「空気」（＝「雰囲気」）というように，互いに関連性が見いだされる関係にある．同音異義と多義との区別をどのようにつけるか，についてはさまざまな意見があり，これについては4.2 節で詳しく扱う．

　他にも，語の意味の関係のあり方が複数存在する．**反義関係**（**antonymy**）とは互いに対立する意味関係を表し，大別して3つの下位分類がある．第一に，**矛盾関係**（**contradictory**）にある語は dead/alive や true/false のように，中間値がなく，片方を否定するともう片方の意味になるという二項対立関係にある．2つ目に，**反対関係**（**contrary**）にある語は old/young, tall/short のように，中間値および段階性をもつ．特にこの反対関係にある語は多くの場合，通常の中立的な想定に基づく疑問文で使われる**無標**（**unmarked**）なメンバー

---

[4] $Bank_1$（土手）と $bank_2$（銀行）とは語源学的には関わりがあるが，英語に入ってきた時期と場所が異なるため，互いの意味は無関係である．

と，使用される状況や分布が限られ，特殊な想定を前提とする**有標**（**marked**）なメンバーとに分けられる．例えば，How old is he? はお年寄りにも赤ちゃんにも使えるため，old は無標とみなされるが，How young is he? は相手が若いという前提を必要とし，どれくらい若いのか，を尋ねる特別で限定的な場合に限られるため，young は有標とみなされる．第三の関係である**相互的反義関係**は，互いに前提とされる１つの関係性に基づいて初めて対立が見いだせるものであり，push/pull, come/go, ascend/descend, up/down, right/left など空間的な方向性や位置づけを前提にその対立を見いだす reverse と呼ばれる例と，teacher/student, doctor/patient など複雑で抽象的な関係性を介して相互に定義づけされる **converse** と呼ばれる例もある．

　包摂関係（**hyponymy**）とは，２つの語の間に概念レベルでの含意関係が成立するものである．例えば，「動物」「イヌ」において，「動物」は「イヌ」以外をも包括する一般的概念であり，逆に「イヌ」は「動物」をより具体化した特殊な概念となる．この場合「動物」を**上位語**（**hyper(o)nym**），「イヌ」を**下位語**（**hyponym**）と言う．一般に上位語 X と下位語 Y の間には Y is a X という関係が成り立ち，また Y and other X という表現が可能とされる．さらに，「イヌ」に対する「ネコ」のように，共通した上位語をもつ他の下位語を**同等下位語**（**co-hyponym**）と呼ぶこともある．

　この包摂関係は相対的なものであり，その階層は２つにとどまらず，重層的な階層性（taxonomy）をなす．

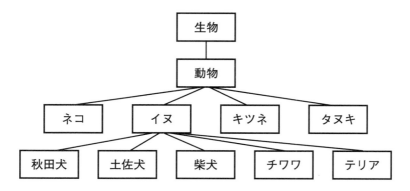

このため，〈イヌ〉は〈秋田犬〉の上位語だが，同時に〈動物〉の下位語でもあることになる．

部分─全体関係（**meronymy**）とは，物理的モノにおける全体とその部分との間に成り立つ関係である．包摂関係が概念レベルでの上下関係に基づいていたのとは異なり，こちらでは物理的な対象物が全体かそれを構成する部分を成すかで分類する．例えば body は**全体語**（**holonym**）であり，それに対する**部分語**（**meronym**）が head, foot, hand などに相当する．また部分語─全体語の関係は先の包摂関係と同じく相対的であり，互いに階層関係を成す．

ここまで観察した同義関係や反義関係，包摂関係そして部分─全体関係は，一般には客観的な世界での所与のあり方に基づいて成立するとされ，純粋に意味論的な現象だとされる傾向が強かった．しかし実際には文脈状況や社会についての一般的知識などの影響をうけて「創造」される側面もある．

例えば包摂関係も現実世界においては揺れが見られる．先ほど見た X is a Y や X and other Ys という言語テストも，包摂性を決定づける証拠だと言い切れない側面がある（Cruse (2002), Croft and Cruse (2004: 143)）.

(1) a.　dogs and other pets

b.　dresses, bags and other presents

(1) は pet─dog および house─inheritance の間に包摂関係を示唆する．しかし厳密には A dog is a kind of pet. とは言いにくい．dog が pet の下位概念かどうかは，dog の概念的意味の範囲を超えた，社会的かつ一般的常識的な知識に基づいているとも言える．また，dress や bag が present の一部であるという認識は，常に保証される関係ではなく，ある特定の文脈状況（ここでは贈り物としての候補）でのみ成立することである．(1b) の包摂関係は概念的意味に基づく安定したものというより，むしろ X and other Ys という表現形式を用いたからこそ**強制**（**coerce**）されて出てきた解釈である（Cruse (2002), Croft and Cruse (2004: 143)）.つまり，自然言語においては包摂性が創造されるという側面もある．

反義関係も日常的な使用場面での揺れが大きな現象である．奇数・偶数や長い・短い，大きい・小さい，のように，論理的にも安定している関係ばかりではない．「怒る」の対義語は論理的には「怒っていない」だが，日常的な文脈では「笑う」が対比として用いられることがある（「怒った天使と笑った悪魔」などのペア）．また囲碁の対局や冠婚葬祭などにおける「黒と白」のように，その矛盾関係としての対比が論理に支えられているのではなく限定された文脈の

中で創り出される側面もある.[5] また先に見た相対的反義語というこのカテゴリー自体,文化的,文脈的限定を課した上での対立を成すタイプであり,その点では文脈依存的な対立概念だと言える.

このように,語の意味の分析対象は,常に語に安定して結びつく言語的・論理的なものとされる傾向にあったものの,実際には一般的な社会的知識も関与してくる.このような知識を言語学では**百科事典的知識**または**フレーム**と呼ぶ.

2.2. 意味場 (semantic field) 理論

百科事典的知識についての説明をする前に,この概念の先鞭をつけるものとして,構造主義的意味論における**意味場分析**を挙げよう (cf. Lehler (1974)).**意味場** (**semantic field**) とは,互いに関連し合う意味をもつ語のグループが表す意味領域をいう.意味場理論が示すのは,語のもつ意味や価値が,それが用いられる場を背景として相対的に決定されることである.例えば,おなじ「あつい」という語でも,日本語には少なくとも次に挙げる 3 つの「あつい」があり,それぞれ意味場が異なる.

(2) a. 暑い・寒い・涼しい〈気温〉
    b. 熱い・冷たい・温い〈対象物の温度〉
    c. 厚い・薄い〈対象物の厚み〉

(2a) は〈気温〉という意味場で用いられる語群であり,その中でも「暑い」という状況は,その他の「寒い・涼しい」を否定する概念である.つまり「暑い」という意味概念は同じ〈気温〉という意味場に属して自然なグループを形成する,他の意味概念との差異によって規定される.また「日本の夏は暑い」といえば,この意味場における差異だけでなく,「国・地域」といった意味場の中で,他の韓国や中国やロシア,アメリカなどとの比較・差異を踏まえているし,「季節」という意味場の中で他の春や秋,冬との差異を踏まえている.「大阪の夏は暑い」と言えば,意味場は〈国・地域〉から〈日本各地〉へと狭まり,東京や名古屋,札幌などとの比較を暗に踏まえていることになる.また (2b)

---

[5] 反義性には程度性が見られるという点に関しては Croft and Cruse (2004) や松本 (2007) を参照のこと.

の「熱い」も「今，スローフードが熱い」という使われ方をすると，〈人気の有無〉の場で用いられ，異なった意味が付与される．[6]

2.3. 百科事典的知識

百科事典的知識とは，言語表現が用いられる文脈や場面，社会的・文化的知識，またその語から連想される付加的な意味など，概念的意味以外のそれをとりまくものの総体をいう．通常，言語的な意味と百科事典的意味とを区別するのが言語学の一般的な考え方だったが，認知言語学ではこの境界は明確には引けないものと考えている．

例えば，「選挙」という語の意味概念は「政治家を選ぶこと」であるが，これを真に理解するには，政治家とはどういうものか，どのような方法で選ぶのか，などの社会的知識が前提として必要となる．国や文化が異なれば，それらの概念もまた異なった理解がなされる．「人はパンのみにて生きるにあらず」という時の「パン」が何を表すか，は，主食が米である国では少し誤解を招くし，聖書のエピソードを知っているか否かでその解釈は大きく変わりうる．このように，語の表す意味を深く真に理解するには，その語が用いられた文脈のみならず，その文化的社会的背景やならわしといったものへの知識が不可欠なのである．この百科事典的知識を**フレーム**（**frame**）と呼び，言語分析に必須の概念として積極的に取り込もうとしたのが**フレーム意味論**（Frame Semantics）である．[7]

---

[6] この意味場という考え方は，前節で述べた同義，対義，包摂などといった意味関係を捉える際に深く関わってくるだけでなく，場所理論（localistic theory）と呼ばれる一連の意味理論（Anderson（1971），Gruber（1965/1976），Fillmore（1968），Jackendoff（1972）），概念意味論における層（Tier: Jackendoff（1990））という考え方や，認知言語学が指摘する百科事典的知識やフレーム，ICM（Lakoff（1987））などの概念に拡大されていくことになる．

[7] 理論によってはこのフレームを概念領域（ドメイン）という形で表示する．（概念）ドメインという用語は Langacker（2008）や Croft（2009）が用いており，主として存在物としてのモノを理解する際に利用される，どちらかというと静的な知識構造に用いられる傾向にある．一方フレームという用語は RISK フレーム（Fillmore and Atkins（1992））などの例にあるように，事態にまつわる動的な相互作用を理解する際に用いられる傾向にある．

(3) a. 棒

　　b. マレット

　　c. スティック

　　d. バット

(3a-d) で示されるものはいずれも共通して「棒」と捉えられるが，それぞれ
どの状況で何の用途に用いられるかが異なる．マレットもスティックも打楽器
演奏に使う棒だが，マレットはシロフォン，マリンバ，グロッケンなどの鍵盤
を，スティックはドラム系の打楽器を演奏する際に用いられるものとして，互
いに区別される．バットは野球やクリケットなどの競技でボールを打つために
用いられる棒を表す．この楽器や競技などのフレーム的知識は，これらの語の
意味を理解するのに必要不可欠な意味場として密接に関わっている．このよう
に，指示内容そのものは類似していても，それが解釈されるフレームが異なる
ことで，全く異なる意味を伝えることになる．

　同様に，(4) の2つも指し示す性質は基本的に同じで，どちらも「ことばを
あまり発しない」状態を表しており，ある意味では同義語と言っても良いが，
その捉え方は大きく異なる．

(4) a. 寡黙・無口

　　b. 倹約家・けち

「寡黙」は必要とされない状況で余計なことばを発しないこと，「無口」は期待
され要求される状況で「ことばを発しない」ことを言い表す．また同じ「お金
を使わないこと」を表していても，不要な状況で使わないのが「倹約家」で，
使うべきところで使わないのが「けち」である．どちらも同じ状況を指示して
いるものの，それを取り巻く前提としての期待が異なるし，結果として生じる
指示対象への評価も前者は好意的，後者は否定的と，真逆のものとなる．この
ような，指示対象となる状況への期待も，我々の社会的常識に依存する場面状
況であり，フレーム知識の複合的拡大版とも言える．[8]

　フレームを共有する語でも，そのフレームのどの部分に焦点を当てるかで，
意味が異なる．例えば〈掘る〉というフレームは一連の動作の連鎖（シナリオ）

---

[8] これを Lakoff (1987) は ICM(Idealized Cognitive Model: 理想認知モデル) と呼んだ.

から成り立つ．この中でも焦点の当て方の違いにより，動詞 dig を用いた言語表現としては三通りが考えられる．

(5) a. dig the ground（地面を掘る）
    b. dig gold (from mine)（金鉱から金を掘る）
    c. dig a hole（穴を掘る）

(5) での焦点は (5a) 掘る対象，(5b) 掘り出す対象，そして (5c) 掘った結果できるもの，のいずれかに分散している．〈掘る〉フレームに必須の要素は（少なくとも）この三種類で，焦点を当てられている要素は動詞 dig にとって不可欠な直接目的語で表されていることにもなる．フレーム意味論はこの考え方を推し進め，コーパス資料に基づいた膨大なデータの検証を経て，近年の FrameNet として成果を上げることになる（フレーム意味論の近年の展開については第6章を参照）．

第 3 章 〈基礎内容部門〉

語の意味論

前節では語と語の意味関係を扱ってきたが，語と語が同義だったり反義だったり包摂関係にあったりを判断するには，その語の意味の成り立ちを見る必要がある．このような語の意味そのものをどのように言語学的に表示するかということも，意味論の重要な関心事である．以下では語のもつ意味の組み立てや成り立ちについて，またその中でも文の中核となる動詞の内部構成についての意味論を概観する．

3.1. 素性分析・成分分析

語彙分解（**lexical decomposition**）とは語の意味内容を要素に分解していく方法およびその理論を指している．音声学・音韻論で行われていた**素性分析・成分分析**[9]にならい，それ以上分解できない意味要素を**意味素性**（**semantic feature**）としてとり出し，その保持の有無を±で表す．語の意味はこの意味素性の束として理解される．このように分解した意味素性を利用することで，語彙間における意味上の関係およびそれを用いた文の解釈の可否に対する一般

---

[9] この考え方はもともと文化人類学的関心から発生したもので，対象となる文化における親族名称や色彩表現，動植物の分類範疇がどのように切り取られているのかを，その共同体での価値のあり方を抽出することで分類する民族分類（fork taxonomy）という方法として用いられた（松井 (1991)）.

12

第 3 章　語の意味論　　　　　　　　　　　13

化された説明が可能になった.

(6)　A:　spouse　　 = 〈+ human〉〈+ adult〉〈+ married〉
　　　B:　husband　 = 〈+ human〉〈+ adult〉〈+ married〉〈+ male〉
　　　　　 wife　　　 = 〈+ human〉〈+ adult〉〈+ married〉〈− male〉

例えば,（6）では B（husband/wife）のもつ意味素性がすべて A（spouse）の
もつ意味素性を含むため, B と A の間に包摂関係が成立すること, また B が
A の下位語であること, また wife と husband が意味素性〈±male〉において
対立する対義語であること, などが適切に予測される. また, *a single hus-
band という語の結びつきが認められないという現象は**選択制限（selectional
restriction）**の問題とされるが, この現象も husband の持つ意味素性〈+
married〉と隣接する形容詞 single のもつ意味素性〈− married〉とが矛盾する
ためと説明できる.[10]

　このように語をそれ以上分けられない要素に分解して表示する語彙分解の考
え方は, 特に文の中核としての役割をもつ動詞に関して積極的に行われている.

3.2.　意味役割

　主語や目的語など, 動詞が共起を要求するとされる文法的な要素のことを,
動詞の項（argument）という. 動詞が要求する項の数により, 一項動詞（John

---

　[10] この成分分析は親族用語の分析など限定された範囲では成果を上げたものの, 言語学全
般に適用する場合に問題が指摘された. 第 1 に, 素性値の境界は常に明確に線引きできると
は限らない（<±adult> <±married> という素性値の判断（何をもって成人・既婚とみなすの
か）は文化依存的で, ±で明確に線引きできない）. 第 2 に, 意味素性の認定基準が不明確な
ため, どのようなものが原子的素性と認定できるか問題である（lady/gentleman には man/
woman にはない社会的意味（紳士・淑女）があるが, それはどのような素性成分と見なせる
のか, さらに分析が可能な概念ではないのか, ではどこまで分解すれば素性と認定されるの
か, など）. 第 3 に動詞など他のカテゴリーにこの分析を適用する際, どのような素性を取り
出せば対象を過不足なく規定できるか不明である. このように, 成分分析は, 限定された現象
については一定の精密さを保っているように見えるが, そもそもの素性認定の基準の問題をク
リアすることができないため, 限界もある. これは, 言語の概念を離散的な性質をもつと捉え
たためであり, これに対して, 言語の概念はむしろ連続体を成すと捉えるべきだとする流れか
らプロトタイプ論が, また分解するよりも全体的な知識構造との相対性の中で捉えていくべき
だとするフレーム意味論が, それぞれ展開されていくことになる.

runs），二項動詞（John kicked Bill）そして三項動詞（John put the box on the table）などがあり，それぞれの動詞がとる必須項のあり方を項構造（argument structure）と呼ぶ．この項構造という考え方は化学の分野における結合価（valency）という語を用いて表すこともある．また，動詞だけではなく形容詞や時には名詞も valency をもつことがある．形容詞 certain は必ず that 節（I'm certain that he left）もしくは to 不定詞（John is certain to win the election）を伴うし，名詞 sake は必ず属格表現を伴う（for the sake of John/ for John's sake）．

　項構造には，統語的な項構造と意味的な項構造がある．統語的な項構造は，主語，目的語，それ以外（斜格： oblique）のいずれかに分類される．一方意味的な項構造は「意味役割（semantic role）・主題役割（thematic role）」と呼ばれ（Gruber（1965/1976），Fillmore（1968）など），固定化した意味役割を果たす．主題役割の種類についてはその都度検討，修正が行われており，現在一般的に用いられるものとして，以下の項目がその典型例としてあげられる．

(7)　主題役割（semantic/thematic role）
　　　Agent（動作主）事態の行為を，意図性を持って遂行する主体
　　　Patient（非動作主）事態の行為を受けて変化する主体
　　　Theme（主題）移動する対象物
　　　Instrument（道具）Agent が行為を行う際に用いる補助的道具
　　　Experiencer（経験者）事態の行為や状態を心理的に被る主体
　　　Stimulus（刺激）事態の行為や状態を相手に心理的に引き起こす存在
　　　Recipient（受容者）移動物を受け取る主体
　　　Source（起点）移動の始点
　　　Goal（着点）移動の終点
　　　Location（場所）事態や行為が生じる場所

これらの役割が現れている実例は以下の通りである．

(8) a.　John kicked the ball.
　　　　　AGENT　　　　THEME
　　 b.　The man opened the door with a key.
　　　　　AGENT　　　　　　　THEME　　　　　INSTRUMENT

第 3 章　語の意味論　　　　　　　　　　　15

 c. Bill broke the vase.
   AGENT PATIENT
 d. Pat   heard a strange sound.
   EXPERIENCER STIMULUS
 e. Joan gave me   a candy.
   AGENT RECIPIENT THEME
 f. The car ran from Osaka to Fukuoka.
   THEME SOURCE GOAL
 g. He was born in Shikoku.
   PATIENT LOCATION

このような意味役割を与えることによって，例えば次のような文と文との関係をうまく捉えられる．[11]

 (9) John$_{[A]}$ opened the door$_{[T]}$ with a key.
   The key$_{[I]}$ opened the door$_{[T]}$.
   The door$_{[T]}$ opened.
   The door$_{[T]}$ was opened by John$_{[A]}$.

形式が異なる表現が複数あっても，その中に生起する名詞のもつ意味役割が一定であることが記述でき，そこから文全体の意味が関連づけられることが示される．

 ただし，この意味役割の分類は必ずしも網羅的なものではない．また文によっては分類がうまくいかない場合もある．例えば次の文においては意味役割そのものの同定が微妙で難しい．

 (10) a. The highway runs from Osaka to Tokyo.
   b. John sliced the cheese onto the spaghetti.

(10a) において highway は Agent ではなく，Theme でもないが，では何と

---

 [11] もともと意味役割は，文における名詞句が動詞句に対して担う深層格として，Fillmore (1968) によって提案されたものである．(8) の例文ではいずれも統語構造は異なるものの，深層格は不変で一定のため，全体的意味は同じとみなされていた．これは当時の「変形は意味を変えない」とする生成文法における原則に合致したものであった．

規定するべきなのだろうか．また（10b）において cheese はスライスされていることから変化を被る Patient とも，またスパゲッティの上に移動する Theme とも捉えられ，一義に決定できない．[12]

　また，次の文のペアの場合には，意味役割は一定であっても文型によって全体の解釈の差が大きく異なってしまう．[13]

(11) a. Bees are swarming in the garden.
　　　b. The garden is swarming with bees.

（11a）では庭の一角でのみ蜂が群れている解釈だが，（11b）では庭中全体に蜂が群れ飛んでいるという解釈が得られており，2つの意味は異なっている．このように，文の意味はその中で生じる意味役割要素を足しあわせて組み上げるだけで得られるわけではなく，文型そのものの違いにも何らかの役割が受け持たれている側面がある．[14]

　このように，意味役割というのは言語学において所与のものと仮定されて広く分析に用いられているものの，実際の文で検討すると一筋縄ではいかない問題もはらんでいる．[15]

3.3.　生成意味論

　素性・成分分析と同じ手法で動詞の意味を素性に分解しようとしたのが，

---

[12] 概念意味論（Jackendoff（1990））では，1つの項に2つの意味役割が重なることに対し，意味役割そのものを2つの別の層（tier）に属するものとして区別して表示することで解決しようとしている．移動や位置に関わる意味役割（theme, source, goal など）は主題層（thematic tier），他動性や変化に関わる意味役割（actor, patient）は行為層（action tier）にそれぞれ区別し，2つの異なる層は同時に並列するとする．

[13] このように同じ深層格から成り立っていても文全体としての意味が異なる事例もたくさんあることから，Fillmore は何度かの理論修正の後，深層格というものの定義づけや規定に注目するのではなく，むしろ全体としての文との相対的な関係としてそれぞれの名詞を位置づけていこうという，新たな意味モデルの発想に至る．これがフレーム意味論である．

[14] この考え方は後に構文文法の理論へとつながっていく．

[15] この発想に基づき，Croft（2001）はラディカル構文文法（Radical Construction Grammar）を提案している．Agent/Patient などの意味役割だけでなく，Subject/Object といった文法的役割ですら，それぞれの言語のそれぞれの具体的な文の中で決まってくるものであると述べている．

第 3 章　語の意味論　　　17

1970 年前後に展開された**生成意味論**（**generative semantics**）である．そこでは動詞の意味の素性として CAUSE, BECOME, STATE などの要素を抽出し，その組み合わせでの意味の説明が試みられた．例えば McCawley (1968) は，kill という動詞が（CAUSE (BECOME (NOT (BE ALIVE)))）と分解される意義素から構成されているとした．さらにこれらの述語は言語普遍的な関数であり，これらの組み合わせにより自然言語の述語を階層的に記述できると想定した．このように動詞を語彙分解する分析はその後も引き継がれ，Jackendoff や Levin and Rappaport による語彙概念意味論，Pustejovsky による生成語彙意味論へとつながる一連の研究の流れの基礎を作った．

　ただし問題点もいくつか指摘された．例えば，CAUSE 関数が付与される動詞（句）には少なくとも 3 種類があり，kill, break など一語で使役を表す語彙的使役動詞（lexical causatives）や，generalize, personalize など接辞付加による派生使役動詞（derived causatives）や，cause, make, have などの，他の動詞と複合的に用いられる迂言的使役動詞（periphrastic causatives）があげられる．しかし同じ CAUSE 関数を共有していても，語彙的使役と迂言的使役とが常に同じ意味を表すとは言えない．

(12) a.　John caused Bill to die on Sunday by stabbing him on Saturday.
　　　　（ジョンが土曜日にビルを刺したのが原因でビルは日曜日に死んだ）
　　 b.　*John killed Bill on Sunday by stabbing him on Saturday.

(Shibatani (1976))

語彙的使役は迂言的使役と異なり，使役行為とその結果が同一事態における直接的出来関係にあるものとして，時間を違えず生じる必要がある．つまり使役と結果との関係の緊密性は，語彙的使役のほうに強く求められる．この差は文の意味の単純な分解では捉えることができないことになる．[16, 17]

---

[16] この考え方を推し進めたのが Croft (2001) のラディカル構文文法（Radical Construction Grammar）である．最初に意味元素があるのではなく，それぞれの言語において，全体としての文に相対してその要素の位置づけが決まる，という発想をしている．

[17] また，他の言語を分析する際に，つねにこの英語に基づいた CAUSE, BECOME といった関数概念を用いることの妥当性についても疑問が出されている（児玉 (2002: 74-76) など）．

3.4. 概念意味論 (Jackendoff)

　語彙分解アプローチの中でも概念意味論 (Conceptual Semantics) は，Jackendoff (1990) が推し進めた，統語論を司る生成文法に対応する形で意味の構造を考えるアプローチである．Jackendoff は，動詞や前置詞などの語彙概念構造が，その項 (argument) や修飾語とどのように結合するかのプロセスを明らかにしようとする．そして統語論での句構造規則での文生成に対応する形で，語や句レベルの意味の概念構造も構成的 (compositional) にくみ上げようとする．

(13) a.　統語構造
　　　　[$_S$ [$_{NP}$ John] [$_{VP}$ ran [$_{PP}$ into [$_{NP}$ the room]]]]
　　 b.　概念構造
　　　　[$_{Event}$ GO ([$_{Thing}$ JOHN], [$_{Path}$ TO ([$_{Place}$ IN ([$_{Thing}$ ROOM])])])]

(Jackendoff (1990: 45))

(13a) の文は概念構造 (13b) の事象 (Event) に対応する．動詞 run は事象関数 (event-function) の GO に対応し，文全体が移動事態を表すことを示している．文主語は GO の第1項，前置詞句は第2項と対応するが，前置詞句はさらにそれ自体が経路関数の TO に対応する複合的な事象関数として場所を項にとり，場所はさらに場所関数の IN に対応し，事物項を取る．

　またこのシステムでは語彙項目エントリーの中に情報を書き込むことで選択制限の問題を解決しようとする．例えば Jackendoff (1990: 53) では drink の語彙項目エントリーを次のように示す．[18]

---

　[18] 概念意味論では，1つの動詞 slide に slide$_1$, slide$_2$ という2つの意味を設定し，それぞれ異なる項構造に投射するための連結規則 (linking rule) を仮定している．Slide$_1$ は移送先の goal が有生 (animate) であることを指定しており，二重目的語の項構造に連結される．一方で slide$_2$ の goal には有生かどうかに関する制約がなく，to 前置詞句を用いた項構造に連結する．

第 3 章　語の意味論　　　　　　　　　　　　　　19

(14)　drink

　　　v

　　　___ ⟨NP$_j$⟩

　　　[$_{Event}$ CAUSE ([$_{Thing}$　　]$_i$, [$_{Event}$ GO ([$_{Thing}$ LIQUID]$_j$,

　　　[$_{Path}$ TO ([$_{Place}$ IN ([$_{Thing}$ MOUTH OF ([$_{Thing}$　　]$_i$)])])])])

また，概念意味論では，1 つの形式に複数の意味が結びつく多義の現象を，意味場（→ 2.2 節）の違いという形で説明づける（多義については第 4 章も参照のこと）．

(15) a.　空間場　The bird went from the ground to the tree.
　　 b.　所有場　The inheritance went to Philip.
　　 c.　属性場　The light went from green to red.
　　 d.　時間場　The meeting was changed from Tuesday to Monday.
　　 e.　[$_{Event}$ GO ([　], [$_{Path}$ FROM ([　]) TO ([　])]

　　　　　　　　　　　　　　　　　　　　　　（Jackendoff (1990: 25-26)）

(15a-d) の述部の意味が同じ形式をとりつつもそれぞれに異なっているのは，(15e) に見るような基本関数が，異なる意味場に適用されたからだと説明される．

3.5.　語彙意味論 (Levin and Rappaport Hovav)

　Levin (1993) は，動詞がどのような統語的交替現象（Syntactic Alternation）に生起可能かというふるまいに基づき，それらの動詞をグループに分け，そこで共通してみられる特徴を記述した．これにより，動詞グループを見ることでそれらがどのような構文に生起するかがある程度予測できるようになった．統語的交替現象（syntactic alternation）とは，同じ動詞と同じ対象物を共有しつつ，その統語的現れ方が異なる現象のことである．動詞 spray/load はどちらも (16a, b) の両方の統語パターンに，bake も (17) のように他動詞文・自動詞文両方の統語パターンに，それぞれ生起可能であり，交替を見せる．

(16) a.　He {sprayed the paint on the wall/loaded the hay on the truck}.
　　 b.　He {sprayed the wall with paint/loaded the truck with hay}.

(17)　John is baking the potatoes./The potatoes are baking.

一方で，clear も wipe も，ものをある場所から剥奪する動詞であるが，この2つは交替現象の有無の点で異なる．どちらの動詞も（18）のようにそこから剥奪される場所（from で表す）を直接目的語にとる一方で，剥奪されるものを目的語にとれるのは clear だけであり wipe はとることができない．

(18) a.　John cleared the leaves from the lawn.

b.　Mary wiped the offending words from the blackboard.

(19) a.　John cleared the lawn.

b.　Mary wiped the blackboard.

(20) a.　John cleared the lawn of leaves.

b.　*Mary wiped the blackboard of offending words.

このような振る舞いの差に注目し，Levin（1993）は共通した統語的振る舞いを見せる動詞グループを抽出し，その意味特徴を（21）のようにまとめた．

(21)　I.　Clear-verbs: clear, clean, empty：最終状態は言語化している一方，最終状態に至るまでの様態やそのために使う道具は言語化しない

II.　Wipe-verbs: buff, brush, file, mop, pluck, rake, rinse, rub, scour, scrape, scratch, shear, shovel, sponge, trim, vacuum, wipe：最終状態に至るまでの様態（wipe, scratch など）や道具（brush, mop など）は言語化するものの，具体的にどのような最終状態になるかは明示化されていない

このような場合，動詞 clear は二通りの統語構造（構文形式）をとることになる．このことは，$clear_1$, $clear_2$ という2つの意味を設定し，それぞれを異なる項構造に投射するための連結規則（linking rule）を仮定することで説明する．$clear_1$ は除去対象物を直接目的語へと連結するのに対し，$clear_2$ は対象物がそこから除去されるべき場所に直接目的語を連結する．[19]

　また，Levin and Rappaport Hovav（1995）は2つのタイプの使役を提案し

---

[19] この項構造と連結規則との関係に対して異なる捉え方をしているのが構文文法理論である．第 III 部も参照のこと．

ている．1つは**内在的使役性**（**internal causation**）とよばれ，ある事象を引き起こす原因が動詞の項の中に存在するものである．例えば，「走る」(run)「泳ぐ」(swim)「笑う」(laugh) という事象を引き起こしているのは動詞の項，つまりその主語となる人や動物であり，項の内部で使役関係が成立している．一方**外在的使役性**（**external causation**）は，ある事象を引き起こす原因が動詞の項以外に存在するものである．例えば「開く」(open) という事象を引き起こす力は動詞の主語（ドアや窓など）ではなく，何らかの外的な力（人間や風など）である．内在的使役性と外在的使役性は，非能格動詞と非対格動詞にそれぞれ対応する．

　またこの使役性に基づく語彙分解により，動詞のアスペクトという側面も表示し分けることができる．Rappaport Hovav and Levin（1998）では，従来の語彙概念構造（Lexical Conceptual Structure：LCS）と項構造（argument structure：AS）を融合させた**事象構造鋳型**（**event structure template**）を提示し，これに Vendler（1967）による動詞のアスペクトの4分類（Activity, Achievement, Accomplishment, State）を対応づけた．

(22) a. (Activity) [x ACT⟨MANNER⟩] (y)] (John swept./John swept the floor.

　　 b. (State) [x⟨STATE⟩y] (John belongs to the club.)

　　 c. (Achievement) [BECOME [x⟨STATE⟩]] (The train arrived.)

　　 d. (Accomplishment) [[x ACT⟨MANNER⟩(y)] CAUSE [BECOME (y⟨STATE⟩)]]]
　　　　(John swept the room clean./John broke the dishes./The dishes broke.)

　　 e. (Accomplishment) [[x ACT⟨MANNER⟩(y)] CAUSE [BECOME [z⟨PLACE⟩]]] (John swept the crumbs off the table./John ran to the store.)

　特にこの詳細な分析の流れの中で仮説として出されているのが「**様態・結果の相補性仮説**（**manner/result complementarity**）」である（Rappaport Hovav and Levin (1998, 2001)，Levin and Rappaport Hovav (2013) など）．この仮説では，動詞が（状態動詞を除くと）様態動詞か結果動詞のいずれかに二分されると想定している．様態動詞は対象物への働きかけのプロセスに着目する

もので，例としては run，swim，walk などの移動を表すもの，sweep，rub，pour などの行為を表すものがこれに当たる．これらの動作は移動や行為は表すが，その結果どうなったかについては何も述べていない．一方で結果動詞とは kill，melt，clean，arrive など，いずれもその結果状態に言及するものであり，どのように {殺した／溶かした／きれいにした／到着した} か，という途中のプロセスについては不問である．この様態動詞か結果動詞かの違いは，動詞の語根が入る位置が相補的で，次の (23a, b) のいずれかであり，(23c) のように同時に両方に同一動詞の語根が入ってしまうような語彙構造はありえない，という予測を生むことになる．

(23) a. [x ACT *<swim/run/walk>*$_{MANNER}$]

　　 b. [x ACT CAUSE [BECOME [y BE IN (*arrive*)$_{RESULT}$]]]

　　 c. *[x ACT <root>$_{MANNER}$] CAUSE [BECOME [y BE IN (*root*)$_{RESULT}$]]]

3.6. 生成語彙意味論 (Pustejovsky)

生成語彙意味論 (Generative Lexicon Theory)[20] とは，Pustejovsky が提案した，主として名詞の意味の生成メカニズムを体系化する試みであり，実際の使用における個々の名詞の意味が，文脈との相互作用に基づくパターン化された意味操作 (semantic operation) によって生み出されると考える理論である．例えば次の例における下線部の名詞が指示する意味は，厳密にはそれぞれ異なっている．

(24) a. Mary walked through the door.

　　 b. Mary painted the door.　　　　　　　　(Pustejovsky (1995: 91))

(25) a. the examination of English

　　 b. the doctor's examination of the patient

(24a) の door はドアを開けた空間を指しているが，(24b) ではドアそのものを指している．また (25a) の examination は「試験」を指しているが，(25b)

---

[20] 小野 (2005) や大室 (2017) が，この理論の詳細な紹介をしている．

では「検査をすること」という事態を表している.[21] このように,同じ1つの語でもそれが生じる文脈環境によって少しずつ異なる指示対象や意味を表す現象を,**語彙概念パラダイム**(**lexical conceptual paradigm**)と呼んでいる.

語彙意味構造(**lexical semantic structure**)には大きく4つの解釈レベルがあるとされている.3.2節で見た項構造(argument structure)に加え,出来事構造(event structure),特質構造(qualia structure),継承構造(inheritance structure)である.このうち,文脈における意味操作が加わって,意味の違いを生み出すのに関わってくる側面が,**クオリア(特質)構造**(**qualia structure**)と呼ばれるものである.クオリア構造には大別して4つある.

(26) クオリア(特質)構造(qualia structure)
  1. 構成役割(Constitutive):モノと,それを構成する成分・部品など内的な性質
     The book is heavy / is made of paper / is leather-covered.
  2. 形式役割(Formal):モノを,他と区別するのに関わる側面
     The book is yellow covered.
  3. 目的役割(Telic):モノの目的,果たす機能
     The book is very useful in writing a paper.
  4. 主体役割(Agentive):モノがどうやって作られ生じたかに関わる
     The book criticizes the policy of our country.

1ではその本そのものの材質や重さを,2では他と比べてどのような特徴をもっているか,また3ではその本の内容が有益であることから,本というものが読まれて知識を伝達する目的をもっているという側面に焦点を当てている.また4では,本を作成した主体としての著者(が批判をしていること)を表している.

　クオリア構造は名詞本来が共通して持ちうる側面であったが,意味操作のほうは文脈がこのクオリア構造に働きかけるプロセスのパターンを表している.例としては次のようなものがある.

---

[21] 「試験」という解釈では結果名詞(result nominal),「検査すること」という事態解釈の時は過程名詞(process nominal)として両者を区別する(Grimshaw(1990)).

(27)　意味操作
　　1.　下位タイプ強制
　　　　Bill drives a Toyota.
　　2.　補部強制
　　　　John {finished/began} the book.
　　3.　共合成
　　　　To dig the ground（地面を掘る：affected object）
　　　　To dig a hole（穴を掘る：effected object）
　　4.　選択束縛
　　　　a wooden knife（＝材質が木：構成役割）
　　　　a good knife（＝よく切れるナイフ：目的役割）

1 は，動詞が求める意味に合致するよう目的語の解釈を修正することである．「drive（運転する）」から a Toyota をその名前のメーカーが生産する「車」だと解釈し直すことがこれにあたり，これは主体役割との相互作用と言える．2 は動詞の目的語など補部の解釈を新たに補って解釈することをいう．finish the book で「本を {書き・読み} 終える」という下線部の意味が付け加わる現象がこれに相当し，これは book の持つ目的語役割（読まれるために書かれている）との相互作用による．3 はある特定の語と結びつく際に語の解釈が修正されることをいう．dig（掘る）は dig the ground に見られるように状態変化動詞だが，目的語が hole（穴）という創造物の時にのみ，創造動詞としての解釈が派生的に出てくる．これは hole の主体役割（dig という行為の結果作られるもの）との相互作用によるとする．4 は，おなじ名詞でもそれを修飾する形容詞が異なることで，それが修飾する先のクオリア構造が限定される，という現象である．特に a good knife の場合その材質ではなく切れ味が問題になるのは，まさにこの選択束縛という意味操作が目的役割に限定してかかったためと考えられる．

　このように生成語彙意味論は，百科事典的知識やフレームといった背景的知識に基づく意味の現れ方をパターン化して合成的な操作に基づき最終的な意味の表示に取り入れようとする試みである．これまでの合成的かつ抽象的な分析において取りこぼされていた側面をカバーする可能性として，影山（2005）や

第 3 章　語の意味論　　25

由本（2013）などによる動詞への応用適用の試みも見られる.[22]

3.7.　移動事象の類型論（Talmy）

　意味要素を分解していくアプローチの中でも，Talmy による移動事象への
アプローチは少しその性質が異なる．このアプローチでは，語彙の意味を分析
するのではなく，その語彙が用いられる共通の意味場と文に注目し，そこで必
須となる要素に着目する．Talmy（2000）は特に（物理的）移動を表す事態状
況に限定し，その際に必要な情報となる意味要素を分解し，そのうちのどの要
素がどんな文法的項目で表されるか，その組み合わせを考察する．例えば，次
の例における動詞の項目を見てみよう（Ungerer and Schmid（2006：233）か
ら一部例文抜粋）.

(28)　a.　（英）The boy **rode** out of the backyard.

　　　b.　（独）Der Junge **ritt** aus dem Hof hinaus.
　　　　　　　（"The boy rode from the yard out."）

　　　c.　（仏）Le garçon **sortit** à cheval de la cour.
　　　　　　　（"The boy exited on horse from the yard."）

　　　d.　（西）El chico **salió** a caballo del patio.
　　　　　　　（"The boy exited on horse from the yard."）

　　　e.　少年は馬に乗って裏庭へ**出て**いった

いずれも「出て行く」という移動事態を表すものの，動詞がその移動要素以外
にどのような情報を担っているかが各言語で異なる．英語やドイツ語では，動
詞 rode により，「何か乗り物に乗って」移動したことが表されるが，「出て」
いったという経路情報については動詞とは別の要素（英語では前置詞句，ドイ
ツ語では分離接辞）で表される．一方でフランス語，スペイン語，そして日本
語では，動詞要素では「出て」行ったことが表されるのに対し，「馬に乗って」
という様態情報は動詞とは別に表される．このように，移動事態を描写するの
に関わる「経路」や「様態」といった意味情報を移動動詞の中にどのように組

---

[22] ただし，細かな語彙の意味の違いまでをクオリア構造に取り込むことは難しいとする立
場もある（陳・松本（2018）など参照）.

み込むかについては，言語による異なりが見られる．特に移動を表す動詞に様態要素を組み込み，移動経路は独立した要素によって表す言語を **Satellite-framed Language**（衛星枠づけ言語），逆に移動動詞経路情報を組み込み，様態は別に扱う言語を **Verb-framed Language**（動詞枠づけ言語）と呼んでいる（詳細については第 V 部 3.3 節も参照のこと）．

3.8. プロトタイプ意味論

　語の表す意味を要素に分解し，その組み合わせとして理解し記述していくアプローチに対し，そのようなやり方では人間の理解の実態を捉えることはできない，とする意味論的立場もある．この立場では，意味は最もよく思い起こされる中心的・典型的なプロトタイプ的意味と，あまり意識されず，文脈などに大きく異存する周辺的な意味とに分けられる．認知心理学に端を発するこの考え方は，後に認知意味論的な流れへと発展することになる．

　3.1 節で述べたような素性分解に基づく語彙分解では，その素性の有無の集合により対象の意味が必要十分に決定されるという暗黙の前提をとっていた．しかし，そのような素性を文化差や程度差なしに取り出すことは難しく，またその素性の有無をプラスかマイナスかという二項対立で規定できる現象ばかりではないことなどが問題となる（例：「独身男性」を表す bachelor が，ローマ法王やゲイを指しにくい：12 歳男子を bachelor と呼ぶのは適切ではない：独身女性として対を成すはずの spinster には「オールドミス」「行かず後家」という蔑視的含意があり，純粋な対語とは言えない）．

　これに対し，プロトタイプ意味論では，そのカテゴリーを最も良く表す代表をプロトタイプとし，それを中心とするカテゴリーを成すと考えた．プロトタイプを特徴付ける特徴は**典型性条件**とされ，その集合体をすべて体現しているものはプロトタイプ的メンバーであり，それを部分的に共有するメンバーがその周辺に位置する．この考え方は認知言語学の分野の議論の中で広く応用されており，over の多義性（The plane is flying over the hill（丘の上を飛ぶ），He lives over the hill（丘を越えたところに住む），The game is over（終了した）），二重目的語構文の多様性（John gave Mary a candy vs. But me no buts（私に向かって，「でも，でも」と言うな），などさまざまな面でプロトタイプ的発想が見られる．

また，カテゴリーの境界は明確ではなくファジーであり，文脈によって自在に変化する．（例 1：「空を飛ぶ銀色の鳥（＝航空機）」というと，その詩的文脈内でのみ「鳥」の意味が拡張し，本来ならば指し示さない航空機をカテゴリーの周辺メンバーに取り込む．例 2：〈名詞＋だ〉と形容動詞との境界は時にあいまいで，「問題な日本語」という表現が可能になったりする，など）

また，典型性条件と合致するほど想起しやすいという性質は，プロトタイプ効果と呼ばれる．鳥の中でもスズメのほうがダチョウよりも一般に想起されやすいが，この事実はまさに分類上同じレベルのメンバー間で見られるプロトタイプ効果といえる．一方，〈動物－鳥－スズメ・ツバメ・ダチョウ〉という概念的階層関係上では「鳥」が最も想起されやすい（子どもが習得しやすい，最も語形成が作りやすいなど）レベルであり，これを**基本レベルカテゴリー**と呼んでいる．

3.9. 文化的概念の意味と NSM 理論（Wierzbicka）

意味の規定は，そもそも別のことばを用いて行われることが多く，その結果循環論に陥りやすい．特に文化的な概念を規定する際にこの問題が生じる．日本語の「甘え」という概念は，日本論『菊と刀』（Benedict (1964)）の中で hierarchical relationship（階層的上下関係）という語を用いて定義づけられている．しかし英語の hierarchy には力の上下関係にまつわる含意があるため，家族や恋人間の「甘え」を説明できなくなる．また「甘え」の説明には dependence という語もよく用いられるものの，この dependence に否定的な含意を強く感じる英語圏文化においては，「甘え」概念を否定的な印象とのみ捉えてしまう（Wierzbicka (1997)）．また respect という英語の概念は re-spect（「改めて・再び（相手を）見る」）から来ており，老若男女誰に対しても使えるが，対応する日本語の「尊敬する」は「尊び敬う」，つまり上下関係の発想を帯び，もっぱら目上に対する概念であるため「赤ちゃんを尊敬する」は日本語としてやや不自然である．このように，ある言語の概念 A を別の言語の概念 B で規定すると，A に無関係な文化特有の概念が B に入り込むことが多く，誤った理解を引き起こしてしまう．

このことを踏まえて Wierzbicka (1972) は，全言語に存在する，それ以上分解できない意味の核（semantic primes）と呼ばれる基本単語および基本的な

文法事項から成る **Natural Semantic Metalanguage**（NSM）を提唱した．
Wierzbicka（1996）およびその後継者である Goddard（1998）によれば，
NSM では文化的情報を排除した普遍的な基本単語（現時点では 60 語以上）を
選別し，それだけを用いて，さまざまな言語での文化的な概念を，簡潔な概念
に分解して示そうとする．これによってどんな言語の話者でも，自分の文化的
な偏見などを持たずに対象となる語の意味を理解できる，としている．例えば
「甘え」概念は次のように規定される（Wierzbicka（1996））．

(29)　甘え（amae）

　　　(a) X thinks something like this about someone（Y）:

I know:

　　　(b) when Y thinks about me, Y feels something good

　　　(c) Y wants to do good things for me

　　　(d) Y can do good things for me

　　　(e) when I am with Y nothing bad can happen to me

　　　(f) I don't have to do anything because of this

　　　(g) I want to be with Y

　　　(h) X feels something good because of this

（Wierzbicka（1996: 239））

上記の「甘え」の規定は，すべての言語に普遍的に存在すると想定される中立
的な意味要素と文法だけを用いているため，無関係な文化的ニュアンスに脅か
されずに記述できているとされている．[23]

　このアプローチは，言語的意味と，それを使用する環境や状況といった百科
事典的・フレーム的意味とは区別可能としながらも，初めから後者を総合的に
前者の定義づけに取り込んだ形で意味概念を規定しようとする試みであり，合
成的アプローチとは対極に位置する．この手法で Wierzbicka は，文化的概念
や感情にまつわる概念などの名詞概念のみならず，動詞概念や間投詞などの意
味分析を行っており，独自の意味論を展開している（Wierzbicka（1997, 1999,
2006）など）．

---

[23] この条件は，いわゆる必要条件に相当するものであり，全体としてスクリプト的な性質
を有していると言える．ただし，個々の条件をどのように選定認定するのか，という点に関し
ては批判もある．

第4章 〈基礎内容部門〉

言語表現の意味とその指示対象

　単語は常に同じ意味で用いられるとは限らない．ある語が異なったレベルの対象を指すことも，また同じレベルの異なった対象を指示することもある．本節では1つの言語表現がどのような意味を表しうるかに焦点を当て，この問題を扱う意味理論について概観する．

4.1. タイプ vs. トークン

　語の意味は，その指示対象がどのレベルに属しているかによっても変わる．

(30) a.　昨日スマホをなくしてしまった．
　　 b.　スマホは便利だがいろいろ問題を引き起こすことがある．

同じ「スマホ」という語でも，（30a）では具体的に自分が所有していたスマホを指し，（30b）ではスマホというもの一般を指している．前者は具体的な事例としての**トークン**（**token**）を指す**個別指示表現**（**specific reference**）である一方，後者は同種のものを類として包括して表す**タイプ**（**type**）を指す**総称表現**（**generic expression**）である．つまり，同じ表現でもトークンを指すかタイプを指すか，その具体性のレベルが異なりうるのである．
　同じことが次のペアにも言える．

(31) a.　He is complaining.（彼は文句を言っている）

b. He is always complaining.（彼はいつも文句を言っている）

(31a) は今この時点で彼が行っている具体的なトークン行動について述べているのに対し，(31b) はそのトークン行動を一般化したタイプ的な属性的習慣行動について述べている．このため，前者を**事象叙述文**，後者を**属性叙述文**（益岡 (1987, 2006)）と言うこともある.[24]

タイプかトークンかの区別は，日本語では (30) のように言語的には示し分けされていないが，英語では冠詞の有無などの助けを借りることが可能な場合もある．例えば，通常固有名詞はトークンを指すが，(32) のように冠詞や複数接尾辞と共に用いられると，「固有名詞で指示される人のような性質（をもつ人）」という意味が抽出されて一般化された普通名詞（つまりタイプ）のように振る舞う.

(32) a. A: I happened to meet Mary at the station yesterday.

B: Do you know the Mary who is Bill's girlfriend?

b. I met a girl at the coffee house who did an Elizabeth Taylor while I was talking to her.

c. Is there a Hermione in your class? I've always wanted to meet a Hermione, but such has never been my good fortune.

(早瀬 (2018: 39))

いずれも，「Mary という名前の人（でビルの GF である人）」「Elizabeth Taylor のような振るまい」「Hermione という名前の人」という，対象となる固有名の人物の属性を取り出したタイプ的意味を持つといえる.

---

[24] 属性と事態の区別に関連して，Carlson (1977) による述語の二分類が有名である．述語には大別して**個体レベル述語**（individual level predicates: 時間に縛られない恒常性のある個人の属性をさす）と**ステージレベル述語**（stage level predicates: 時空間に縛られた事態を表す）とされ，それぞれ属性叙述と事態叙述に対応する.

(i) 彼女は背が高い・She has long hair.（個体レベル述語）

(ii) 彼女は昨日休んだ・She was sick yesterday.（ステージレベル述語）

ただし，述語だけで全体の文が属性か事態か決定できるわけではなく，ステージレベル述語を用いていても，全体として属性叙述になることも多い（益岡 (2006)）.

(iii) 彼は南アフリカに行ったことがある.

(iv) 彼女は今日は薄化粧をしている.

第 4 章　言語表現の意味とその指示対象　　　31

　また，どのような述語と結びつくかによってもこの区別がつけられることがある (Carlson (1977)).

(33) a.　Dodos are extinct.
　　　b. *A dodo is extinct.

ドードーという絶滅した鳥について語るとき，「絶滅した（be extinct)」という述語はトークンである具体的な一羽の鳥について用いることはできず，(33a) のように裸複数名詞を用いて，タイプ・グループとしてのドードーを表す必要がある．このような述語を「類述語 (class predicates: Carlson (1977))」という.

4.2.　多義の問題と言語テスト

　語の意味全般に対する立場は，大きく単義説派と多義説派に分けられる．**単義（monosemy)** 派は，1 つの単語に抽象的意味が 1 つ対応すると考える．例えば，前置詞 on の意味は「〜の上に」という抽象的なものと捉える．実際には on the boat, smile on his face などの具体的な表現においてその現れ方が少しずつ異なるが，それは語用論的推論によりその場面で適切な意味が構築されると考える立場である．この 2 つの on の意味は明確に区別できるものというより，同じ抽象的意味の異なる現れであり，その差は漠然性 (vague) のレベルだとみなす.

　もう 1 つの**多義 (polysemy)** 派は，1 つの単語に，互いに独立しているが関連しあう複数の意味が結びつくとみなす．つまり 1 つの意味は 2 つ（以上）の意味から成り立つ両義的 (ambiguous) なものと考えている．例えば，動詞「見る」には〈視覚で知覚する〉の意味に加え，〈見張る〉の意味もあると考える．この 2 つは互いに視覚を用いる点で関連しているが，以下のように共起できる副詞が異なるため，互いに別の独立義だと考える.

(34) a.　窓の外を（ぼうっと）見ていた
　　　b.　このカバン，#（ぼうっと）見ていてね

この対象の語が単義か多義かを区別する言語テストがいくつか提案されてきている．例えば，(35) の論理テストによれば，polysemy を成す異なる意味を

否定によって等位接続することはできない．また（36）のくびき用法（zeug-ma）によるテストによれば，多義（polysemy）を成す2つの異なる意味を等位接続させることができない．

(35) 論理テスト（Logical Test）（Quine（1960））
 [Target Word] is A1, but not A2
 a.　This is a bank but not bank.（多義）
 b. #I have an aunt, but not aunt.（単義）
(36) くびき用法（Zeugma）: *A and B V. / A Vs, and so V B*
 a. ?Arthur and his driving license expired last Thursday.（多義）
 b. ?His book is thought provoking and yellowed with age.（多義）
 c. ?Arthur expired last Monday, and so did his driving license.（多義）
 d.　Jack is my grandfather and so is Jim.（単義）

ただし，いずれのテストにも欠点があり，厳密な形で単義か多義かを区別することができない．まず論理テストの欠点として，（37）のように対象語が同音異義語（homonymy）の場合には区別がつけられない．

(37) a.　This is a pupil（＝student）, but not a pupil（＝of the eye）.
 b.　This is an ear（as a body part）, but not an ear（of the corn）.

またくびき表現はもともと修辞法の1つなので，ことわざや名文句などにはむしろこのくびき表現をわざと利用しているものがあり，それゆえテストを通過してしまう場合がある．

(38)　"Eggs and oaths are soon broken."
　　　"[They] covered themselves with dust and glory."

（Mark Twain, *The Adventures of Tom Sawyer*）
(39) ?His book is thought-provoking and yellowed with age.（＝(36b)）
　　　His book is still thought-provoking although yellowed with age.

むしろくびき表現は，積極的に伝達したい何かがある場合にこそ用いられるものであり，厳密には言語テストとして機能しないのである．
　以上のように，同音異義，多義，単義を区別することは，理論的には可能でも，現実には時に難しい．この理由は，意味がその場その場で構築される柔軟

な性質をもつものであることにもよる．このように，意味が固定的ではなく柔軟であることをどのように捉えていくか，は，意味理論の課題となる．

4.3. 意味のネットワーク分析 (Tuggy)

Tuggy はくびき用法などの言語テストでは多義を正確に区別することが難しいと述べ，ネットワーク分析を多義の問題に導入することにより，同音異義，多義，単義の区別が連続体であることを示した．Tuggy によれば，意味が多義であるかどうかは，その問題となる意味が，その上位語と比較して高い定着度を見せているかどうかにかかっているという形でまとめられると主張した．

(i) 単義 (monosemy)　(ii) 多義 (polysemy)　(iii) 同音異義 (homonymy)

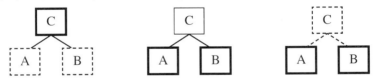

いずれも C は AB の共通性を取り出したスキーマを表す．囲み線が太いほどその意味の定着度が高くアクセスされやすい単位であることを，破線であれば逆にほとんどアクセスされない単位であることを表す．定着度は程度問題であり，スキーマの定着度が高い単義の事例から，スキーマもその下位も定着度がある程度保証される多義，そして下位の意味単位が定着しているがそれをまとめるスキーマが定着していない同音異義までを，連続的な事象として表せる．

この考え方に基づけば，通常同音異義語とみなされる語同士であっても，民間伝承や文脈の助けによっては臨時的に関連づけられることがあるという現象にも説明が可能となる．

(40) a. John's ear (耳) vs. ear of corns (穂)
　　 b. Financial banks resemble those you find by river: they control, respectively, the flow of money and of water.

(Deane (1988: 345))

ear（耳）と ear（穂）は互いに語源が異なる同音異義語であり，通常は図 (iii) での A と B の関係にある．両者間をとりもつ共通性 C は意識されない．一

方で「穂」のほうはトウモロコシや麦の一部として〈飛び出ている〉〈垂れ下がっている〉点が，身体の一部としての〈耳〉と共通しているとみなす伝承もあり，その場合はこの共通性を図 (iii) でのスキーマ C として意識することで 2 つの ear を多義とみなし図 (ii) に近づくことになる．同様に bank（銀行）と bank（土手）は英語史的には別の意味の語として借入された同音異義語であり，通常は図 (iii) の解釈がなされる．一方 (40b) のことばあそびのように，どちらも「流れを司るもの」という，通常意識されないであろう共通するスキーマを取り出した場合，2 つの語は図 (ii) の形で互いに関連づけられる．このように，民間伝承や文脈によって 2 つの語のつながりが創造されてしまうこともあり，そのような現象から多義と単義とが本質的には使用に基づく連続性を成す現象であることが示唆される．

4.4. さらに精緻な意味：Microsenses と Facet

　Tuggy のネットワーク分析は，語の意味のあり方のさらに精緻なレベルをも一貫した形で捉える．一例として，Cruse (2002) が microsense および facet とよぶ意味レベルをとりあげる．

　Microsense とは，その表現形式自体は上位語を表しているのだが，実際に使用される時には必ずその下位概念に相当する意味がまず想起されるような例を指す．

(41)　A:　すみません，ハサミを探しているんですけど.
　　　 B:　あ，そちらの文具品コーナーにあります.
　　　 A:　… いや，剪定用なんですけど.

あまり気づかれていないことだが，「ハサミ」という語は実は一般的な上位語であり，我々はそれを用いながらも通常はその下位語相当レベル（文具品としてのハサミ，剪定用ハサミ，裁ちバサミ，爪切りバサミなど）のいずれかを意図してコミュニケーションを行っている．つまり「ハサミ」は通常 microsense が喚起される語なのである.[25]

---

[25] 一般的な上位語としての「ハサミ」を指す場合には特別な言語文脈の支えが必要である．例えば「ハサミ貸してくれる？」「どんなハサミ？」「ハサミだったら何でもいい．切れさえす

第 4 章　言語表現の意味とその指示対象　　　35

　このような現象に関しては，単義説，つまり「ハサミ」という単義が存在し，実際の意味は文脈によって語用論的に具体化される，とする説明が適用されるように一見思われるかもしれない．しかし，そのようには考えにくいという指摘がある（Croft and Cruse (2004: 132))．まず 1 点目として，ハサミに関わる複数の microsense は，それぞれ異なる上位語と結びつけられる分類が固定的，安定的に可能である．

　　(42)　ハサミ
　　　　a.　〈洋裁用品〉：ハサミ，針，糸…
　　　　b.　〈文房具〉：ハサミ，ホチキス，分度器…
　　　　c.　〈園芸道具〉：ハサミ，スコップ，レーキ…

これらはそれぞれのカテゴリーの中でも基本レベルを構成しており，意味上独立した位置づけを受けている．さらに 2 点目として，実際に用いられている時にまず最初に活性化されるのは，上位語ではなく下位語である microsense である．衣類のほつれを処理したくて「ハサミ持っている？」と尋ねた際に念頭に置かれているのは，裁ちばさみか文房具のハサミ，爪切りバサミなどの具体的レベルのものであり，同じハサミであっても高枝バサミを出されたのでは，用途違いである．「ハサミ」という語を用いた時には，その下位概念である microsense のほうが常に定着度も高く，活性化もされやすい．これに比べると上位概念としての「ハサミ（一般）」は定着度も低く活性化されることもまれである．

　このように，microsenses は，ネットワーク上での下位概念という位置づけで定着しており，それぞれが異なる背景知識（domain）に照らして理解されている，意味論レベルで安定した区別と考えられる．また，ここで〈洋裁道具〉

───────────────
れば」というような場合のハサミは，上位語に当たる．

〈剪定道具〉〈文房具〉というくくりは，これまでにも再三でてきた百科事典的知識に基づくフレームである．語の意味におけるフレームの重要性がここでも関わっていることが改めて認識される．

　Microsenses が複数のものを指示するのに対し，facet は，1 つの対象に内在する性質のさまざまな側面を表す．Facets が集まった全体は Gestalt を成しているが，文脈によって特定の facet が焦点化される．[26] Microsense とは異なり，複数の facets は場合により両立可能なため，互いに独立した別義とはみなされない．次の例を見よう．

(43)　This is a very interesting book, but awfully heavy to carry around.
　　　a.　a very interesting book　　　　[TEXT]
　　　b.　a book (heavy to carry around)　[TOME]

ここでは同じ book の複数の側面が焦点化されており，互いに矛盾を引き起こしてはいない．facet の違いは別義を導くことにはならないことになる．[27]

4.5.　多義的立場：認知意味論の語義ネットワーク

　認知言語学における認知意味論は，語の意味を複数認め，それらが互いに関連し合って存在すると見なす多義説を採る．4.3 節では Tuggy (1993) による，概念の上下関係に基づくネットワーク分析を紹介し，多義と単義とが連続体であることを示したが，このモデルはもともと言語の多義性を示すために用いられたものであり，Lakoff (1987) の放射状カテゴリー (Radial Category) および Langacker (1987) の意味ネットワークを応用したものである．Lakoff (1987) は前置詞 over や動詞 take などの語彙の多義について，中心義をプロトタイプとし，そこからさまざまなリンクを経て複数の意味へと関連し合っているとする表示のモデルを提案した．このリンクの例としては，メタファーリンク，メトニミーリンク，概念的上下関係のリンク，などが挙げられている．この多義を構成するリンクと絡めて，以下では認知意味論におけるメタ

---

[26] Microsense が上位－下位概念の関係にあるのに対し，facet は同じレベルにおける隣接する別の側面という関係にあることから，メトニミー的な性質を有しているとも言える．

[27] この facet の概念は生成語彙意味論におけるクオリアの概念と基本的に同じである．

第4章　言語表現の意味とその指示対象　　37

ファー，メトニミー，およびシネクドキ現象について概観する．

4.5.1.　転義のメカニズム（1）：メタファー

　メタファー（**metaphor**）とは，類似性に基づいて，ある領域における事物を別の領域に属する事物へと例える比喩をいう．「きみは僕の女神だ」や I am addicted to love など，本来は神でも麻薬でもない対象をそのように捉える表現がその例である．Lakoff and Johnson (1980) はメタファーを，複数の類似の言語表現の背後にある共通性として取り出すことのできる，人間の思考・認知パターンを反映したものと考え，特にそのようなメタファーを**概念メタファー**（**Conceptual Metaphor**）と呼んだ．[28]

(44) a.　〈時は金（TIME IS MONEY）〉
　　　　I spent two hours waiting./I've invested a lot of time in her./
　　　　Don't waste your precious time.
　　b.　〈状態は容器（STATES ARE CONTAINERS）〉
　　　　He is in love./He is in trouble./He is in a mess.
　　c.　〈多いことは上（MORE IS UP）〉
　　　　The price rises./high temperature/turn the radio up/climb up the
　　　　ladder/high morale

ここで (44) の TIME IS MONEY や STATES ARE CONTAINERS などは概念メタファーに相当し，我々が外界に対してそのような思考パターンを持つことを表している．

　このメタファーにより，語が複数の意味をもつことも説明できる．特に先に見た (44b, c) のメタファーは，方向性のメタファー（Orientational Metaphor）とも呼ばれ，空間領域上での位置関係や方向などを表したものである．[29] (44b) はもともと The cat is in the box. のように容器の中に対象物がいるという構図を，(44c) はすべて空間における「上方」という構図を，それぞれ基本としている．この構図は，(44b, c) の事例すべてにおいて保持されている

---

　[28] 概念メタファーは表記上 A IS B のように大文字で書き表すのが習いである．
　[29] これに対し，Life has cheated me. などに見られる擬人化などタイプのメタファーは Ontological Metaphor（存在論メタファー）と呼ばれる（Lakoff and Johnson (1980)）．

ものの，その構図が〈空間〉以外の〈精神状態〉〈社会的状態〉などといったさまざまな領域に適用された結果，異なる意味が得られている．ここで共通に適用されている空間上基本となる「構図」を，認知意味論では「**イメージ・スキーマ（image schema）**」と呼ぶ．イメージ・スキーマとは，対象となる関係性を日常的に何度も経験することから抽出される，基本的な構造のことである（Lakoff and Johnson (1980) など）．メタファーは，語の多義を生むメカニズムの１つであり，同一のイメージ・スキーマが複数の領域に応用適用（＝**メタファー写像（metaphorical mapping）**）されることで複数の異なる意味が得られる．

　この写像が一旦起こると，同じ領域間で他の要素でも同様に写像が行われ，新しいメタファー解釈を生むことも多く見られる．

(45)　「君は僕のバラだ．太陽だ．」
　　　「うれしい．どうしてそう思ってくれるの？」
　　　「だって，きみは美しいし，とても明るく僕をいつも照らしてくれる．暖かい気持ちになるよ．」
　　　「でも，バラは美しくてもトゲがあるし，すぐにしおれてしまうわ．それに夏の太陽は暑苦しいわ．それにいつかは水平線に隠れて沈んでしまうのよ．」
　　　「おいおい，僕はそんなことは言っていないよ，勘ぐりすぎだよ．」

恋人を〈バラ〉〈太陽〉に見立てて賞賛もできるが，同時にバラの一生や太陽の周期のシナリオを当てはめ，負の部分にも焦点を当て拡大解釈することもできる．メタファーでは，写像される対応関係を増やしていくことで，新しい含意が創造されていくのである．

　このメタファーは語の多義性の問題にも深く関わる．

(46)　a.　部屋が明るい
　　　b.　性格が明るい

２つの「明るい」の意味は，照明が明るい場合の印象などを，〈性格〉領域へと転用するメタファーリンクによって関連づけられることになる．

　ただし，メタファー写像は創造的意味を自在に生み出すわけではない．期待されるメタファー写像が起こらない現象もある．

第 4 章　言語表現の意味とその指示対象　　　39

(47)　〈THEORIES ARE BUILDINGS（理論は構築物）〉

　　　a.　この理論は骨組みがしっかりしている．

　　　b. #この理論の窓はよく磨かれている．

〈理論は建築物〉というメタファーに基づき写像できるものは，建築物の中で
もある一部の構造に関わるものだけに限定されており，窓のようなものは写像
されない．メタファー写像が行われて起点領域のイメージ・スキーマ構造が維
持されるのは，目標領域の本来の構造と矛盾を起こさないという条件が成立す
る限りにおいてである．この制約を**不変性の原則**（**Invariance Principle**）
（Lakoff（1993））と呼ぶ．これにより次の between の使用の違いを説明でき
る．

(48)　〈TIME IS SPACE（時間は空間）〉

　　　a.　a space between A, B and C

　　　b.　a treaty between three countries（三国間の条約）

　　　c. *the time between two, three and five o'clock

時間はよく空間メタファーに基づいて理解されると言われるが，実は話はそう
単純ではない．前置詞 between は通常 2 者間の関係に使用されるものの，区
別が明確で相互の関連性が強く表される時には 3 者間でも条件付きで用いら
れる．(48a) の between A, B and C という構図は，三点に囲まれた空間とい
う二次元的世界で成立するものであり，これを〈国際情勢〉という抽象世界の
関係性にメタファー写像することは可能である．しかし〈時間〉は基本的に一
次元的に線状に捉えられる領域であるため，この写像が成立しなくなることか
ら，(48c) の表現は不適切となる．このように，メタファー的写像は，写像先
の領域の構造的性質によって制限が出てくるため，それに応じて転義が成立し
ない場合があることが，不変性の原則によって説明される．

4.5.2.　転義のメカニズム (2)：メトニミー

　メトニミー（**metonymy**）とは，言語表現の指示対象と，実際に伝達を意図
していることとの間に近接関係に基づいたズレのある現象を言う．典型的なメ
トニミー表現は (49a, b) のようにモノ同士の近接関係に基づく．

(49) a. 部屋を片付けておいて！〈容器で中身（CONTAINER FOR CON-TENT)〉

b. ジョージ・オーウェルは実はまだ読んだことがない．〈作者で作品（AUTHOR FOR PRODUCT)〉

c. 今日はあなたに話しておきたいことがあって筆をとりました．〈部分で全体（PART FOR WHOLE)〉

d. 千代の富士は貴乃花に負けた時，髷を切ることを決意したらしい〈結果で出来事全体（RESULT FOR WHOLE EVENT)〉

(49a) での片付ける対象は「部屋」の中のものであり，(49b) では読んだのは「ジョージ・オーウェル」の作品である．具体的な複数のメトニミー表現の背後にある共通認識をとりだしたものは，メタファーに倣って「概念メトニミー（Conceptual Metonymy)」と呼ばれ，(49a) では〈容器で中身〉，(49b) には〈作者で作品〉がそれぞれ相当する．また事態が別の事態を表すメトニミーもある．(49c) の「筆をとる」は手紙を書く行為の最初に行うものであるし，(49d) の「髷を切る」という力士の引退式での行為により，相撲を今後取らないことを象徴的に表す．いずれも言語表現と実際の指示対象とが近接的な関係にあるメトニミーである．

　メトニミーではメタファーと同様に指示対象のずれが関わるが，メタファーが異なるドメイン間での転用であったのに対し，メトニミーは同一のドメイン内での指示の転用が関わっている．(49a) では部屋という空間領域内での，(49b) では執筆活動という領域内での，(49c, d) も手紙の執筆や引退式といった活動領域内での指示のずれが関わっている．

　メトニミーはメタファーと同様に，語の多義性にも大きく関わる．

(50) a. I hear a whisper/I can't hear you. （音が聞こえる・聞こえない）

b. I heard my daughter's lesson. （子どもの勉強をみてやる）

c. The school heard a case of bullying. （いじめ事件について調査した）

(早瀬（2017: 82))

hear のもつ複数の意味は，事態と事態の近接関係に基づくメトニミーによって互いに結びつけられる．(50b) では〈勉強を見る〉行為の一部として，質問などをして子どもの考えや答えを〈聞く〉行為があるため，一部の行為で事態

第 4 章　言語表現の意味とその指示対象　　41

全体を表すメトニミーが関わっている．また（50c）の〈調査〉という意味も，
〈聴き取り〉をその典型的な下位行為として組み込む全体的な行為と捉えられ，
これも部分－全体の近接関係に基づいたメトニミー転用と見なせる．

　また，前置詞 around が表す次の 2 つの意味も，広義のメトニミーに基づく
ものと説明できる．

(51) a.　He ran around the corner.（走って門を曲がって行った）

　　　b.　He lives around the corner.（門を曲がったところに住んでいる）

(51a) では物理的な移動が実際に存在するが，(51b) ではその移動は心理的な
たどりのみであり，意味としてはそのたどられる経路の最終地点を指示してい
る．つまり (51b) は，(51a) での移動経路を全体と見立ててその最終地点の
みを焦点化した，部分－全体に基づくメトニミーと捉えられる．これは別名
「**最終地点の焦点化（end point focus**）(Lakoff (1987))」と呼ばれる．この現
象は同様に，over/through/across などを用いた例でも確認できる．

(52) a.　He walked {over the mountain/through the woods/across the
　　　　 river}.

　　　b.　He lives {over the mountain/through the woods/across the river}.

(52b) タイプではいずれも「（状況把握主体から見て）川の向こう・山を越え
た・森を抜けた・角を曲がった」ところ，という意味となり，主体の居場所が
意味の中に暗黙に含まれると考えられる．このためこの現象は別名「**主体化
(subjectification)** (Langacker (1990))」とも呼ばれる（第 5 章で後述する）．

　ここまで，メトニミーをメタファーとは別の概念として説明してきたが，実
はメトニミーこそがメタファーの認知基盤を成している，とする考え方があ
る．Johnson (1999) は「大人が多義語と解釈している語を，子どもは習得当
初はその区別を融合した形で解釈している」とする**融合仮説 (conflation hy-
pothesis)** を提唱した．例えば，動詞 see の「見える」義（I can see the
mountain over there.）と「分かる」義（I see your point.）とは，UNDER-
STANDING IS SEEING という概念メタファーに基づく拡張関係にあると見
なされるが，これはあくまでも大人の理解のレベルの記述である．融合仮説で
は，子どもがこの視覚と認識の両方が融合した状態を日常的に経験しており，
そこから成長につれ 2 つの概念領域を分化させることで 2 つの意味を区別し

て理解できるようになる，と考える．これによれば，Let's turn the page and see what happens. (Johnson (1999:164)) における動詞 see は，本の新しいページをめくって見える対象を指す視覚義ともとれるが，めくった結果わかる内容を指す，という認識義とも捉えられる．

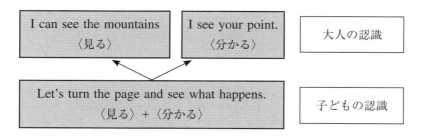

つまり，最初は 2 つの意味が同時に並列した形で共存しており（これを**経験的共起（experiential correlation）**と呼ぶ），二者の関係はいわゆるメトニミー的近接関係にある．そこから大人になるに従って生じる抽象化および区別化に伴い 2 つの意味を峻別するようになると，ここに視覚義から認識義へというメタファー関係が見て取れる．このように，メトニミーとメタファーとは相互に絡み合う関係にある．[30, 31]

4.5.3. 転義のメカニズム (3)：シネクドキ

シネクドキ（synecdoche）とは，意味の抽象 - 具体という概念上での上下関係に基づく転義を言う．シネクドキの理論的位置づけは大きく二手に分かれており，メトニミーの一部とみなす立場 (Lakoff and Johnson (1980), Lakoff (1987)) と，メトニミーとの区別を強調する立場（佐藤 (1992 [1981])，瀬戸 (1997)) に大別できる．後者は，具体的・物理的な対象における部分全体関係（meronymy/partonymy）と，概念レベルでの部分全体関係（hyponymy/taxonomy）とを区別する必要性を主張する一方，前者の論ではどちらも部分全体関係と見なせるため，メトニミーの下位に含めてまとめようとするもので

---

[30] この例や〈多いことは上（MORE IS UP）〉などの経験的共起性を基にして得られるメタファーを Grady et al. (1996) は**プライマリーメタファー（primary metaphor）**として，経験的な基盤を持つ，他よりも根源的なメタファーとして重要視している．

[31] 同様のプロセスが歴史的言語変化でも観察されている．第 5 章も参照のこと．

ある．

シネクドキは（53a）における〈種で類を表す（SPECIES FOR GENES）〉タイプと（53b）の〈類で種を表す（GENES FOR SPECIES）〉タイプに二分される．[32]

(53) a. <u>下駄箱</u>　<u>筆箱</u>　　　　　　〈種で類〉
　　 b. <u>花見</u>　明日は<u>天気</u>になる　〈類で種〉

下駄箱は上位概念の靴全般を入れるところだし，筆箱も上位概念の文房具一般を収納するものである．逆に花見は桜の花を指すことが多いし，天気とは悪天候ではなく好天を指している．

　シネクドキには特殊なニュアンスや含意が付随することも多い．上位概念である類で下位概念である種を表すタイプのシネクドキは，しばしば婉曲的な使われ方をする．「おめでた」や「不幸」という一般的な概念を用いることで，妊娠や死亡といった直接的な指示を避けているし，「<u>用</u>を足す」「<u>万が一のこと</u>があったら頼む」などでも同じことが言える．これらは直接的な表現を避けて和らげるという聞き手への配慮の結果と考えられる．一方で忌み言葉や人をののしるなどの効果も併せ持つ．「ジャップ（＝（さげすむべき）日本人）」や「この田呉作（＝（何も知らない）田舎者）が！」などはその例である．これは代表的な下位概念である種から上位概念である類を表現するタイプだが，その上位概念に一般的にまつわる知識であるステレオタイプや偏見を二次的に喚起し伝達している例である．

4.6.　単義的立場：関連性理論による語彙語用論

　認知意味論では基本的に語の意味を互いに関連性をもった多義であると認識していた．一方で，関連性理論の語彙語用論は単義的立場をとって，異なる意味は語用論的にその都度産出されるものとみなす．Wilson（2003）は「語彙語用論（Lexical Pragmatics）」という分野を打ち立て，語が実際に話者が使用す

---

[32] Lakoff and Johnson（1980）ではシネクドキをメトニミーの一例として捉えたため，いわゆる概念シネクドキという用語は存在しないが，それに相当するのは〈類で種〉〈種で類〉といったものと考えられる．

44　　　第Ⅰ部　最新の意味論研究の進展

る（語用論的）意味への手がかりを提示するもの（＝ポインター）であり，実際の意味は推論によりその場で導かれるとする。[33]

　語彙語用論では話者が語にアクセスすることで**アドホック概念**が形成されるとしている．アドホック概念とは，語用論的推論によって，言語表現が通常指示するものとは異なる概念が形成されることである．このとき指示されている概念は本来的な指示対象の範囲から広げられたり（broadening）狭められたり（narrowing）する．

(54) a.　海水浴客を大型の**魚**が襲ったそうです．
　　　b.　年をとると，肉より**魚**の方が好きになってきました．
　　　c.　水槽の**魚**に餌やりをするのは生き物係の大切な仕事です．
(55) a.　冷蔵庫で**冷え**ていたお茶
　　　b.　このスープ**冷え**ちゃった．

同じ「魚」でもその語が指示しているものはそれぞれの文脈で異なっている．(54a) では（おそらく）サメ，(54b) では食用の（おそらくは小型の）魚，(54c) は観賞用・ペットの金魚の類いを指すと思われる．この伝達される意味は，本来の「魚」という語がもつ意味カテゴリーに比べ，その範囲が狭められており，その場で「魚」のアドホックな意味が作り出されていると考えるのである．同様に，「冷え（てい）る」という語が表す意味は，本来はかなりの低温を表すと思われるが，(55b) ではそれをゆるめて，温かさがなくなってぬるくなった状態でも指し示すことができる．こちらは「冷え（てい）る」の指示範囲が通常よりも拡がって適用された例と考えられている．

---

[33]　もう少し正確な言い方をすると，語そのものに意味があるわけではなく，むしろ語は意味を指し示すきっかけを与えるポインターであり，その指し示す意味の範囲が文脈によりその都度決定されていると考えている．詳しくは Wilson (2003) およびその詳細な展開については第Ⅱ部も参照のこと．

第 5 章 〈基礎内容部門〉

意味変化論における文法化・語彙化

5.1. 意味変化の基本概念

　歴史的研究の分野では，「文法化」や「語彙化」といった意味変化のプロセスがよく議論の対象となる．この変化に絡めて，ほかにも「脱文法化」や「語用論化」「主観化（subjectification）・主体化」「間主観化（intersubjectification）」という現象もよく指摘されている．

　「文法化」とは，内容語と呼ばれる語彙概念的な意味カテゴリーに属していた要素が，機能語と呼ばれる文法機能的カテゴリーに属するものへと変化する現象である．[34]

(56) a. cunnan（古英語：「知る」）> can（現代英語：助動詞）

　　 b. full > -ful（例 beautiful, spoonful）

　　 c. while（名詞：for a while）> while（接続詞：I couldn't sleep while I was in bed）

cunnan は古英語で「知る」の意味を表す本動詞であったが，今ではそれ単独では生じ得ない can として助動詞化しており，これは文法化の一例である．他にも独立した単語 full が接辞の -ful に転用されるようになった例などが挙げられる．助動詞や接辞，接続詞というカテゴリーに属する語はそれ単独で独

---

[34] 文法化については第 III 部の構文文法の箇所でも触れているので参照のこと.

立して生じることが難しいため，自立語に対して依存語とも呼ばれる．このように，文法化とは内容語・自立語から機能語・依存語へと変化していく現象だといえる．また，文法化が起こると，元の内容語が本来持っていた意味の希薄化が起こることが多く，このことを「意味の漂白化（semantic bleaching）」と呼ぶ．[35]

　文法化が起こるメカニズムとしては，メタファー拡張が関わるとする説がある（Heine et al.（1991））．4.5.1 節でも見たように，メタファー拡張には起点領域から目標領域への写像が関わっている．Heine et al.（1991）によれば，文法化現象は，具体的な概念を抽象的な概念に転用し，理解し，新しい文法機能的意味を創造しようとする人間の問題解決能力に根ざしているという．メタファーの起点領域として利用されやすいのは具体的な性質をもつ概念領域であり，人間の経験上，次のような階層性を見せると指摘されている．

(57)　起点領域における階層性：(Heine et al.（1991: 55）)
　　　Person ＞ Object ＞ Process ＞ Space ＞ Time ＞ Quality
(58) a.　He is going to a restaurant.
　　 b.　It is going to snow.

(58a) の be going (to) は「移動」を表しているのに対し，(58b) の be going to は助動詞として文法化された「未来」の意味を表している．具体的な物体の「移動」を出発点として，(57) のとおりに時間領域での抽象的な「移動」である「未来」への転用が行われていることが確認できる．

　一方，メトニミー的な拡張が関わる例として，「**語用論的推論（pragmatic inferencing）**」または「**語用論的強化（pragmatic strengthening）**」という考え方もある（Traugott and Dasher（2002））．もともとは語を用いる際の文脈状況から得られる推意に過ぎなかったものが，次第にその語の新しい意味として定着していくとする考え方である．例えば，He must go（彼は行かねばならない）という状況では，彼が行くことはほとんど間違いなく生じる可能性が一般的には高いので，「彼は行くにちがいない」との推意を得ることができる．ただしこの推論はあくまでも推論であり，キャンセルすることもできる（例：

---

[35]「漂白化」というと内容的意味が失われる側面にのみ注目しているが，実は同時に機能的な意味を新しく獲得している側面もあることを強調する研究者もいる．

第 5 章　意味変化論における文法化・語彙化　　　47

「行かねばならない」が実際には用事があって行かない）．しかし，この推論が
可能な状況が何度も生じることにより，推意が次第に定着し，ついには（59c）
のように，元の義務の意味が存在しえないにもかかわらず，その義務に基づく
推論の結果であったはずの認識的な意味のみが成立する例が出現することで，
推論の意味化が完成したことがわかる．

(59) a.　He must go.（行かねばならない）
　　 b.　He must go.（行かねばならない）→ He must go.（行くにちがいない）
　　 c.　~~He must be tall.（背が高くなければならない）~~[36]

　　　　　　　　　　　　　　　　→ He must be tall.（背が高いに違いない）

このプロセスにおいて，（59b）のように，元の意味と両立する形で新しい推論
をも同時に導くような状況のことを「橋渡し文脈（bridging context）」という．
意味と推論の合わせ技から推論だけが新しい意味として取り出されるプロセス
は，同一ドメイン状況における発話およびその含意推論という事態解釈の隣接
性に基づいたメトニミー的な性質をもつ．

　文法化の説明に関して，メタファー拡張に基づくものと，語用論的強化に基
づくものの二通りを紹介してきた．この 2 つは，実は同じ現象を，レベルを
違えて説明したものと考えられる．語用論的強化による説明は，具体例をもと
に実例中心に変化の道筋をたどっていく．つまり，その表現を用いている話者
がどのような推論をするのか，その途中経過を，橋渡し文脈などの具体的な事
例の存在に基づいて，現場に密着した形で検証できる，具体性の高いレベルで
の説明である．一方メタファー拡張は，意味変化が実際に完了した後に，元の
意味と比較対照することで，変化の前後の意味を写像で直接関連づける．した
がって，実際の例を話者がどのようなメタファー意図で用いたかに関しては不
問で，分析的な研究者の視点からの抽象度の高い説明と言える．[37] このレベル
の違いにより，共時的な研究においてはメタファー拡張も語用論的強化も両方
評価されているが，歴史変化研究ではメタファー拡張よりも語用論的強化によ

---

　[36] be tall は通常は意図的な行為を表さないため，この意味では奇妙である．よってこの意
味では存在しえない．
　[37] このレベルの差は，具体的な事例における経験的共起性（experiential correlation）＝メト
ニミー的基盤）からプライマリー・メタファーが抽出されていくとした Grady（1997）と対応
する．

48　　　　　　　　第 I 部　最新の意味論研究の進展

る説明のほうが評価，重用されている．

5.2.　意味変化の方向性

　さて，メタファー拡張にせよ，語用論的強化にせよ，その変化にはある傾向
が見られる．メタファー拡張の場合，具体的な起点領域から抽象的な目標領域
への写像が一般に認められていたし，語用論的強化においては，客観的な状況
描写であった意味からそれを評価する話者の主観的な側面を含む意味へと変化
する傾向が認められる．この変化の方向は内容語から機能語へと常に一方向的
なものと想定され，当初出されていた事例もほぼこの「**一方向性仮説（Unidi-
rectionality Hypothesis）**」に合致するものであった．[38]

　しかし，実際には必ずしもその傾向に合致しない事例が散見される（Ramat
(1992)）．

(60) a.　ifs and buts（（ものごとを先延ばしする）言い訳）

　　　 b.　ism（< fascism）（主義主張，学説）

　　　 c.　"I've finished preparing the food. Ish. I just need to make the
　　　　　 sauce."

　　　　　 （食事の用意ができた．たぶんね．後はソースをつくるだけ）

（60a）ではもともと接続詞だった語が（複数形の）名詞として用いられている．
また（60b）では接辞の -ish が独立した語として用いられ「～っぽい，～のよ
うだ」という意味を表す．このように，文法化とは逆方向（従って「脱文法化」
ともいわれる）と目される現象も指摘されている．[39]

---

　[38] 文法化が一方向である理由として，Haspelmath（1999）はさらに話者の存在，介在を考
え，話者が「目立ちの公理（maxim of extravagance）：聞き手の注意を引くように表現せよ」
に従った結果，目新しい領域に適用される表現が生まれてくると考えている．この説明は
Keller（1994）による「神の見えざる手理論（invisible hand theory）」に基づいており，言語
変化は個々人が「聞き手の注意を引く」のような目先の公理に従って言語行動を行った結果，
その個々の意志とは無関係に全体として立ち現れてくるものだという．
　[39] このような反例の存在から，一方向性仮説は成り立たないと主張する研究者もいる
（Newmeyer（1998: 263ff.））が，このような反例現象が限定的で散発的，個別的であること
を根拠に，一方向性仮説はおおむね有効だとみなす流れもある（Heine（2003））．

第 5 章　意味変化論における文法化・語彙化　　49

　さらに，「**語彙化 (lexicalization)**」[40]という，複数の語が 1 つの語彙的意味に相当するチャンクを形成するようになる現象も存在する．in front of や by way of, be going to や used to などは，複数の語が集まった全体で，複合前置詞句や擬似的助動詞として，あたかも 1 つの語であるかのように機能する．これは内容語（＋機能語）から内容語（または機能語）を全体として生み出すプロセスであり，必ずしも文法機能語を出力とするわけではないため，文法化というカテゴリーとしては分類しにくい現象である．

　また発話の場における話者の推論を意味の中に取り込む現象を「**主観化 (subjectification)**」と特別な名称でくくる場合もある．次に見る，while の意味が時間的な同時性に加えて対比の意味も表す例がこれにあたる．

(61) a.　I was reading a book while I stayed in the room.

　　 b.　He was just watching TV while I was doing all the dishes.

(61a) では 2 つの事態が同時に生起している事実を単純に示していたものが，(61b) ではその事実に対する話者の否定的な解釈（皿洗いをしている〈のに〉テレビを見ていた）がうかがえる．この対比解釈はもともと話者が行う推論的意味に過ぎなかったが，度重なることで，次第に意味の一部に取り込まれるようになった現象と考えられている．[41] 主観化の他の例としては，助動詞 can, may, must などの認識的意味（〜でありうる，〜かもしれない，〜にちがいない）や be going to（〜する予定だ・〜するところだ・〜するだろう）が挙げられる．

　さらには，話し手による聞き手への配慮である「**間主観性・相互主観性 (intersubjectivity)**」が意味の中に取り込まれていく「**間主観化・相互主観化 (in-**

---

[40] 3.7 節では「語彙化」を共時的に捉えた現象を扱っており，ここでの通時的な「語彙化」とは異なることに注意したい．共時的な語彙化とは Talmy (2000) における議論において，なんらかの特定の情報が動詞に組み込まれる現象を言う．英語では様態情報が動詞に組み込まれる（＝語彙化される）(e.g. The bottle floated into the cave.) のに対し，日本語では経路情報が動詞に複合的に組み込まれる（e.g. ボトルがぷかぷかと洞窟の中へ浮かんでいった）．主に異なる言語間の相違を扱う類型論で議論されることが多い．これに対して歴史変化，特に文法化との関連で扱われる語彙化は，複数の語の連鎖という統語的配列が，一語であるかのようにまとまった形で認定される現象を言う．

[41] この点で「主観化」の成り立ちは先述の「語用論的強化 (Pragmatic Strengthening)」と重なる．

tersubjectification）」現象も指摘されている（cf. Traugott (2010)）．

(62) a. *Actually*, I will drive you to the dentist.（Traugott (2003b: 129)）
　　 b. *True*, I like smoking, as you imagine.　But I do not love smok-
　　　　ing.

(62a) の "Actually" は，「（あなたは自分で歯医者に行こうと思っていたかも
しれないが）実は私がつれていこうと思ってるんですよ」というように，聞き
手が断るかもしれないことへの話し手の配慮を表している．また (62b) の
"True" は「確かにタバコは好きだ」と一旦相手の想定を認めておきながら，
その後で自分の異なる意見を述べるシグナルであり，これも相手の意見を頭ご
なしに否定するのではなく，是認できる部分もあることを伝えている．これら
はいずれも聞き手の認識のあり方への配慮を見せる，間主観性の例と言える．[42]
　またこの間主観化は基本的に主観化の後に生じると仮定されており（Trau-
gott (2003b)），"non-subjective > subjective > intersubjective" という新た
な一方向性の仮説が提起されている．例えば日本語の丁寧語「〜ございます」
の発達はこの好例である．

(63) a. 　主観化：（室町時代）「御座（名詞）＋ある（動詞）」＞（16 世紀）「ご
　　　　　ざる」
　　 b. 　間主観化：「ござる」＞「ございます」

もともと「御座＋ある」は「貴い人の座が存在する」という意味だったが，「ご
ざる」とチャンク化することで，話題としている人の地位を高めようとする話
者の主観に基づき敬語として確立するようになる．さらにこの「ござる」から
「〜ございます」という形式になることを経て，聞き手を高める敬語，つまり
聞き手への配慮を表す間主観的表現へと変化したのである．

---

　[42] ただし，Traugott (2010: 37) によれば，「間主観化」は主観的含意の意味化という言語変
化であり，事例としては少なく，含意として示唆されるだけの「（語用論的）間主観性」とは区
別されるべきものとしている．

第6章 〈応用進展部門〉

フレーム意味論の進展とフレームネット

　先述のように，フレームとは，事態や状況，個人を表す表現の意味を成立させるために無条件に前提とされる背景知識のことである．フレームには大きく分けて二種類ある．個々の言語形式に直結する語彙フレーム（linguistic frame）と，必ずしも結びついていない文化背景的な認知フレーム（cognitive frame）である（Fillmore and Baker（2010）など）.[43] 特に前者の語彙フレームは，先に見た意味役割や概念構造など動詞を中心とした語彙の意味との関わりも深く，またそれらの理論が扱っていた対象よりも幅広い現象を扱えられる可能性がある．以下では近年のフレーム意味論の発展について概観する．

　Croft（2009）では，どのような目的語をとるかによって動詞 EAT が3つの異なるフレーム（Croft（2009）では概念ドメインという語が用いられている）が適用され理解されていると主張する．その3つの側面とは「物理（physical）摂食ドメイン（目的語が「食物」）」，「（生体への）栄養摂取（biological）ドメイン（目的語が「栄養素」）」「社会活動（social activity）ドメイン（目的語が「食事」）」である．このドメインの適用可能性は動詞によって異なり，例えば eat は3つすべてのドメインが可能なのに対し，dine 系の動詞（banquet, breakfast, brunch, dine, lunch, picnic）は主として社会活動ドメインで用

---

[43] Fillmore and Baker（2010: 316）では，認知フレームは解釈者が状況や情報理解のために呼び出す（invoke）ものであり，対して言語フレームは個々の言語表現が喚起する（evoke）ものと規定している．

いられる．これにより次の文の差異が説明される．

(64) a. We ate {pizza/sandwiches/breakfast/diet}. 〈物理摂食ドメイン〉
    b. We ate a {healthy/nutritious/balanced/#gorgeous} diet.
                                         〈栄養摂取ドメイン〉
    c. We ate {dinner/lunch/#pizza/#sandwiches/#diet} with Carol.
                                         〈社会活動ドメイン〉

同じ動詞 eat であっても，用いられるドメインにより，取りうる目的語に偏り
が生じる．〈物理摂食ドメイン〉で可能な目的語 diet は〈栄養摂取〉や〈社会
活動〉のドメインでの表現とは共起しにくい (64b, c)．また，ドメインによっ
てその表現がとる文のパターンにも偏りが見られ，(64c) の社会活動ドメイン
では何を食べたかという要素よりも，誰とどんな状況で食べたかが共起要素と
して選ばれる．このように，その動詞が取りうる目的語とのコロケーションパ
ターンや，動詞と共起する要素の形式といった統語的現象にも，フレーム概念
が深く関わっていることがわかる．

　個々のフレームを構成し，喚起するのに必要となる意味的要素のことを，フ
レーム意味論では「フレーム要素」と呼ぶ．先の〈物理摂食〉ドメインでは動
詞 eat が表す事象に関して，その行為を行う動作主に加え，被動作主として
「食物 (banana, carrot, cake, soup)」がフレーム要素として要求されるが，
これに対して〈栄養摂取〉ドメインでは「栄養素 (vitamins, protein)」が，〈社
会活動〉ドメインでは「食事 (lunch, dinner)」が，そのフレーム要素として
求められる．従来であれば，動作主や被動作主などの抽象的，普遍的かつ一般
的な意味役割が当てられていたのだが，フレーム意味論ではそれぞれのフレー
ムに即した具体性の高いフレーム要素を想定するのが特徴であり，言語現象へ
のさらに細やかな記述を目指している．

　このフレーム要素に加え，フレーム意味論では，その要素の文法機能（主語
か目的語など），句のタイプ（名詞句か副詞か），そして日本語ではさらに助詞
の情報を加味した４つの「結合価パターン」を用いて動詞の意味分類を行う．[44]

---

　[44] 英語フレームネットではこの最後の助詞を除く３つの結合価パターンを用いる．小原
(2013: fn 1) 参照．

第 6 章　フレーム意味論の進展とフレームネット　　　　53

(65)　フレーム要素
　　　　文法機能（主語，目的語など）
　　　　句タイプ（名詞句，副詞句など）
　　　　助詞（表層格）　　　　　　　　　　　　　　　　（小原（2013: 167））

これに基づき，(66) の言語的ふるまいから「売る」「買う」のそれぞれのフレーム要素について，(67) のように詳述していくこととなる．

(66)　a.　［花子が 売り手］［太郎に 買い手］［イタリアの新車を 対象］売った
　　　b.　［花子から 売り手］［太郎が 買い手］［イタリアの新車を 対象］買った
(67)　a.　売る：｛［売り手．主語．名詞句．ガ］［買い手．間接目的語．名詞句．に］［対象．直接目的語．名詞句．を］｝
　　　b.　買う：｛［売り手．付加詞．名詞句．カラ］［買い手．主語．名詞句．が］［対象．直接目的語．名詞句．を］｝

「売る」も「買う」も，売り手，買い手，対象という 3 つのフレーム要素を共通してとるが，それぞれの下位分類（文法機能がどのように表されるか，どんな統語句として現れるか，どんな助詞と連結するか）が異なっていることが詳述されている．これに基づくと，動詞の意味が異なれば，同じフレーム要素でも異なる格助詞を付与されること（花子が vs. 花子から）や，同じ格助詞が付与されていてもフレーム要素が異なる（花子が（売り手）vs. 太郎が（買い手））ことが記述されることになる．

　またフレーム意味論においては「売る」と「買う」との意味関係を「フレーム間関係」で記述する．「売る」も「買う」もどちらも，モノの移行を表す同一の売買フレームを，売り手，買い手のそれぞれ異なる視点から捉えた下位フレームを表すとして互いに関連づけられる．[45] またこのフレームに加え，別の「あげる」「もらう」という贈与フレームとも，さらに上位の「移行」フレームを共有することで結びついていることになる．

　さらに，項以外の名詞句のみならず，それを取り巻く副詞句や動詞句といった周辺的な要素も，フレーム情報の一端を担う重要な項目としてフレーム要素に含めていく方向性が見られる．例えば，売り手というフレーム要素は，「売

---

[45] Fillmore and Baker (2010) ではこれを Perspective on 関係として記述している．その他のフレーム間関係の事例については Fillmore and Baker (2010) 参照．

る」では直接目的語という必須なコアフレーム要素（core Frame Elements）だが，「買う」においてはそれは動詞の項ではなく〜カラという付加詞であるため，周辺フレーム要素（peripheral Frame Elements）となる.[46] フレーム要素にどこまでを認定して含めるかは，その動詞の振る舞いに深く関与するかどうかで認定が成されていく．松本・陳（2017）ではフレーム要素の認定を，複合表現での共起要素を手がかりに行おうとする．例えば，「食べる」という事態では，食べる対象の量（「食べ {足りない・過ぎる}」）が共起しやすい要素であるし，「食べ {飽きる・慣れる}」のように動作主がその行為を繰り返す際もしくはその結果として抱く意識や，「食べ散らかす」のように食べる際の様態も重要な要素となる．このような量や様態といったものも周辺的なフレーム要素として取り入れていく可能性が示唆されている．

　このようなフレーム意味論の展開は，従来の意味論的考察にも幾分かの見直しを与える．2.1 節で扱った同義や反義，上位−下位概念といった意味関係は，フレーム間の関係性で扱うことになる．例えば動詞 observe は adhere と同じく，〈遵守〉フレームで用いられる場合には同義関係を構成すると考えられる．また「同意する」「反対する」という反義も，他方のフレームを「否定する」関係として捉える．反義の中でも，先に見た「売る」「買う」や「あげる」「もらう」などは相対的反義に対応するが，これは 1 つのフレームを異なる視点から見るものという解釈が可能である．このように，フレーム意味論では語義の意味関係もフレームを通じて捉えていくことになる．

　また 4.5 節で見た多義の問題は，フレーム意味論の観点から見直すと，異なるフレームが適用された結果として捉えられる．例えば動詞 adhere は〈（規則）遵守〉フレームか〈密着・接着〉フレームで区別される多義であり，これは名詞化されると異なった形式で具体化されることでわかる（Fillmore and Baker（2010））.

(68) a. adhere to the rule（規則を守る）→ adherence to the rule

b. adhere to the surface（表面に密着する）→ adhesion to the surface

---

[46] フレーム意味論でのコアフレーム要素や周辺フレーム要素，フレーム間関係などの詳細については Fillmore and Baker（2010）を参照のこと．

第6章　フレーム意味論の進展とフレームネット　　　55

　フレームには意味論的フレームだけでなく語用論的フレームや対人関係的フ
レームもある（Ohara（2018）では interactional frame と呼んでいる）．Say
that again? は相手に聞き直す〈質問・確認〉といったフレームで用いるが，
Oh, you can say that again!（本当にそうですよね）は，聞き手への〈共感・同
意〉フレームで使われる表現である．どちらも形式は似ているし，相手あって
のコミュニケーション上でもっぱらその真の意味を発揮する語用論的，対人関
係的機能を担ってはいるが，意味はそれぞれ異なっている．間主観的な意味の
発展については 5.2 節でも扱ったが，フレーム意味論でもその領域へのアプ
ローチが可能である．

　このようなフレーム意味論の進展をもとに，実際のコーパスデータにアノ
テーション化（＝言語データにタグなどの情報を付与すること）をほどこして，
オンラインで使える電子的な語彙体系の資源として蓄積・集積しているのがフ
レームネットである．

　英語フレームネットはイギリス英語として British National Corpus，アメ
リカ英語として North American Newswire Corpora からのデータに基づいて
分析がなされ，アノテーション化されている．また日本語フレームネットは国
立国語研究所の『現代日本語書き言葉均衡コーパス』（BCCWJ）から例文を抽
出し，テキスト内の自立語への意味フレーム名の付与を進めている．

　アノテーション付与する対象はいわゆる語（lexicon）だけに限らない．構文
に対してもコンストラクティコン（construct-i-con）という意味と形式のペア
を成す単位として認定し，独自の意味情報を持つことを付与してデータベース
化する．これは，フレームネットがフレーム意味論だけでなく構文理論にも立
脚しているためであり，文の意味を語彙項目の意味と構文の意味とを足し合わ
せて得られるものという立場をとっているからである．Goldberg（1995/2006）
の構文理論は語彙情報と構文情報とが二分されているが，2 つの情報はもっと
互いに関連した連続体であるという認識（Iwata（2008），Boas（2010）など）
をもとに，フレームネットでは二者を関連づけて考える方向性がとられてい
る．

　コンストラクティコンの例として，日本語ではたとえば「X よりももっと
Y，X（の）ほうがより Y」などの比較が挙げられる（小原（2015））．これは
単純に「より」という表現のみが比較を喚起するのではなく，この定型表現全
体で初めて喚起されるものと考える．また「X しか」という表現があるが，こ

れも「しか」だけで限定の意味を表すと言うよりも「X しか Y ない」という定型表現全体で喚起されているものである．このように，いくつかの定型表現パターンがそれ独自の意味を喚起する構文的な役割を果たしていることが示唆されている．

　フレームネットプロジェクトは英語に始まり現在では日本語だけでなくポルトガル語，中国語，スペイン語，韓国語，スウェーデン語など複数の言語でもそのアノテーション化が進んでいる．また，英語のデータを基に定義された意味フレームが，類型論的に異なる複数の言語における意味の記述に応用可能なのか，齟齬はないのか，翻訳上の問題はどこにあるのか，などを検討する研究も出てきている．言語学から始まった理論が情報処理などの他領域へと応用され改良されていくことが実に目の前で展開されているのである．

第 7 章 〈応用進展部門〉

メンタル・コーパス
——語の意味と文脈との不可分性

　認知言語学では言語表現が実際に使用される中で意味が形成され記憶され変容し継承されていくとする使用基盤モデル（usage-based model）を採用している．

　Taylor (2013) では，この使用基盤モデルの考え方をさらに急進的に推し進める．「言語知識は話者が言語を使用する際の具体的な言語事例およびその使用にまつわる文脈や場面なども含めた経験的記憶のデータをメンタルコーパス（Mental Corpus）という形で蓄えたものであり，話者は具体的な言語表現をこの膨大なデータに基づいて形成する」と考える．[47]

　この考え方の元となるのは，言語表現が「偏った分布（skewed distribution）」を見せるという事実である．実際に私たちが接する言語表現には半固定的（semi-fixed）なイディオム表現がかなり多く見られる．文法規則に基づいて生成される可能性のうち，母語話者が実際に使っているのはそのほんの一部である．例えば，foreseeable という形容詞を使う際，文法規則に基づけばどちらも等しく生成されるはずの表現のうち，in a foreseeable future はよく使われる自然な英語だが，#in a foreseeable time は，理屈上は可能でも実際にはあまり用いられない（Taylor (2013: 107))．同様に，total failure のほうが total success よりも自然に聞こえるという差異も見られる．また，good to

---

[47] この点で，メンタルコーパスという概念は近年コンピュータ処理や AI 研究において重視されているビッグデータという考え方に相通じる側面をもつ．

see you という表現を生み出せる文法知識は wonderful to see you や good to see / meet her という類似の表現も可能と予測するが，現実には good to see you がもっとも自然で母語話者が選択する表現であり，その場面も人と会ったり会話を終えて去ろうとする状況に限定される．話者はこのように，使用文脈や具体的な発話状況とセットで頻度高く経験する表現を直接蓄えていく中で，統計的な知識も同時に会得していると Taylor は考えている．話者の記憶は頻度に反応しており，高頻度のものは定着度も高く活性化されやすいのである．

また，同じ名詞であっても単数か複数かによって使用の分布が異なる．例えば eyes という複数形は文字通りの「目」を表す表現が多い（have blue eyes, her eyes など）一方で，単数形の eye は定型表現においてメタファー的・メトニミー的に使われる事例が多い（keep an eye on ...「... から目を離さない（＝気を配る）」，in the mind's eye「心の目で（＝心の中で）」(Taylor (2013: Ch 6: fn. 7), Sinclair (2004: 31))．このような分布の差は，母語話者によるメンタルコーパスの反映だと Taylor は考える．今までに母語話者が見聞した言語表現が，その発話された具体的な文脈状況やエピソードと共に蓄積されたものであり，またその中で共通性をスキーマの形で取り出し一般化したネットワークを成すと想定される．

一方で，私たちは今までに発話したことのない新しい表現を創造することができるのもまた事実である．これは，話者が今までに見聞した言語表現の類似点を（構文）スキーマという形で一般化し，その一般化に合致するような新しい表現を作り出すからである．[48] さらに，これまでに見聞したことのないような全く新しいパターンを話者が生み出すこともある．

(69) a. They treat it **as like** pieces of art.
　　　（まるで芸術作品<u>のように</u>扱う） 　　　　　(Taylor (2013: 270))
　　　b. Told Cousin Sally that my wife was poorly, **being as how** she had a tough of the rheumatics in the hip.

---

[48] この具体的な複数の表現から抽出された一般化が，形式と意味の結びつきをもっていると見なされる場合，構文という位置づけを与えられることになる（Goldberg (1995)）．また理論によっては個々の具体的な言語表現もまた，頻度の高さやその形式や意味（の特殊性）によっては構文という位置づけを与えられることになる（Goldberg (2006) など）．構文についての詳細は第 II 部の構文文法を参照のこと．

（妻は具合が悪いんだ，腰がリウマチ気味だから，と言った）

(Taylor (2013: 273))

いずれも統語的にはいわゆる破格の形式をとっており，これまで見聞きした経験からの一般化からは大きく外れた，創造的現象である．この側面とメンタルコーパス説とを結びつけるもう1つの装置として，Taylor は概念ブレンディング（conceptual blending : Fauconnier and Turner (2002)）を考える．(69a) では as if ... と like ... とが，(69b) では being as と seeing as how が，それぞれ概念ブレンディングを起こした結果だと考えている．

　このように，メンタルコーパスという考え方の下では，言語知識というものの捉え方がこれまでの伝統的な理論での想定とはいくぶん異なる．合成的に意味を産出する概念意味論などでは，言語知識を規則化によって捉えられる中核的現象として捉える傾向が強く，現場でどのように意味が揺れるか，についてはあまり関心が向いていない．また認知言語学においても，言語知識は意味と形式のペアとしての表現や構文の（ネットワークの）蓄積とされてきた側面があるが，メンタルコーパスでは言語知識が具体的な現場において使用基盤的に形成されるという考えをさらに徹底的に推し進めることで，共起しやすさや頻度，などイディオム的知識がすべて言語知識の中に含まれることになるし，それらを基に類推（アナロジー）や概念ブレンディングなど，既存の言語規則を越えて全く新しいものを創造していく側面も含めることになる．

　このような考えの下では，多義の問題の捉え方も，少し異なる．これまでは，語そのものが単一もしくは複数の意味を持つ，と考え，単義か多義かという議論が成されてきた（4.2節参照）．しかしメンタルコーパスの考え方の下では，語に固有の意味がある，とする想定自体が揺らいでくる．「ある語を知っているとは，その語がどんなコンテクストで用いられるのかを知っていること」[49] (Taylor (2013: 244))，つまり，その語をどんな語と結びつけるのが自然か，どのような文脈状況や発話場面で用いれば適切かといった知識全体に対応する．この考えの下では，語の意味とは，これまでの意味論が当然視してきたような，その指示対象となる概念的な表象にとどまるものではなくなる．意

---

[49] この考え方はまさに，Wittgenstein (1953) の『哲学探究』による「語の意味とはその使用である」という考え方に通じるものとなる．

味は発話事態と結びついた具体的な表現全体に対応して蓄積されているのであり，その中の一部分としての語（句）にのみ特化して還元される意味を正確に抽出できるものかどうかも疑わしい，ということになる．

第 8 章　〈応用進展部門〉

意味変化と構文化論

　歴史的意味変化研究は，語彙項目から文法要素へと変化する文法化現象と，その変化の一方向性仮説の検証が主であった（→ 第 5 章）．一方で，語や文法要素から語彙項目へという逆方向の変化である語彙化現象も見られた．また，1990 年代より盛んになってきた談話標識・語用論標識（discourse/pragmatic markers）研究の流れも，この文法化研究に一石を投じることとなった．談話標識とは，honestly, so to speak や actually, in fact などのように，対話などにおける会話の流れを司ったり事前に予告したり事前事後にコメントを付け加えたり保留したりという，主に対人関係的な目的で用いられる表現のことである．この談話標識化は発達に従って文頭に現れるようになる事例が多く，その副産物として意味機能の作用域が語句レベルから文全体へと拡大する（scope expansion）ことにつながる．

(70) a.　He spoke honestly.
　　 b.　Honestly, he is a genius.

(70a) での honestly は様態副詞として述部のみを修飾していたのに対し，談話標識になると (70b) のように後続文全体（を述べること）をその作用域対象とするようになる．しかしこの性質自体，文法化の一特徴として伝統的に指摘されてきた作用域の縮小（scope reduction）に逆行するものである．また談話標識への変化は文法要素への変化ではなく 1 つの新しい語彙項目の現れととらえるほうが自然である．こういったことから，談話標識を「文法」化という

範疇で捉えることには理論内的な整合性に難が出てくるようになった.

　この一見相反する流れを，構文理論の知見を取り入れて包括的に扱えるとするのが「構文化」理論（Traugott and Trousdale（2013））である.[50] この考え方の下では，意味変化とはすべて新しい意味と形式のペアが成立するプロセスであり，その際の変化の方向性や結果的に得られる形式は必ずしも1つに定まらず，複数の方向性が関わることもある. 変化を経て出来上がった形式と意味のペアは，それが内容語か機能語かにかかわらず新しい記号体系つまり「構文」とみなし，このプロセスを「構文化」と考える. さらには，複数の表現に共通するスキーマが，マクロ（micro-）／メゾ（meso-）／マイクロ（micro-）構文というさまざまな抽象度で取り出され再利用されることで，その構文は新たなる生産性を獲得していく.

　構文化は，まず複数の具体事例（construct）から共通性としてのスキーマを取り出していくことで漸次的に成立していく（Traugott（2007a, 2008））. まずマイクロ構文とは具体事例に共通してみられる具体的な語彙項目に基づいて取り出したスキーマである. a top of the {mountain/hill/building} などの具体例から取り出したスキーマ [[a top] of N] はこのマイクロ構文に当たる. このスキーマには類例が見つかる. a top of N に加えて a tail of N，また a pile of N などに見られるように，いわゆる部分詞としての解釈が強い名詞を共通して持つため，これらを総合したさらに上位のメゾ構文として [[a PART] of N] が抽出できる. また同時に a pile of N という表現は，a lot of N や a sheet of N, a heap of N などのように，全体として量化表現として解釈することも可能である. したがってこれらのマイクロ構文から新しいメゾ構文として [[[a PART of] N]/量化＋N] という形式と意味のペアが取り出せる. このメゾ構文は，その下位に位置するマイクロ構文の種類が増えることで次第に確立し，この構文に基づく新しい事例が引きつけられていく. その結果，a line of shops, a gaggle of geese など，PART としての役割を果たすとは言いがたい名詞を含む事例と合わさって，さらに上位のマクロ構文である [[[a N of] N]/量化＋N] が抽出される. またこのマクロ構文がある程度の定着を見ることで，さらに広範囲の名詞と共に用いられるようになる. このように，上位の構文になればなるほどその構文表現の生産性が高くなり，比較的たくさんの種

---

[50] 構文理論の詳細については第 III 部も参照のこと.

第 8 章　意味変化と構文化論　　　　　　　　　　　　　　　　　63

類の construct が見られることにつながる．

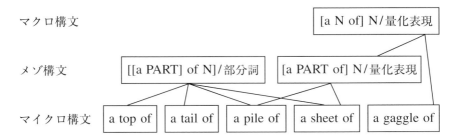

　類似の構文化の例として，一人称と心理述語を組み合わせたコメント節の成立を挙げることができる．コメント節とは，(71a) に見るように，複文構造における主節部分だけが，発話時の話者の心的態度を示す表現として独立し，文中や文末に自由に生じることのできる現象である．この現象は (71b) のような規範的な複文構造において補文標識 that を省略した形が発端であると考えられている．

(71) a. 　He is an idiot, I think.
　　 b. 　I think ∅ he is an idiot.

　さてこれらのコメント節において，マイクロ構文は [I think（＋補文標識無しの補文）] [I feel（＋補文標識なしの補文）] という形で取り出せる．一方これらの共通性を取り出したメゾ構文は [一人称主語＋心理述語（＋補文標識無しの補文）] となる．ただし，さらに上位のマクロ構文を取り出せるほどにはこのメゾ構文はまだ定着しておらず，したがって，心理述語であればどんな動詞でもこの用法が可能，というような高い生産性はまだ勝ち得ていないことになる (cf. I realize にはこの使い方は難しい)．

このように構文化では使用されるマイクロ構文のメンバー数が増えることで
メゾ構文が次第に確立し，さらにはそれらの共通性を抽象化したマクロ構文の
形成へと，その下位メンバー数が増加することによってスキーマが作られ，定
着していくと考えられている．もちろんその逆もあり，次第にメンバーが減る
ことによって，マイクロ構文やメゾ構文レベルのスキーマが廃れていくことも
ある．

　構文化の結果が従来の語彙化なのか文法化なのか，その方向性は必ずしも明
確には線引きできない．最終的に機能語的な表現ができれば文法的構文化が，
内容語相当の表現が産出されれば語彙的構文化が，それぞれ起こったとみなさ
れる．しかし，この区別はあくまでも連続体であり，2つの側面が合わさった
言語変化現象も多い．先に見た部分詞・量化表現などは文法機能的な側面が強
いと言えるが，以下の snowclone と呼ばれる例は，元となる表現のアナロジー
であり，全体として（not）clever という形容詞的な意味を表すため，語彙的
構文化の例とされている．

(72) a.　Junior's not the sharpest knife in the drawer.

(Traugott and Trousdale (2013: 224))

b.　[s]he's (…) not the brightest bulb in the pack.　　　(ibid.)

c.　Poor bill Frisk was not the quickest bunny in the warren.　(ibid.)

これらは，[not the ADJest N1 in the N2] という形式全体で，not very clever
という意味を表すイディオム表現である．ここで用いられるのは sharp/bright/
quick などメタファー的に知性（cleverness）を表せる形容詞に限られ，同時
にその字義通りの意味を利用して in the N2 と結びつけるという，複合的な意
味構造を成す．当初は元の具体表現に基づくアナロジーによる造語だったと思
われるが，次第にこの知性的意味（'not very clever'）にとどまらない，(73)
のような例（'not so pleasant' や 'not very sexual' など）も出現している．

(73) a.　He is not the sweetest (candy in the box.) → "He is not so
　　　　pleasant in character."

b.　He is not the hottest (marshmallow in the fire.) → "He is not so
　　　　sexually attractive."

(Traugott and Trousdale (2013: 226))

第 8 章　意味変化と構文化論　　　　　　　65

　これら両義をカバーしようとするとメゾ構文としての [not very ADJ/ (metaphorical)] とでも言うべき形式と意味のペアが抽出されることになる.[51]

　このように，意味変化のプロセスには常にスキーマ抽出が伴う．最初のうちは，新しい表現は，具体例に基づくアナロジーで生み出されるが，その時に同時に共通性としてのスキーマが取り出される．そして，似たような表現が複数集まることで，このスキーマが構文スキーマとしての位置づけを次第に獲得していく．最初は局所的なマイクロ構文として，次第にその適用範囲を広げたメゾ構文として，そして最終的には生産性の高いマクロ構文として，抽象度を上げて発達していく可能性を秘めている．構文スキーマとして定着すれば，今度はそのスキーマに基づいて新しい表現を産出できるようになっていく．現実にはこの抽象化のプロセスのどこかのレベルでとどまっているケースが多いものの，このモデルによって今まで一方向的に捉えられるきらいのあった意味変化のかなりの部分が，構文化という，拡張とスキーマ抽出という 2 つの側面を兼ね備えたプロセスとして，捉え直せることになる．

---

[51] Kay（2005，2013）は，こういった snowclone 現象を coinage（＝具体例からのアナロジーに基づく局所的な造語）であると見なし，構文ではないとしている．ただし，Traugott and Trousdale（2013）によれば，これらの類似表現の幅や範囲は使用の中で次第に拡大しており，その生産性が確実に上がっている．この事実は，coinage か構文かという区別も歴史変化の中では常に連続体であることを示している．

第 9 章

結　語

　意味論の世界では，対象となる語や表現を取り出し，その意味を解釈しさらに細かく分析することにこれまで注力されてきて，それは一定の成果を挙げてきた．近年になって，コアとしての意味のみならず，その意味の流動性や，文化・文脈など全体との関わり，といった動的な側面に目を向けるものが増えてきている．本章では触れられなかったが，形式意味論の分野でも語用論的・推論的な側面を意味の中に取り込み記述しようとする研究が増えている．意味は創造されていく側面が大きい流動的なものだ，という認識が，今後の意味研究の視点には重要となってくるだろう．

第Ⅱ部

最新の語用論研究の進展

吉村あき子　（奈良女子大学）

第 1 章

はじめに

　語用論は，言語構造に対立するものとして「言語使用の研究」と記述されることが多い．1970 年代以降，語用論研究は大いに発展し，その研究対象および領域は拡大し続けてきた．2020 年を間近にひかえた現在，語用論という名のもとに行われている研究は，アプローチの方法もその研究対象も極めて多様である．本章では，語用論の成り立ちから現在の学問領域を概観した後，語用論の定義を再考し，意味論と対照される意味での語用論に焦点をあて，その枠組みの変遷と最新動向を分かりやすく概説する．

第 2 章 〈基礎内容部門〉

語用論という領域

Pragmatics（語用論）は，Morris（1938）によって導入された用語で，「記号とその解釈者の関係の研究（the study of the relations between signs and their interpreters）」と定義されている．しかし，この領域の真の発展は，1967年にハーバード大学で行われた哲学者 Paul Grice の William James Lectures に始まる．Grice は，新しい概念的道具，特に implicature という概念を導入した.[1] 例えば，(1A)「あの新しくできたベトナム料理のお店はどうですか？」に対する返答（1B）は，「そのレストランのシェフはベトナム人なんです」と言って「その新しくできたレストランは，なかなかいいですよ」という implicature を伝達していると解釈される．このように，語用論は「話し手の意味（speaker's meaning）」（話し手がその発話を用いて何を伝えようとしているか）を考える．

(1)　A（Peter）:　How is that new Vietnamese restaurant?
　　　B（Mary）:　The chef is a Vietnamese.
　　　　　　　　→ The new restaurant is not bad.

コミュニケーションにおいて発話を用いて我々が伝達する意味は，ことば

---

[1] implicature に対応する日本語として，これまで「（会話の）含意」「推意」「暗意」などが提案されているが，枠組みによって意味するものが異なる場合があるので，特定の枠組みを意図しない場合は implicature という原語を用いることにする.

の中にあるようでことばの中にはないことが多い．話し手は，The capital of Japan is Tokyo. と言ってほぼ字義通りの内容を伝達する場合もあるが，裏切られた友人について He is a fine friend. と言って，単語の意味とは大きく異なる内容を伝達することもある．また上記 (1) のように「含意」で相手の質問に答えたりする．一方聞き手は，これらの発話を解釈する際，用いられている語にコード化されている意味を解読しながら，あるいはした後で，話し手の意味を復元するためにさまざまなレベルで推論を働かせる．

　具体的には，(1) でみた implicature や，下記の (2) が示すように，形は疑問文だが依頼の力を持つというような側面に焦点を当てる「発話行為 (speech act)」，発話の場を考えて始めて意味が決まる (3) の I や here, yesterday のような「ダイクシス (deixis)」の問題，(4a) のメタファーや (4b) のようなアイロニーを含むレトリックの問題，(5) のようなポライトネス，[2] さらに (6) の命題内容への語用論的貢献などをはじめ，歴史語用論，語彙語用論，パラ言語的側面（発話に伴われる身振り手振り，視線などの非言語行為）との関係に焦点を当てる会話分析や，社会言語学，心理言語学，発達心理学（「心の理論」），言語獲得，ことばの発生，にいたるまで，語用論の視野に入る対象および隣接領域は広範多岐にわたる．

(2)　Can you reach the shelf?

(3)　I met Jane here yesterday.

(4) a.　My surgeon is a butcher.　　　(Glucksberg and Keyser (1990: 9))

　　 b.　He is a fine friend.　　　　　　　　　(Grice (1989: 53))

(5) a.　Can you take off your hat?

　　 b.　Could you be so kind as to take off your hat? (河上 (1984: 196))

(6)　It'll take time for your knee to heal.　　　(Carston (2000: 21))

　　　(→ It'll take quite a long time for your knee to heal.)

2.1.　語用論の成り立ち

語用論は哲学から生まれた．20 世紀初頭，哲学的問題を表現する言語形式

---

[2] 第 V 部の「社会言語学」の項も参照のこと．

を分析し，論理的意味との差異を明確化することによって，その問題を解明すべきだとする分析哲学（analytical philosophy）」が哲学の主流となって，ことばの問題が大いに議論された．20世紀中ごろにはこの「分析哲学」の内部で，2大学派が対立する状況が生じた．理想言語学派（Ideal Language School）と日常言語学派（Ordinary Language School）である．

理想言語学派は，分析哲学の創始者である Gottlob Frege や Bertrand A. W. Russell に代表される．彼らは，自然言語には非論理的な欠陥が多いと考えて研究対象にせず，もっぱら（記号論理学などを含む）形式言語の研究・開発を行った．またその弟子たちの中に，Frege らの方法論が自然言語に適用可能だと考えるものが現れ，現在の「形式意味論」が生まれた．この学派では，文の構成要素（単語）の意味はその指示対象によって決定され，構成要素が組み合わされた文の意味はその真理条件に等しいと考える．当然，真理条件を持たない命令文・疑問文・感嘆文などについては議論対象から外れることになった．

日常言語学派は John L. Austin,（後期）L. J. J. Wittgenstein, P. F. Strawson, H. Paul Grice らに代表される．彼らは，単語に指示を付与したり，文に真理値を与えることは，その言語形式の使用と切り離しては不可能であり，Frege や Russell らの論理学的アプローチでは自然言語の特徴を明らかにできないと考え，話しことばを，さらには，ものを言うという活動自体を，主要な研究対象とする．そして言葉のコミュニケーションにおける意味の複雑さや微妙さ，形式の多様性に焦点を当て，実際の言語使用を研究した．

日常言語学派の哲学者にとって，形式言語と自然言語の意味には，橋渡しのできないギャップがあった．Grice は，文の意味（sentence meaning）と話し手の意味（speaker's meaning）を明確に区別し，単純でスキーマ的な単語の意味が，どのように，より豊かでより漠然とした話し手の意味を伝達するために，文脈の中で用いられるかを説明することによって，このギャップを埋められることを示した．これが語用論の多くの研究の土台になっており，Grice（の協調の原則と会話の格率）は，Austin（の発話行為理論），（「意味は使用だ」を主張した）後期 Wittgenstein らの著作と共に，現在の「語用論」を生み出したのである．[3]

---

[3] 現在，形式意味論と語用論は，相補的な学問分野であり，言語に異なった角度から光を当てるものだと見なされている．これは，1つには，前者の理想言語学派の流れをくむ形式意味

2.2. ビッグテント語用論：問題解決者と境界追究者

2018 年現在，語用論の名のもとになされている研究は，含意や推意に代表される現象，語の意味の文脈依存性，話しことば全般に関係する現象，ものを言うという行為自体等に関わることだけでなく，各種心理学や社会学，民俗学，情報処理，AI とも境を接し，ますます拡大する傾向を見せており，その研究対象とアプローチが非常に多様であることは，誰もが認めるところである．

Ariel（2010）*Defining Pragmatics* は，この語用論の混迷状況を真正面から取り上げ，それらを包摂するような語用論の定義は可能か，可能ならばそれは何か，を詳細に検討した結果，語用論の定義として採用するべきは，コードに対するものとしての推論である，と結論付けている．語用論の拡大発展過程として興味深い視点を与えるものなので，その一部を以下ごく簡潔に概観する．

1970 年〜 1980 年代にかけて，語用論を定義する試みが盛んになされたが，満足のいく解決策が見つからず，結局語用論学者達は，別個の小集団でそれぞれの語用論を実践することに落ち着いた．大部分は，語用論の一貫した定義がないこの状況に特に不満を持つこともなく，心地よく交流できる各小集団からあえて外に出ようとしない．しかしこのような分裂状態は，統一領域としての語用論に不利益を生じかねない状況にあるとして，Ariel（2010）は，語用論の役割に関心を持つすべての研究者間のコミュニケーションの枠組みとして，語用論の統合ヴィジョンを提供することを目指したものである．

Ariel（2010）は，1970 年代から 2010 年にわたる 40 年近い語用論研究を概観する方法として，語用論研究者を，「問題解決者（problem solvers）」と「境界追究者（border seekers）」に 2 大別する．問題解決者のゴールは，文法では扱えない現象を説明することであり，境界追究者のゴールは，（意味論を含む）文法と語用論の業務分担の線引きをすることであるとする．

問題解決者は，1970 年代初め，変形文法で説明できない事象を，ことばの

論が，研究対象を人工言語から自然言語に移し，指示付与のコンテクスト依存性を受け入れたこと，もう１つには，後者の日常言語学派の流れをくむ語用論が，もはや「意味は使用である」とは考えず，Grice らの考え方に従って，言語表現が意味するものとそれがコンテクストにおいて意味するもの（含意を含む）を，体系的に区別するようになったことによると考えられる（Recanati（2004））．

意味と使用の違いで説明しようとした機能言語学者に始まる．例えば（7a）の there 構文と（7b）の基本的存在文はどちらも，「そこには生き物はいない」を表し，真理条件が同じ統語的選択肢，と見なされ，両者の違いは，意味と使用の違いによって説明が試みられた．

(7) a. There is nothing alive in there.
    b. Nothing alive is in there.　　　　　　　　　　　　(Kuno（1971）)

このタイプの語用論研究は，自然言語の伝達機能を認めない形式文法では解決できない問題に焦点を当てるもので，その代表的研究者は，Charles Fillmore, Georgia Green, Jeanette Gundel, Susumu Kuno, George Lakoff, Robin Lakoff, Ellen Prince, Jerrold Sadock などである．彼らの出発点が常に厳密な言語的問題として設定されているので，Ariel（2010）は，これらの初期語用論学者を，「言語的問題解決者（linguistic problem solvers）」と呼ぶ．

　境界追究者は Grice に始まり，ネオ・グライス派，関連性理論の語用論学者たちを含む．上記とほぼ同時期，全く独立的に，Grice（1967）のレクチャー 'Logic and Conversation'（Grice（1975, 1989））が急速に注目を集め，間もなく Grice のプログラムは言語学者に支持されるようになった．彼の当初の問題意識は，∧，∨，～，⊃，（∀x），（∃x）といった論理演算子と，その自然言語の対応物 and や or, not, if, all, some とのギャップである．すなわち，自然言語の表現は，論理演算子が持たないプラス α の意味を持つので，問題はそれらをどのように説明するかであった．

　例えば，ズボンを脱いでベッドに入った男について，（8a）と述べるのは適切だが，（8b）と述べるのは不適切であると一般に見なされる．自然言語の and は，論理演算子∧が持たない時間的連続の意味（and then）を持つように思える．一方（9a）「彼が彼女のもとを去って，彼女は酒びたりになった」や（9b）「彼女が酒びたりになって，彼は彼女のもとを去った」では，and が因果関係の意味（and as a result）を持つように思えるのである．

(8) a. He took off his trousers and got into bed.
    b. He got into bed and took off his trousers.　　　(Grice（1989: 8）)
(9) a. He left her and she took to the bottle.
    b. She took to the bottle and he left her.　　　(Carston（1998: 136）)

Grice は，このような，単語の意味を足し算したものと文脈における実際の解釈のギャップは推論によって埋められ，この現象は，論理演算子のような特定の表現に限らず，自然に生じる談話全体に見られる現象であるとして，協調の原則と4つの会話の格率を提案する．そして例えば（10）の会話において，（10B）が伝達する「ニューヨークに彼女がいるようですよ」のような含意を implicature（Grice の造語）と呼び，implicature はすぐに語用論の基本概念となった．

(10)　A:　Smith doesn't seem to have a girlfriend these days.

　　　B:　He has been paying a lot of visits to New York lately.

　　　　　(→ Smith has, or may have, a girlfriend in New York.)

(Grice (1989: 32))

当時のこの陣営には，Laurence Horn や Gazdar, Cole を含む急進語用論学者が含まれる．

　境界追究語用論者は，メッセージの明示的 vs. 非明示的意味と，意味論と語用論の一般的区別，そして特定の発話と語彙表現に関してそれらの区別が意味することに焦点を当てる．この流れの中で，Grice の「修正オッカムの剃刀原則」により，多くの解釈が，意味論から語用論へ移行した．[4] 例えば（8）（9）で触れた and に関わるさまざまな解釈（論理的∧, and then, and as a result 等）は，and が意味論的に多義であると仮定すれば文法的（意味論的）に説明され得るが，and が意味論的に単義（論理的∧）で，語用論的に多義であると仮定すれば，語用論的に説明できる．修正オッカムの剃刀原則は後者を支持し，and に伴う多様な意味は語用論的意味と見なされることになった．

　このような過程で，語用論が意味論と比較区別の対象とされたのは，語用論

---

　[4] 「オッカムの剃刀」とは，「存在は必要もなく増加してはならない」という唯名論者たちの格言である．個物よりも先に普遍を考える実念論者たちが，空虚な言葉や概念を定立し，それに対応する存在を不必要に考え出す態度を批判して，イギリスのスコラ哲学者オッカム（Occam）が最もしばしば用いた原理であるため彼の名が冠せられている．「剃刀」は，正しい思考を妨げるこうした無用の「ひげ」を我々は剃り落すべきだという比喩に基づく．この「存在」を「意味（sense）」に適用して，Grice は「修正オッカムの剃刀」原則，すなわち「意味は必要もなく増加してはならない」を提案した（Modified Occam's Razor: *Senses are not to be multiplied beyond necessity.* (Grice (1989: 47))．

的解釈が認知的に全く異なる種のものだからである．意味論は文法の一部で言語能力に関わるのに対して，語用論は文法外の一般的な目的をもった合理的振る舞いに基礎を置くものであり，字義的な意味と推論（含意）される意味は，異なる認知メカニズム（解読する vs. 心を読む）を必要とする，と Ariel（2010: 8）は述べている．境界追及者はすぐに，Grice のプログラムに，意味論と語用論の業務分担の線引きをする方法を見て取った．

　問題解決者と境界追究者の語用論研究者によって生み出された語用論的分析は著しく異なる．問題解決語用論者にとって，第 1 ステップは，文法では説明できない言語に関連する問題の同定で，第 2 ステップはその問題を解決する説明を探すことである．特定の理論的道具は前提とせず，その説明は旧情報や新情報といった言語外の用語でなされる．境界追究者にとって，第 1 ステップは理論を採用することであり（e.g. Grice の理論），第 2 ステップは，その理論を何らかの現象に適用することによって，意味論と語用論の間に何らかの順序（と境界）を確立することであった（である）．

　語用論は素晴らしい成功を収め，BLS 創刊号（1975）には 12 本（41%）の語用論の論文が収められ，同年 CLS パラセッション（機能主義）や Cole and Morgan（1975）*Speech Act*（*Syntax and Semantics*），それに続く Cole（1978）は，語用論という研究領域の誕生を象徴している．1977 年創刊の Journal of Pragmatics と Levinson（1983）の出版，国際語用論学会の定期的開催（1985 以降隔年）により，語用論は確立された学問分野として広く認められたといえるだろう．

　時がたつにつれ，問題解決陣営も境界追究陣営も拡大し，不均質になっていった．しかし，境界追究陣営の基本方針は，1970 年代から変わっていない．彼らは，部分的に異なる基準を提供するが，（意味論）を含む文法がどこで終わって，文法外（語用論）がどこから始まるかを決定するという共通のゴールを追求している．その点において，すべての境界追究者は Gricean である（= Grice 的な考え方を取る）．

　同じことを問題解決者について言うことはできない．彼らのゴールは当初，文法理論が十分な説明をすることができない問題に，解決策を提供することであった．この言語問題解決的アプローチは，大きく異なる方向に急速に拡大し，後期問題解決者は初期言語的問題解決者から，目覚ましく急進的に逸脱していった．おびただしい数のリサーチプログラムが生じた．それらすべてが，

言語はコミュニケーションのために用いられ，コミュニケーションに関係することならいかなることも語用論の一部であるという，かなり漠然とした自明の理に基づくもので，初期問題解決者が言語的問題，典型的には文法によって説明できない使用の特殊性，から出発したのに対して，後期の（非言語的）問題解決者は，自分たちが形式的に定義された問題に縛られているとは考えなかった．

　この新しい語用論の領域に含まれるトピックや方針は，互いにゆるく関係しあっているに過ぎず，これらのトピックすべてをカバーできる支配的基準はない．このような状況にある現在の語用論を，Ariel（2010: 11）は，語用論へのビッグテント・アプローチ（the big-tent approach to pragmatics）と呼んでいる．[5]

　しかし，ビッグテント語用論という1つの名前の下にその領域を統一したことは，両陣営間の統合を促したわけではなく，どちらにとっても実質的な意味を持たなかった．問題解決者は，意味論と語用論の役割分担に特段興味が無かったので，Grice の理論を研究道具として採用しなかった．境界追究者も，理論上はその領域の統一を受け入れたが，彼らのリサーチプログラムは実際には影響されなかった．かれらは，推論のための語用理論を発展させ続け（Grice vs. neo-Grice vs. Relevance Theory），正しい意味論と語用論の境界を概説するために自らの理論を適用した．

　理論的枠組みをもたない特定の（言語的）問題に，問題解決者が取組み，境界追究者がその理論的枠組みを提供したなら，その統一がもっと実りあるものになったのではないのか？と Ariel（2010: 13）は述べているが，過去においても現在においても，そのような事実は観察されていないようである．異なる語用論学者は基本的な仮定もゴールも共有していないことが多い．語用論は，1つの定義によってではなく，扱われるトピックや問題のリストによって，その輪郭を描かれてきている．

　この状況は歓迎されるものではないとして，Ariel（2010）は，問題解決者と境界追究者が相互に連携できるような方向性を示唆する．例えば，境界追究者は，その理論をより多くのトピックや問題に適用し，問題解決者も，文法と

---

　[5] Burton-Roberts（1987: 734）はこのような状況にある現在の語用論を broad church と呼ぶ．

語用論の境界をその分析に適用する可能性が考えられる．実際，両者の実践は
両立可能であり，相互の研究方針を何ら妨げるものではない．

2.3. 語用論の定義に向けて

　問題解決者と境界追求者が相互に連携できるような統一された見解において，
語用論はどのように規定され得るのだろうか．文法と語用論の役割分担に関す
る境界追究者の定義には，複数基準定義と2基準定義，そして単一基準定義
の3タイプがある．理論的には，複数基準の定義が好まれると予想できる．
語用論を文法から区別する基準が多いことは，両者が互いに大きく異なってい
ることを意味するからである．しかし，よく知られているように，そのような
複数基準の定義は支持されていない．なぜなら基準同士が矛盾し，境界が一貫
性を失う状況が生じるからである．

　（ネオ・）グライス派と多くの言語哲学者は，Grice の立場に従う．それによ
ると，文法は慣習的な言語コードの集合であり，語用論は妥当な推論の責任を
担う．しかし，これも Grice に従って，多くの意味論学者と語用論学者は，
意味論が真理条件的解釈を与える言語部門であるという特徴づけを手放すこと
ができない．Grice にとって，真理条件性は，意味論と語用論を区別する追加
的基準なのである．いったん複数の基準を持つと，それらは互いに衝突する可
能性があり，実際，推論性と真理条件性は衝突する．

　詳細は次節で述べるが，Grice の慣習含意と what is said における推論性と
真理条件性を観察すると，真理条件性がコード vs. 推論の基準の一貫性を台無
しにすることが分かる．慣習含意は単語にコード化された意味なので慣習的
（意味論的）だが，真理条件に貢献しない（非真理条件的である）．グライス派
は，ここで真理条件性を優先させ，真理条件に貢献しない慣習含意は，推論に
よって引き出されるのではないが語用論的である（すなわち implicature であ
る）と分類される．一方推論性が優先される場合もある．What is said は真理
条件的だが，その一部には推論されたものが含まれる．例えば，and が引き金
になる推論は，真理条件的かもしれないが，語用論的だと見なされている．

　このように二重基準の立場を取ると，必然的に文法と語用論の境界は一貫し
ないものになる．このような衝突は，複数の基準を組みあわせる場合には同様
に生じるので，Ariel（2010）は，第3の立場，すなわち，単一基準の定義だ

けを仮定する立場を採用せざるを得ない，と結論付け，それはコード vs. 推論の区別であり，これは，語用論の領域における実質的に全員の研究において何らかの役割を果たしていると結論付ける.

　ある現象が文法的か語用論的かの判断は，例えば社会文化的といったような，ある種の内容を扱っているかどうかに基づくのではなく，それが言語表現と意味（または使用）を慣習的な方法で関連付けていれば文法的コードであり，形式と意味（または使用）の相互関係が，推論によって介在されていれば語用論的であるとし，語用論学者が第 1 に必要とするのは，語用論的推論を説明する推論的語用理論であると Ariel（2010）は主張する.[6]

　以上，Ariel（2010）に基づき，この 40 年余りの世界の語用論研究を見わたし，現在の語用論領域の状況を概観した．語用論研究者を「問題解決者」と「境界追究者」に二分する彼女の見方は，その視点を取って初めて見えてくる側面をあぶり出していて興味深い．そして，意味論を含む広い意味での文法と語用論の境界が，唯一「コード」と「推論」の区別によって与えられるという結論も妥当性があり，本書でも採用する.

　ただ，念のため一言付け加えておきたいのは，意味論を含む文法（コード）と語用論（推論）の「境界追究者」と Ariel が見なしている 3 つの立場，すなわち Grice とネオ・グライス派，関連性理論の語用論学者たちは，言語事象の個別の問題の解明を二の次にしてきたわけではない．彼らは，むしろ，具体的言語事象の精密な観察と洞察に富んだ分析を通して，人が行うコミュニケーションを説明できる理論的枠組みの構築を目指しているのである．この理論的枠組みは，コミュニケーションにおいて生じるすべての現象を説明する枠組みたることを目指すものである．その具体的プロセスをモデル化する際には，意味論と語用論の役割分担を明確にする必要に迫られる．その結果，意味論と語用論の境界を追求することにもなったと見るのが妥当だと思われる．次節では，境界追究者の 3 つの立場，Grice，ネオ・グライス派，関連性理論の考え方を，具体的言語事象の説明と共に簡潔に概観する.

---

　[6] Ariel（2010）は，最終的に，多くのトピックを文法コード vs. 語用論的推論の区別に照らし合わせ，これまで語用論的だと理解されてきた現象の多くが，実は文法的コードであることを明らかにしている．同時に，「言語のすべての使用は，文法と語用論の両方からの貢献を反映していることが分かる.」と述べている（Ariel（2010: 19））.

第 3 章 〈基礎内容部門〉

境界追究者の 3 理論

この節では，語用論の定義を意識し，意味論を含む広い意味での文法と語用論の境界を追求してきた代表的な 3 つの理論をごく簡単に解説し，上記 Ariel の最終結論「（意味論を含む）文法と語用論の境界は，コードと推論の区別によって与えられる」を理論的に実践しているのが関連性理論であることを示す．

3.1. Grice の語用論

すでに述べたように，Grice（1967）の William James Lecture およびその一部を出版した Grice（1975, 1989）は，論理記号の 〜，∧，∨，⊃，∀，∃などと，それに相当する自然言語の not, and, or, if, all, some との間の意味上のずれを，implicature という概念を導入して説明したものであったが，すぐに同様のずれの現象がコミュニケーション現象全般に見られることに気づき，協調の原則および 4 つの会話の格率を提案する．後に上記論考は，発話の「字義通り」の意味以外の意味がどのように伝えられるのかに関する研究の出発点と見なされるようになる．Grice の理論は，後述するネオ・グライス派語用と関連性理論が共に，独自の理論展開の出発点としているものなので，以下その要点を略述する．

発話によって伝達される意味には大きく分けて 2 種類ある．明示的な意味と非明示的な意味（「含意」）である．先のレストランの例を再考しよう．

79

(11)　A (Peter):　How is that new Vietnamese restaurant?

　　　B (Mary):　The chef is a Vietnamese.　　　　　　　　（＝(1)）

（11B）の明示的意味は,「その新しく出来たレストランの料理長はベトナム人
です」である. そして（11A）の質問の答えとして機能する「そのレストラン
はなかなかいいですよ」は, 一般に（11B）の非明示的意味（含意）であると見
なされる. このような発話によって伝達される明示的意味と非明示的意味とい
う 2 つ意味を, what is said と what is implicated（＝implicature）という表
現を用いて最初に明確に区別したのは Grice (1967, 1975) である.

　Grice は, 正常な会話は一般に共同行為であり, 話し手と聞き手はそこに一
定の目的や方向性を認めており, 会話の各段階において（12）「協調の原則」
が働いていると考える. そして, その具体的な行動基準は（13）の 4 つの格率
(maxim) に, 発話の意味に関して Grice が持っていた考えは（14）のように
まとめられる.

(12)　協調の原則 (Cooperative Principle)
　　　会話における自分の貢献を, それが生じる時点において, 自分が参
　　　加している会話のやりとりの中で合意されている目的や方向性から
　　　要求されるようなものにせよ.　　　　　(Grice (1989: 26), 訳引用者)

(13)　1.　量の格率 (maxim of quantity)
　　　　　a.　（その時点の目的に）必要なだけ十分な情報を与えること.
　　　　　b.　必要以上の情報を与えないこと.
　　　2.　質の格率 (maxim of quality)
　　　　　a.　偽と信ずることは言わないこと.
　　　　　b.　十分な証拠のないことは言わないこと.
　　　3.　関係の格率 (maxim of relation)
　　　　　関連のあることを言うこと (Be relevant).
　　　4.　様態の格率 (maxim of manner)
　　　　　a.　分かりにくい表現を避けること.
　　　　　b.　曖昧さを避けること.
　　　　　c.　不必要に余計なことを言わず, 簡潔な言い方をすること.
　　　　　d.　順序良く, 整然と提示すること.

　　　　　　　　　　　　　　　　(Grice (1989: 26-27), 訳引用者)

(14) 発話の全意味内容

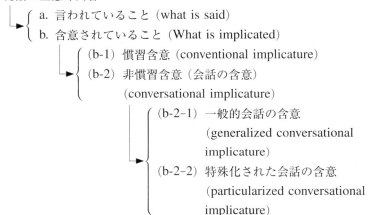

Grice の (14a) what is said は，コード化された意味（単語の意味）の解読とそれに伴う指示付与（reference assignment）と曖昧性除去（disambiguation）によって，話し手が意味したものとして，真理値を付与できるところまで最小限の語用論的貢献を許した命題に相当する．例えば (15a) の場合，各単語の意味を解読し，I に話し手 Peter を指示付与し，Mary を特定し（指示付与），the ring がボクシングの「リング」なのか「指輪」なのかを選択（曖昧性除去）して，言われていること（what is said）(15b) を得る．

(15) a. I gave the ring to Mary.
　　 b. Peter gave the ring to Mary.

(14b) の含意されていること（what is implicated）は，(14b1) 慣習含意（conventional implicature）と (14b2) 非慣習含意（会話の含意）に分けられる．(14b1) 慣習含意とは，単語の意味としてコード化されているが真理条件に貢献しないものをいう．例えば (16a) と (16b) の真理条件は共に (i) John is rich と (ii) John is unhappy によって決まるが，but を伴う (16a) は (i) と (ii) に何らかのコントラストがあるという (16b) が持たない（真理値には影響を及ぼさない）意味を持つ．but の持つこのような意味を Grice は慣習含意と呼ぶ．

(16) a. John is rich but he is unhappy.

b.　John is rich and he is unhappy.

（14b2）会話の含意は，（14b2-1）一般的会話の含意と（14b2-2）特殊化された
会話の含意に分けられる．（14b2-1）一般的会話の含意（generalized conver-
sational implicature）は，発話にある種の表現が用いられるときに，（文脈に
関係なく特にそれを妨げるものがない限り）通例その表現に伴われる含意，と
して特徴付けられる．例えば（17a）の and に伴われる時間的順序関係 then
の意味や，（17b）の or に伴われる「話し手はどちらか知らない」のような意
味である．

　（17）　a.　He took off his trousers and (then) he got into bed.

　　　　　　　　　　　　　　　　　　　　　　　　　（Grice (1989: 8)）

　　　b.　The prize is either in the garden or in the attic.
　　　　　（→ The speaker doesn't know for a fact that the prize is in the
　　　　　garden.）　　　　　　　　　　　　　　　　（Grice (1989: 44)）

（17a）の時間的順序関係の含意 and (then) は，話し手は（13-4）様態の格率
の (d)「順序良く，整然と提示すること」に従っていると考えられるから，
and によって接続されている 2 つの事象はこの順序で生じたのだろうという推
論によって生じる含意として説明される．（17b）の「庭にあるのかどうか知ら
ない」という含意は，話し手が（13-1）量の格率の (a)「必要なだけ十分な情
報を与えること」に従って十分な情報を与えても「庭か屋根裏部屋のどちらか」
なのだから，庭にあるのかどうか知らないのだろうという推論によって伝達さ
れる含意だと説明される．

　（14b2-2）特殊化された会話の含意（particularized conversational implica-
ture）は，（14b2-1）の一般的会話の含意とは異なり，特定の文脈においての
み生じる含意である．したがって，同じ発話でも，別の文脈で用いられると全
く異なる含意を伝達する．

　（18）　Jones dresses well and writes grammatical English.

　　　　　　　　　　　　　　　　　　　　　　　　（Grice (1961, §3)）

　（18）が哲学のポストに応募する推薦状に書いてある場合，肝腎の哲学的能
力には触れていないので，「ジョーンズは哲学のポストに適任だと言えない」

を含意する．一方（18）が秘書のポストに応募する推薦状に書かれてあれば，秘書の仕事に直接関係する側面について優れていることを述べているので「ジョーンズは秘書の適性を持つ」を含意するだろう．前者は，（13-3）関係の格率「関連のあることを言うこと」に違反しているように見えるが（12）の協調の原則には従っていると思われ，そのために補わなければならない含意として説明され，後者は同格率に従っていることから生じる含意と説明される．このような特定の文脈でのみ生じる文脈固有の含意を，特殊化された会話の含意という．

implicature（＝what is implicated）は Grice の造語である．その用い方から，Grice が真理条件性を，言われていることと含意されていることを区別する重要な特性と見なしていたことが分かる．なぜなら，（16）の but の例でみたように，慣習含意（conventional implicature）は単語がその意味として持っている（コード化されている）意味だが，真理条件に貢献しないために implicature の一種に分類されているからである．

さらに，Grice は，発話の意味は，まず意味論的解読によって言われていることが決定され，それを基に推論が働き，語用論的に会話の含意が引き出されると考える．しかし，解読された意味（意味論）が明示的意味を与え，語用論的に派生されるものはすべて含意（非明示的意味）であるという考え方を維持する限り，Levinson（1988）も認める Grice's circle に陥る．

Grice's circle とは，言われていることが含意を決定し，逆に含意が言われていることを決定する，という循環論のことである．例えば（19）は自然な発話であるが，if 節の明示的内容として and が時間的順序関係の意味を伴う and then 解釈をしなければ矛盾文になる．

(19) a. If they got married and had a child, their parents will be pleased, but if they had a child and got married, their parents will not be pleased.

b. It's more acceptable to get married and have a child than to have a child and get married.

つまり（19）は，and に伴われる含意が言われていることを決定していることを示している．

以上，Grice の語用論の要点を略述した．論理言語と自然言語のずれについ

84   第 II 部　最新の語用論研究の進展

て，初めて原理的な説明を与えようとしたという点で，Grice の功績は非常に
大きい．しかし彼の推論性と真理条件性の 2 基準による明示的／非明示的意
味の区別の仕方は，推論性の単一基準による区別と一致しない場合があり，循
環論の問題（Grice's circle）を抱えることになる．一方ネオ・グライス派は苦
しみながらも別の解決策を模索している．次はこの陣営に焦点を当てよう．

3.2.　ネオ・グライス派語用論

　ネオ・グライス派には，Laurence R. Horn や Stephen C. Levinson, Kent
Bach, Yan Huang などが属するが，その中でも代表的な Horn の考え方を中
心に，時に他との比較をしながら，全体を見渡すことにする．

〈Q 原理と R 原理（Horn の 2 元モデル）〉
　話し手は発話の形式を最小化しエネルギーの消費を出来るだけ少なくしよう
とする一方，聞き手は正しく理解できるように出来るだけ曖昧性のない多くの
情報を得たいと望む．Horn（1984; 2004）は，Zipf（1949）のいう話し手の経
済と聞き手の経済という対立する力がグライスの格率の根底にあると考え，本
質的で還元不可能な質の格率（13-2）はそのままにして，それ以外の Grice の
格率を（20）の 2 つの基本原則に再編成する．一つは聞き手の経済を反映する
Q 原理で，もう 1 つは話し手の経済を反映する R 原理である．[7]

(20)　〈Q 原理〉
　　　　あなたの貢献を十分なものにしなさい．
　　　　十分言いなさい．
　　　〈R 原理〉
　　　　あなたの貢献を必要なものにしなさい．
　　　　言い過ぎてはいけない．

　R 原理に基づく R 含意は（21）（22）の（b）にあたり，一般に R 含意は断
定の力を強める．「言い過ぎてはいけない」という R 原理に従って，弱い方の

---

　[7] 同じネオ・グライス派の Levinson（2000）は 3 原則（Q/I/M 発見法）を提案している
（Levinson（2000）参照）．

(a) を発話する話し手は，より強い命題（b）が意図されていることを聞き手が認識してくれることを期待するのである．

(21) a.　She was able to complete the assignment.
　→ b.　She completed the assignment.
(22) a.　I don't believe that he is honest.
　→ b.　I believe that he is not honest.

　一方 Q 原理は，上限を与える Q 含意「尺度含意」を体系的に引き出すのに用いられる．「尺度含意」は Horn (1972) によって導入された用語で，例えば尺度表現 some を伴う (23a) は一般に not all を含む (23b) を尺度含意として持つ．Horn (2004: 12) は「尺度の弱い値を持つ発話 p(i) は，それに対応する強い値 p(j) を断定する立場にはいなかったことを含意する傾向がある．その結果その強い値の否定を含意する」と尺度含意を特徴付けている．これは，上記 Q 原理の「十分言いなさい」に従っても弱い値の表現なのだから強い値ではないのだろう，という推論の結果得られる含意で，(24b) が示すように一般に断定の力を弱める．

(23) a.　Paul ate **some** of the eggs.　　（言われていること）
　→ b.　Paul did **not** eat **all** of the eggs.　（尺度含意）
(24) a.　It is **possible** that she completed the assignment.
　→ b.　It is **possible but not certain** that she completed the assignment.

　尺度は，(25) の〈　〉に示したようなものである．例えば All men are mortal（すべての人は死ぬ運命にある）（＝p(all)）が真であれば，Some men are mortal（いくらかの人は死ぬ運命にある）（＝p(some)）は必ず真になる．一方逆は成り立たない．このとき p(all) は p(some) を一方向的に伴立する (entail) という．p(all) が p(most) を，p(most) が p(many) を，p(many) が p(some) を一方向的に伴立するとき，〈all, most, many, some〉は尺度を形成し，各値はこの順に弱くなると見なされる．all が最も強く，some が最も弱いと考えるのである．[8]

---

[8] 尺度の概念は，当初このような伴立という意味論的概念に基づくものであったが，Fauconnier (1975) や Hirschberg (1991) は，尺度が本質的に語用論的なものであることや，

(25) a. 〈all, most, many, some〉,

　　 b. 〈always, usually, often, sometimes〉,

　　 c. 〈certain, likely, possible〉,

　　 d. 〈cold, cool, lukewarm〉,

　　 e. 〈and, or〉,

　　 f. 〈the, a〉　　　　　　　　　　　　　　　　　(Horn (1972: 16))

　(26) に示したように，太字の弱い尺度値の表現が用いられた発話は，語彙的意味が下限を与え，Q 含意が上限を与える．そして一般的な文脈では，両者を組み合わせた両面解釈が伝達されるとネオ・グライス派は説明する．例えば (26b) では，some の語彙的意味によって下限の some if not all (at least some) (少なくとも some) が，Q 含意（尺度含意）によって上限 not all (すべてではない) が与えられ，両者を組み合わせた some but not all (すべてではないがいくつかは) の両面読みが伝達される．同様に (26a) では，語彙的意味 at least 3 (少なくとも 3 (下限)) と Q (尺度) 含意 at most 3 (多くても 3 (上限)) が組み合わされ，両面読み exactly 3 が伝達される．(26c) では，語彙的意味 at least warm＋Q (尺度) 含意 not hot により，両面読み warm but not hot が伝達される，と説明される．

			ONE-SIDED	TWO-SIDED
(26)	a.	Pat has **3** children.	…at least 3…	…exactly 3…
	b.	You ate **some** of the cake.	…some if not all…	…some but not all…
	c.	It's **warm**.	…at least warm…	…warm but not hot…

　　　　　　　　　　　　　　　　　　　　　　　　　(Horn (2004: 10))

〈O 頂点の語彙化ギャップ〉

　Horn (2006a) は，O 頂点の語彙化ギャップという通言語的現象を尺度含意で説明する非常に興味深い分析を示している．(27) は論理学でよく用いられる「対当の方形 (Square of Opposition)」である．

ランクも Q 含意を生じさせることを明らかにしている．

(27) 〈対当の方形 (Square of Opposition)〉

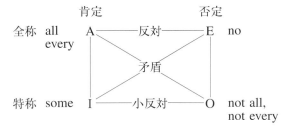

各頂点は，左上から時計と反対周りに，A，I，O，E，と名付けられ，A 頂点には全称肯定の all や every，I 頂点は特称肯定の some，E 頂点は全称否定の no，O 頂点は特称否定の not all や not every が対応する．左の縦軸は肯定，右の縦軸は否定の軸である．各頂点の関係は，例えば左の肯定軸の上下を見ると，All men are mortal. が成立すれば必ず Some men are mortal. が成立するので，A 頂点 (all) は I 頂点 (some) を伴立し，右の否定軸の上下では，No men fly. が成立すれば必ず Not all men fly. が成立するので，E 頂点 (no) は O 頂点 (not all) を伴立する．さらに対角にある A (all) と O (not all)，I (some) と E (no) は矛盾関係にあり，A (all) と E (no) は反対関係，I (some) と O (not all) は小反対関係にあるという．

この対当の方形において興味深いのは，A，I，E の各頂点にはそれぞれ all, some, no といった単一の語彙が対応するのに対して，O 頂点は not all, not every と表現するしか方法が無く，対応させうる単一の語彙が存在しないことである．

この状況は上記の all や some のような決定詞だけでなく，(28) に示すように，always, sometimes のような頻度を表す量化副詞，both, neither のような 2 項量化詞，both A and B や either A or B のような相関接続詞，and や or のような 2 項連結詞においても同様である．つまり，対当の方形を形成する表現グループにおいて常に O 頂点には単一の語彙が存在しないのである．

(28)	決定詞/量化詞	量化副詞	2項量化詞	相関接続詞	2項連結詞
A:	all α, everyone	always	both (of them)	both... and	and
I:	some α, someone	sometimes	one (of them)	either ... or	or
E:	no α, no one	never	neither (of them)	neither...nor	nor
	(= all~/~some)	(= always~)	(= both~/~either)	(= [both...and]~)	(= and~)

O:	*nall α, *neveryone	*nalways	*noth (of them)	*noth...nand	*nand
	(= some~/~all)	(= ~always)	(= either~/~both)	(= [either. .or]~)	(= or~/~and)

(Horn（2006a: 40））

　Horn はこの現象を語彙化ギャップと呼び，Q 含意の「尺度含意」により説明する．すなわち，小反対関係にある I と O は，I 頂点の some が肯定尺度〈all，most，many，some〉に基づく尺度含意によって O 頂点の not all を含意し，O 頂点の not all は否定尺度〈not some（=no），not many，not all〉[9]に基づく尺度含意によって I の some（= not（not some））を含意するという，相互に Q 含意しあう関係にある．さらに肯定より否定のほうが形態論的にも語用論的にも有標であるので，「語彙的実現にとっては 2 つのうちの一方が余分であるという結果になる．一方，否定の機能的有標性のため，語彙化されない小反対は，常に I ではなく O である」と Horn （2006a: 41）は説明し，Q 原理および尺度含意の有効性を主張する．

〈語用論的労力の分業〉
　Q 原理と R 原理の相互作用に関して重要な言語現象は「語用論的労力の分業」である．「語用論的労力の分業（Division of Pragmatic Labor）」とは，「同じ意味領域をカバーする 2 つの表現が与えられた場合，比較的無標の形式（より簡潔でより語彙化されたほう）は，無標でステレオタイプ的な意味や使用・

---

　[9] 肯定尺度〈all，most，many，some〉に対して，それに対応する否定尺度〈not some（= no），not many，not all〉が存在する．すなわち No（not some）men fly.（誰も飛ばない）が真であれば，Not many men fly.（飛ぶ人は多くない）も真であり，Not many men fly.（飛ぶ人は多くない）が真であれば，Not all men fly.（すべての人が飛ぶわけではない）も真になるので，〈not some（= no），not many，not all〉という否定尺度を形成する．この否定尺度において，弱い not all は強い値 not some の否定（not（not some）= some）を尺度含意として持つことになる．

状況と R 原理に基づいて関連する傾向がある一方，迂言的な表現またはあまり語彙化されない表現（つまりより複雑で冗長な表現）は，ステレオタイプではない状況に Q 原理に基づいて限定され，そのような状況では無標の表現は適切に使われない傾向がある」というものである（Horn（2004: 16））．（29）を見てみよう．

(29) a.　He got the machine to stop.　　a′.　He stopped the machine.
　　 b.　That's my father's wife.　　　 b′.　That's my mother.

（29a, a′）は共に「彼はその機械を止めた」という意味を表すが，（29a′）のように stop という確立したシンプルで無標の表現があるのに，わざわざ（29a）の迂言的使役動詞 get ... to ～（... を～させる）を使って表現する場合，動作主が，例えばプラグを引き抜くといった有標のやり方で機械を止めることを含意する．同様に，（29b）の my father's wife は語彙化された mother が適切に使えない（指示対象はおそらく義母である）ことを示唆する．このように話し手が，より複雑で十分に語彙化されていない表現を選ぶ時，その選択には語用論的に十分な理由があるのであり，その理由はその特定の文脈に依存する．Horn 等は，これは語用論的労力の分業の作用であると説明する（Horn（1991, 1993），Levinson（2000））．

　以上，ネオ・グライス派語用論を代表する Horn の提案と分析を簡潔に紹介した．Ariel（2010）もすでに述べているように，Q 原理と R 原理を提案する Horn は，境界追究者と見なされ得るが，O 頂点の語彙化ギャップや語用論的労力の分業などに関する分析は，コードでは解決できない問題に関する語用論的解決策を提案するもので，この点において Horn は優れた問題解決者でもあることは疑いない．

　ただ，ネオ・グライス派語用論の発話解釈理論は，what is said（言われていること）と what is implicated（含意されていること）に関しては，Grice の基本的な考え方を引き継いだため，必然的にその問題点である Grice's circle すなわち，語用論の定義の基準として，真理条件性とコード vs. 推論の区別という2つの基準を採用しているために生じる問題点も引き継いでいる．その点を尺度含意について手短に確認しておこう．

　上記（25)-(28）で見たように，尺度含意は O 頂点の語彙化ギャップを見事に説明するが，その理論内には，発話の明示的意味（言われていること）と非

明示的意味（含意）の区別において問題を引き起こす．尺度含意は，(19) で見た and に通常伴われる then の意味と同じく，尺度の低い値の表現が用いられた時に通常伴われる一般的会話の含意と見なされるが，これも論理演算子の作用域に入る．(30) の「もし私の友人の何人かがそのパーティーに来てくれたら，わたしはうれしいが，もし全員が来たら困ったことになる」において，some は some but not all の解釈をしなければ矛盾文になる．

(30) If some of my friends come to the party, I'll be happy—but if all of them do, I'll be in trouble.　　　　　　　　　　(Horn (2004: 26))

これに対して Horn (2006b) は，語用論的推論が発話の真理条件的意味に貢献する場合があることを認め，次節で扱う関連性理論の語用論的貢献を含む明示的意味の表意（explicature）とほぼ同じ概念を表す Bach (2001) の im-pliciture を採用する．[10] しかし what is said のレベルも必要であると主張する．

以上をまとめると Horn や Bach は発話の意味に (31) に示した 4 レベルを仮定していることになる．

(31) a. 言語表現タイプの意味（発話を解読したレベル）
　　　b. 言われていること（＝what is said，発話文の要素，統語的性格に一致し，曖昧性除去と指示付与のみなされたもの）
　　　c. impliciture（語用論的貢献によって十分に拡充された完全命題）
　　　d. implicature（会話の含意，定義により命題内容（真理条件）に対する語用論的貢献は含まれない）

(31c) の impliciture には語用論的貢献が含まれ，(31b) の what is said ではなく，(31c) の impliciture レベルで発話の真理条件が与えられることを，ネオ・グライス派の Horn や Bach が受け入れたことになる．これは，真理条件は意味論が与え，含意を語用論が扱うというパラダイムが崩れたことを意味する．これは，ネオ・グライス派が，Grice と同じく，語用論を規定する基準として，真理条件性とコード vs. 推論の区別という複数の規準を採用したことによって引き起こされた事態である．次節では，Ariel (2010) が最終的に語用

---

[10] Grice の implicature と紛らわしいので綴りに注意．Bach (2001) の impliciture は，形容詞 implicit を名詞にしたものである．

論の定義特性として採用した単一の特性，コード vs. 推論の区別，を採用する
関連性理論を概観する．

3.3. 関連性理論（標準理論，Sperber and Wilson (1986)，Wilson (2017)）

　関連性理論はコミュニケーションを完全に認知的視点から分析し，[11] 意図明
示的刺激（典型的には発話）の認知処理において果たす役割という視点から，
意味論の仕事は解読すること，語用論の仕事は推論すること，と規定する．外
界に照らし合わせて真か偽かという視点を取る真理条件性は，関連性理論にお
いては意味論と語用論の区別の基準としての役割を果たさない．先に述べた
「（意味論を含む）文法と語用論の区別は，コードか推論かという単一基準によ
る」という Ariel（2010）の結論は，Sperber and Wilson（1986）によって提
案された関連性理論の考え方と軌を一にするものである．後述するように，こ
の枠組みでは，（ネオ・）グライス派語用論で問題になった Grice's circle や
推論の真理条件への貢献は，発話の認知処理プロセスに自然に組み込まれ，何
の問題も引き起こさない．

　近年コード化に関して，言語的意味と非言語的意味のどちらにおいても，ま
すます多くの構成要素が手続きであると理解され，2018 年現在，関連性理論
は，急速な理論的進化発展の渦中にあってその動向に目が離せない．この点は
次の応用進展部門で扱うことにして，本節では，その前提になる関連性理論の
標準理論を Wilson（2017）を参考に簡潔に概観する．

〈関連性理論——意図明示的刺激の処理装置〉
　何かを伝達しようとする意図をはっきり示した刺激（そのために相手の注意
を引こうとする刺激）は意図明示的刺激（ostensive stimulus）と呼ばれ，この
ような刺激に基づいて行われるコミュニケーションを意図明示的推論的コミュ
ニケーション（ostensive inferential communication）という．関連性理論は，
この意図明示的な伝達行為を研究対象とし，解釈する側がどのようにして伝達
者の伝えようとした内容を理解するのか，そのメカニズムの解明を目標とし
て，その認知処理モデルを提案する．

---

[11] そのため認知語用論（Cognitive Pragmatics）と言及されることもある．

コミュニケーションにおける解釈者側の仕事は，意図明示的な刺激（発話だけでなく目配せや指の包帯を見せる行為なども含む）に気づき，それを受け入れるところから始まる．Fodor (1983) に従って，基本的には，人の心 (mind) は多様な特殊化された体系（モジュール）の集合で，大きく入力系 (input system) と中央系 (central system) の 2 つに分けられると仮定する．さまざまな刺激は，聴覚や視覚などの感覚の入力系から中央系に運ばれ，そこで処理を受ける．各入力系から運ばれた刺激は，中央系においては，何らかの共通する記号（心的言語）の表示 (representation) に変換された形になっていると考えられる．関連性理論では，その表示を概念表示とよぶ．

中央系に入った刺激は，すでにそこに存在する文脈想定や記憶の百科事典的知識などに存在する想定とも相互作用する．想定 (assumption) とは，現実世界の表示として個人が持つ思考（要するに情報の単位）を意味する．想定を表す概念表示の構成素を概念 (concept) と呼ぶ．概念は 1 つのラベルからなり，2 つの補足的機能を遂行する．1 つは，記憶におけるアドレスとしての役割で，情報が貯蔵され呼び出される場所の見出しとして機能する．2 つ目は，概念表示の構成素としての役割を果たすことである．そして人は皆，世界に関して真実であると受け入れている（顕在的な）表示の集合である認知環境をもっている．

コミュニケーションにおける話し手の意図は，聞き手の認知環境を修正することである．認知環境は想定の集合からなり，想定にはそれぞれ確信度が関係づけられている．想定を削除したり追加したり，あるいは確信度を変更するといったような形で，認知環境を修正することを認知効果 (cognitive effect) と呼び，これは旧情報と新情報が相互に作用した結果生じる．

聞き手が発話処理に必要とするエネルギー（処理労力）と，それによって得られる情報（認知効果）という 2 つの要因に関していうと，聞き手は，できるだけ少ないエネルギー（処理労力）で，できるだけ多くの情報（認知効果）を得るように発話を処理する．これは人間の認知一般の傾向であり，関連性の認知原則と呼ばれ，(32) と規定される．一方話し手は，自分の発話が，聞き手の処理労力に見合う情報（認知効果）を得られるものであることを保証して，聞き手にその発話を処理することを促す．これは関連性の伝達原則と呼ばれ，(33) のように規定される．(33) の「最適な関連性の見込み」は (34) のように規定される．

(32)　関連性の認知原則（Cognitive Principle of Relevance）
　　　人間の認知は，関連性の最大化と連動するように働く傾向がある．

(33)　関連性の伝達原則（Communicative Principle of Relevance）
　　　すべての意図明示的伝達行為は，それ自体の最適な関連性の見込み
　　　を伝達する．

(34)　最適な関連性の見込み（Presumption of Optimal Relevance）
　　　a.　意図明示的刺激は，受け手がそれを処理する労力に見合うだけの
　　　　　関連性がある．
　　　b.　意図明示的刺激は，伝達者の能力と優先事項に合致するものの中
　　　　　で，もっとも関連性のあるものである．

　例えば（35B）は（35A）の質問に直接答えていないが，「ビリーを映画に
誘ってはいけない」を含意すると解釈される．

(35)　A（Peter）:　Let's ask Billy to see a film with us tonight.
　　　B（Mary）:　He has to finish a paper.

メアリーが「ビリーを映画に誘ってはいけない」ことを伝えるには，We
shouldn't ask Billy と答えるのが最も簡単で分かり易い．しかしそれだけの情
報しか伝達しない．それに対して（35B）のメアリーの返答は，「ビリーは論文
を仕上げないといけない」ので「今忙しいにちがいない」から「ビリーを映画
に誘ってはいけない」ということを伝達する．「　」でくくった少なくとも 3
つのことを，He has to finish a paper という 1 つの発話で伝達している．

　話し手が選択したこのような意図明示的刺激（ここでは発話）は，処理する
のに必要な労力に見合う十分な効果を得られるものであることを聞き手に伝え
る．聞き手は，それを信じ，できるだけ少ない労力で解釈仮説を立て，その関
連性をチェックすることによって，話し手の意味にたどり着く解釈プロセスを
開始する．そして十分な効果を得られた（関連性が達成された）時点で解釈プ
ロセスをストップする，という発話解釈過程を取る．この意図明示的コミュニ
ケーションに特徴的な解釈過程は関連性誘導による発見的解釈過程と呼ばれ，
(36) のように規定される．

94 第 II 部 最新の語用論研究の進展

(36) 関連性誘導による発見的解釈過程 (Relevance-Guided Comprehension Heuristic)

 a. 発話の解釈を構築する際には（そして，特に，多義性や指示対象未確定の問題を解決したり，語彙の意味を調整したり，文脈想定を補ったり，推意を派生したりする際には），最小労力の道筋をたどりなさい.

 b. 関連性の期待が満たされたときに止まりなさい.

(Wilson (2017: 86))

(35B) の Mary のような発話は，聞き手に役立つ情報をもたらすので，聞き手にとって「関連性がある (relevant)」という．関連性 (relevance) は，認知処理プロセスの入力が持つ特性で，程度性がある．その入力を処理するのに必要とされる処理労力（コスト）が大きければ大きいほど，その入力の関連性は低くなり，得られる認知効果（聞き手の認知環境の修正）が大きければ大きいほど，その入力の関連性は高くなる.[12]

発話解釈過程には，(37) に示した 3 つのレベルが関わると考えられ，(35B) のメアリーの発話に当てはめると，(38) のようになる.

(37) 〈発話解釈に関わる 3 つのレベル〉

 a. 発話の論理形式（発話の言語的意味を表示するレベル）

 b. 表意（発話によって伝達される明示的意味）

 c. 推意（発話によって伝達される非明示的意味（含意））

(38) (35B) のメアリーの発話：He has to finish a paper.

 a. 発話の論理形式：$X_{(he)}$ has to finish a paper at t. (t：時を表す変項)

 b. 表意：$Billy_i$ has to finish writing a $PAPER_1$ soon.

---

[12] 人は，各種感覚器官から入ってくるすべての情報（入力）を処理しているわけではない．その膨大な情報の中から，最大の関連性が期待できる情報を選択して処理している．例えば，あなたが，フェデラーと錦織圭のテニスの試合を見ていて，フェデラーがサーブの前に 8 回ボールをバウンドさせるが，錦織はいつものように 2, 3 度であることに気づき，「フェデラーは緊張している．錦織圭が勝つ見込みがある」と思うとしよう．この時，膨大な情報の中から，そもそもなぜあなたはこのことに気づくのか．それは，この時点であなたの注意を引く可能性のあるすべての入力の中で，これが期待できる最大の関連性をもっていたからである．(32) の関連性の認知原則「人間の認知は，関連性の最大化と連動するように働く傾向がある」が反映されている例だと言える.

c. 推意：Peter and Mary shouldn't ask Billy$_i$ out because he$_i$ has to finish writing a PAPER$_1$ soon.　　　　　　(PAPER$_1$ = academic paper)

(Wilson (2017: 90))

この3つのレベルは発話解釈の認知処理過程に重要な役割を果たす．各レベルの性格を簡潔に概観する．

3.4.　発話の論理形式

　発話の論理形式（logical form）とは，発話に含まれる単語の言語的意味を表示するレベルである．発話は，音の刺激として耳から入り，聞き手は，まずその単語の意味を心に思い浮かべる（表示する）．これは発話の論理形式と呼ばれ，このレベルでは，まだ（35B）の he や paper などは，具体的に誰を，何を指すのか指定されておらず発話の意味内容が十分に確定されていない．聞き手は，この発話の論理形式を発展させ（肉付けし），発話の表意を得る．

　発話によって伝達される意味には，明示的意味と非明示的意味（含意）の2種類がある．関連性理論では，前者を表意（explicature），後者を推意（implicature）と呼び，Wilson (2017) は，「表意は，2つの定義特性を持っている．1つは，(a) 伝達される命題であること，すなわち話者の意味の一部であること，もう1つは，(b) 解読と推論の組み合わせによって同定されるものであること，すなわち，コード化された論理形式を完全な命題形式に推論的に発展させたものであること，の2つである．そして，それ以外のすべての伝達されるものが推意である」と定義している．次節では，発話の認知処理過程における表意の性格を概観する．

3.5.　表意：基本表意と高次表意（文副詞・疑問文）

　表意とは，話し手が発話を用いてはっきりと（明示的に）聞き手に伝えようとした意味内容（明示的意味）で，発話の論理形式を発展させたものである．例えば先の（35B）He has to finish a paper. を解釈する際，聞き手は，最少労力の道筋を辿って関連性の期待を満たす解釈にたどり着くために，(36)「関連性誘導による発見的解釈過程」を用いて，He に Billy を指示付与し，複数の

意味を持つ paper が，ここでは新聞ではなく論文であると曖昧性除去し，さらに，writing と soon を拡充し，表意 (38b) Billy$_i$ has to finish writing a PAPER$_1$ soon. を得る．

ここで表意に貢献する4つの語用論的プロセスをまとめておこう．1つ目は「飽和」である．(38b) の He の指示対象が Billy であることを指定する指示付与は飽和の1つで，「飽和 (saturation)」とは，真偽判定可能な明示的意味を完成するために，発話に使用されている言語形式が要求する値（スロット）を文脈から補う語用論的プロセスを言う．したがって，(39) の [　] に示した要素が文脈的に補われるプロセスも飽和の例と考えられる．

(39) a. Bufferin is better. [than what?]
　　 b. He is too young. [for what?]

2つ目は「曖昧性除去」である．例えば (38b) を解釈する際に，paper が持つ複数の意味から「論文」が選択される場合のように，発話に用いられた言語形式が，複数の語義を持つ場合，発話の関連性を達成する過程で，語用論的にその語義が1つ選択され決定される語用論的プロセスを「曖昧性除去 (disambiguation)」と言う．[13]

3つ目は「（自由）拡充」である．(38b) の soon などは，発話に含まれる何らかの言語要素によって要求されるものを補っているのではなく，発話の関連性を達成するために自由に補われるものである．このように，特定の言語要素の要求ではなく，もっと自由に語用論的に何かの要素を補うことを「自由拡充 (free enrichment)」という．

第4は「アドホック概念形成」である．[14] 例えば (40a, b) の child によって伝達される概念は皆異なっている．

(40) a. A father is shouting at his 10-year-old son.
　　　　 Mother:　'You're too hard on him.　He's still a child.'
　　 b. Woman (speaking of her middle-aged husband): 'Boris is a child.'
　　　　　　　　　　　　　　　　　　　　　　　　　(Cartson (2016: 156))

---

[13] disambiguation は「一義化」とも訳されている（内田他訳 (1999)『関連性理論』参照）．
[14] アドホック概念については，第I部「意味論」の4.6節も参照のこと．

（40a）の child の使用は字義的であるように思われるが，コード化された概念
CHILD を，自分の行動に十分責任を取ることができない若者（その少年はあま
り強く叱責されるべきではないを含意する）とでも言い換えられる概念
CHILD* に狭められている可能性が高い。[15] 一方（40b）の child は，子供が典
型的に持つある種の特性を持つ 45 歳くらいの男性がその外延に含まれるよう
な概念 CHILD** に緩められていると考えられる．同じ語が用いられても，文
脈によって伝達される概念は異なるのである．このように，発話の表意を得る
ために，語彙概念が文脈に合うように語用論的に調整されるプロセスを「アド
ホック概念形成（ad hoc concept construction）」という．

　以上簡潔に記述した表意形成に貢献する「飽和」「曖昧性除去」「（自由）拡
充」「アドホック概念形成」の 4 つのプロセスは，いずれも語用論的なもので
ある．推論による語用論的貢献が発話の明示的意味「表意」に大きく貢献して
いることを明らかにしたことは，関連性理論の最大の貢献の一つである．

　表意についてもう 1 点，明示性の度合いについて述べておこう．表意には
明示性の度合いがあり，解読による貢献が大きくなればなるほど，そして語用
論的推論による貢献が小さくなればなるほど，表意の明示性の度合いは高くな
る．例えば（35B）のメアリーの発話（（41）として再掲）を（42）と比べてみ
よう．

(41)　He has to finish a paper.（=（35B））

(42) a.　Billy has to finish a paper.

　　 b.　Billy Smith has to finish writing a paper.

　　 c.　Billy Smith has to finish writing an academic paper soon.

(Wilson (2017: 90))

（41）と（42a–c）の例はすべて同じ表意「ビリー・スミスは間もなく論文を書
き終えなければならない」を持つが，（42a–c）は，（41）よりもコード化され
た部分が多く，推論される部分が少ないので，話者の意味はより明示的だとい
うことができる．同じ理由で，（42a）より（42b）のほうが明示的で，（42b）
より（42c）のほうが明示的である．

---

[15] 本稿でも慣習に従って，概念を表すのに CHILD という表記法を用い，右肩に * を付けて
アドホック概念を表す．CHILD* と CHILD** は異なるアドホック概念を表す．

以上，発話の表意形成プロセスを略述した.[16] 発話の論理形式から発展させた表意の形成には，指示付与を含む飽和，曖昧性除去や，自由拡充，アドホック概念形成の4つの語用論的プロセスが関わり，推論が大きな役割を果たす．したがって表意は，発話に含まれる単語の言語的意味と，推論によって語用論的に補われる意味の両方によって構成される．以上の議論から，「発話に用いられる表現の言語的意味だけでは，その発話の表意を確定するには不十分である」ということが明らかになった．これを「言語的意味の確定不十分性」のテーゼという．

3.6. 基本表意と高次表意

発話の認知処理過程の視点から正確に言うと，発話の言語的意味が反映される論理形式は，上記の語用論的プロセスによって肉付けされ発展されて命題形式（propositional form）を形成する．命題形式とは，外界の状況に照らし合わせて真か偽かを判断できる形式を十分備えたもののことである．この命題形式によって表示された意味内容を表出命題（proposition expressed）という．

発話によって明示的に伝達される意味は，表意と呼ばれ，基本表意（base-level explicature）と高次表意（higher-level explicature）の2種類に区別される．例えば（43）において，ピーターが犯人ではないかと示唆するビルに対して，ピーターのガールフレンドのメアリーが「彼は泥棒じゃないわ！」と反論する．この時メアリーの発話は，（44b）表出命題「ピーターは泥棒ではない」とともに，例えば（44c）「メアリーは［ピーターが泥棒ではない］と信じている」等を伝達する．（44b）のような伝達された表出命題を基本表意と呼び，（44c）のように，表出命題が伝達動詞（say や tell など）や命題態度を表す動詞（believe，regret など）に埋め込まれたものを高次表意という．

(43)　［昨日集金した部費が無くなったことが発覚した状況で］
　　　A（Bill）：　Peter was the last person who left the room yesterday.
　　　B（Mary）：　He is not a thief!

---

[16] 東森・吉村（2003）参照.

第 3 章　境界追究者の 3 理論　　　　　　　　　　　　　　99

(44) a.　(43B) の論理形式：X$_{(He)}$ is not a thief.

　　 b.　(43B) の表出命題（基本表意）：Peter is not a thief.

　　 c.　(43B) の高次表意：Mary believes that Peter is not a thief.

　　　　　　　　　　　　　　　Mary is saying that Peter is not a thief.

基本表意も高次表意も表意であるので，発話によって伝達される（話し手が聞き手に伝えようとしている意志をはっきり示した）意味内容であり，(36) 関連性誘導による発見的解釈過程によって得られるものである．

3.7.　文副詞や疑問文と高次表意

　基本表意と高次表意の区別は，発話解釈において重要な役割を果たす．frankly（率直に），confidentially（内々に，内密に）のようないわゆる文副詞が発話解釈において果たす役割を考えてみよう．例えば，frankly を含む (45) の Bill に関する発話 Frankly, I'm unimpressed. の場合，「率直に，感銘を受けていない」ではなく「率直に言うと，彼の作品に感銘を受けていない（彼の作品を大したものと思わない）」と解釈される．つまり，frankly は発話に含まれる動詞 is unimpressed を修飾して基本表意に貢献するのではなく，(46b) に示したように，伝達動詞 tell を修飾して高次表意に貢献しているのである．

(45)　Peter to Mary: *Frankly*, I'm unimpressed.

(46) a.　(45) の基本表意：Peter is unimpressed with Bill's work.

　　 b.　(45) の高次表意：Peter tells Mary frankly that Peter is unim-

　　　　　　　　　　　　　　pressed with Bill's work.

　一方 (47a) のような疑問文は (47b) のような高次表意を伝達すると考えられるので，疑問文（一般）は X$_{(the\ speaker)}$ is asking Y$_{(the\ hearer)}$ if … のような高次表意を形成することを指示する文形式であると規定することができる．[17]

---

[17]　紙数のため，本書で扱うことはできないが，ほかにも高次表意の形成に指示を与える文形式（例えば命令文）や表現（例えば日本語の文末助詞カ），高次表意形成に関する言語間の相違（日本語のノダ）など，高次表意に関わる興味深い多くの分析が提案されている（東森・吉村 (2003)，三原・高見 (2013) 参照）．

100 　 第 II 部　最新の語用論研究の進展

(47) a. Did Peter tell her the truth?
　　 b. The speaker is asking the hearer if Peter told Mary the truth.

次は発話の非明示的意味「推意」を手短に見ておこう.

3.8.　推意

　先にみた論文の例を再度考えてみよう. (35A) のピーターの発話「ビリー
を誘って, 今晩一緒に映画を見に行こうよ」に対する返答としての (35B) の
メアリーの発話「ビリーは論文を書き終えなければならない」((48) として再
掲) は, その表意だけでは関連性が達成できないので, さらに推論をして
(48c) の推意「ピーターとメアリーは, ビリーを誘ってはいけない」を引き出
して関連性を達成する.

(48)　(35B) のメアリーの発話：He has to finish a paper.
　　 a.　発話の論理形式：$X_{(he)}$ has to finish a paper at t. 　(t：時を表す変項)
　　 b.　表意：$Billy_i$ has to finish writing a PAPER$_1$ soon.
　　 c.　推意：Peter and Mary shouldn't ask $Billy_i$ out because he_i has to
　　　　　　finish writing a PAPER$_1$ soon. 　(PAPER$_1$ = academic paper)
　　　　　　　　　　　　　　　　　　　　　　　　　　(Wilson (2017: 90))

発話解釈は, 複雑な同時方程式のように, 並行的に進行する.[18] 表意（明示的
内容）が最初に同定されて, それから文脈想定を補い, そして推意（文脈含意
や他の認知効果）を引き出すのではなく, 明示的内容と, 文脈, 認知効果に関
する一時的な仮説を, 相互にそして関連性の見込みとも調整し, その発話が期
待された関連性を達成する最初の全体解釈でストップするというプロセスを辿
る.
　関連性理論は, 他のグライス派語用論と同じく, Grice の 3 つの仮定を出発
点としている. すなわち, ①文の意味は話者の意味を伝える乗り物であるこ
と, ②話者の意味は解読されるだけではなく推論されなければならないこと,
③話者の意味を推論する際に, 伝達行為はある基準（Grice は協調の原則, 関

---

[18]　計量経済学では, 経済の相互依存の関係を複数個の方程式を連立させて記述するが, こ
れを同時方程式（体系）という（『ブリタニカ国際大百科事典』）.

連性理論は関連性の伝達原則）に合致するべきであるという期待によって，聞き手は導かれること，の3つである．

　一方関連性理論は，他のグライス派語用論と，いくつかの点で異なっている．1つは，その語用論でカバーする範囲が異なる．Grice の話者の意味（meaning$_{NN}$（非自然的意味））の定義は，一部のノンバーバル・コミュニケーションには適用されるが，それ以外には適用されず，その対象は自然類をなさない．[19] 一方，Sperber and Wilson (1986) は，意図明示的伝達（ostensive

---

[19] 自然的意味（natural meaning）と非自然的意味（non-natural meaning）について，Grice (1989)（清塚訳 (1998: 223-226)）は次のように述べている．

………………………………………………

次の文を考えてみよう．

「あの発疹はハシカを意味している（いた）」．
「あの発疹は，私には何の意味もなかったが，医者にはハシカを意味していた」．
「今度の予算案は来年度が厳しい年になることを意味している」．

「あの発疹はハシカを意味していたが，しかし彼はハシカにかかっていなかった」ということはできないし，「今度の予算案は来年度が厳しい年になることを意味しているが，しかし来年度が厳しい年になることはないだろう」ということもできない．つまり上記のような事例では，「x は p ということを意味していた」ならびに「x は p ということを意味している」は「p」を伴立する．

（中略）

「あんなふうに（バスの）ベルを三回鳴らすのは，バスが満員だという意味だ」．
「『スミスは山の神（his trouble and strife）がいないと暮らしていけない』というあの発言は，スミスが自分の妻をかけがえのないものだと思っているという意味だった」．

このうちの最初の文を用いた上で，それに続けて「しかし実はバスは満員ではなかった――車掌がまちがえたのだ」と言うことは可能だし，また，二番目の文を用いた上で，それに続けて「しかし実はスミスは七年前に妻を捨てた」と言うことも可能である．つまりこれらの場合，「x は p ということを意味している［という意味だ］」も「x は p ということを意味していた［といういみだった］」も「p」を伴立しない．

以下では「意味する（mean）」「何ごとかを意味する（mean something）」「ということを意味する［という意味だ］（means that）」という表現が最初の三つの例文の場合のような仕方で用いられているとき，これらの表現は<u>自然的ないみ</u>で用いられている，ということにする．また，それらの表現が後の二つの例文の場合のような仕方で用いられているときには，それらは<u>非自然的ないみ</u>で用いられている，ということにする．［それらの表現が］非自然的ないみで用いられていることをはっきりさせるために，以下では「意味する $_{NN}$（mean$_{NN}$）」という略記法を用いる．

………………………………………………

communication）という，（部活欠席の理由を尋ねられて，包帯を巻いた足を見せるといったような）showing の例と，（言葉で答えるような）telling の例の両方をカバーする広い定義を提案している．

　2つ目は，語用論的原則の役割が異なる．Grice は，implicature を同定するのに影響を及ぼす語用論的要因に関心があったが，関連性理論は，明示的真理条件的内容の同定にも等しく語用論的原則が貢献すると考える．

　推意導出に貢献する推論規則についていうと，Sperber and Wilson（1995: 96）は，推意を引き出す推論規則は，例えば（49）の「P ならば Q なり」と「P である」を前提として「Q である」という帰結を引きだすような演繹の削除規則だと述べている．

(49)　Input）　P → Q
　　　　　　　　P
　　　　　　────────
　　　　Output）　Q

確かに，先に見た（1）のベトナム料理の例や（35B）の論文の例の implicature は，（49）のような演繹の削除規則を用いて引き出しているように思われる．しかし，次の（50）の推意は，演繹規則で引き出されると考えることは難しい．（50）は次のような状況でのやり取りである．最近 Johnny が嘘をつくことが母親は気になっていた．ある日，Johnny の弟のおやつ（チョコレート）がなくなっていることに気付く．チョコが大好きな Johnny が食べた可能性が高いと思い，母が尋ねる．Johnny は「食べていない」と言うが，またうそをついているのではないかと思った母親は，イソップ童話の「狼少年」の話をする．「村の近くで家畜の番をしている羊飼いの少年が，ふざけて「狼だ！狼だ！」と叫んだ．助けようと集まってきた村人たちを，その少年は嘘に引っかかったと嘲って楽しむようなことが 2，3 度あった．ある日狼が本当にやってきた．その少年は，今度は真剣に助けを求めて叫んだが，村人は，また例の遊びをしているのかと思い，彼の叫びを無視した．そして狼は羊を貪り食ってしまった．」という有名な話である．

(50)　A（Johnny）：　I didn't eat the chocolate.
　　　B（Mother）：　Let me tell you a story, Johnny.　Once upon a time,
　　　　　　a shepherd boy, tending his flock not far from a village, liked to

amuse himself by crying out "Wolf! Wolf!" His trick succeeded two or three times; the whole village came running to his assistance, only to be laughed at for falling for his ruse. Then, one day, the wolf actually came. The boy cried out in earnest, but his neighbors, thinking he was up to his old tricks, ignored his cries, and the wolf devoured the sheep. What do you think?

A (Johnny): Sorry, I was wrong. I ate all the chocolate.

(Yoshimura (2013b: 11))

母親が言いたいのは, (i)「嘘をついていると周りの人に信用されなくなって, 結局自分がひどい目にあう」ので (ii)「嘘をついてはいけない」ということなのだなと Johnny は解釈する. これらはどちらも, 発話の論理形式を発展させたもの (表意) ではないので推意である. この解釈過程において, 具体的な羊飼いの少年の話を「嘘つきはひどい目にあう」話 (i) であると理解する過程には, 複数の命題から成るストーリーの抽象化 (帰納) が貢献している.

　以上のような考察に基づき, 吉村 (2017b) は, 演繹規則によって導出される分析的推意と帰納とアブダクションによって引き出される拡張的推意の 2 分法を提案している.[20]

---

[20] 分析的推意と拡張的推意の 2 分法に関しては, Yoshimura (2013b), 吉村 (2015b, 2016, 2017b) 参照.

第 4 章 〈応用進展部門〉

帰属的使用（リポートとエコー的使用）

　私たちは，発話を 2 通りに使うことができる．例えば「奈良公園は今，桜が満開です」と言って目の前の状況（現実の事態）を表したり，Open the window, please. と言って望ましい状況（可能な事態）を述べたりするように，ある状況を記述するのに発話が使用される場合を，記述的使用（descriptive use）という．もう 1 つは，例えば「[明日の体育祭延期になった] んだって」と生徒が先生のことばを引用したりするように，発話時の話し手以外の誰かの発話や思考（の表示）を表示するのに発話が使用される場合を，帰属的使用（attributive use）という．Wilson and Sperber（2012: 128）は記述的使用と帰属的使用を次のように定義している．

(51)　いかなる言語的コミュニケーション行為においても，発話は，話者の思考（とよく似た内容）を表示するために用いられる．通常のことばの記述的使用においては，この思考は，現実の事態あるいは可能な事態に関するものである．帰属的使用においては，この思考は，事態に直接的に関係するものではなく，現在の（発話）時点の話者以外のソース（誰か何か）に帰属される別の思考に関するものである．

（Wilson and Sperber（2012: 128），訳引用者）

したがって，「帰属的」発話（"attributive" utterance）は，ある思考を発話時の話者以外の誰か（何か）に帰属させるために用いられ，その思考自体は「帰属された思考（attributed thought）」である．

104

第4章 帰属的使用（リポートとエコー的使用） 105

　さらに，帰属的使用の下位類として，リポートとエコー的使用が挙げられる．リポートとは，帰属元の発話や思考の内容に関する情報を単に与えるもので，エコー的使用とは，帰属元の発話や思考の内容に対する話し手の態度や反応を表現するものである．例えば（52B）では，電話を切った母親に子供が「お父さん何て言ってた？」と尋ね，母親が（52B）「電車が間もなく出るって」と答える状況で，イタリック部分は父親に帰属される発話の内容を間接的に報告するものである．このような帰属的使用をリポートという．

(52)　A（child）:　　What did Father say?
　　　B（Mother）:　He said that *the train was about to leave.*

　一方（53）は，一年中論文執筆にかかっているジャックが「とうとう論文を書き終えたよ」という発話に対して，スーが返答している状況である．

(53)　A（Jack）:　I've finally finished my paper.
　　　B₁（Sue）（happily）:　*You've finished your paper*! Let's celebrate!
　　　B₂（Sue）（cautiously）:　*You've finished your paper.* Really completely finished?
　　　B₃（Sue）（dismissively）:　*You've finished your paper.* How often have I heard you say that?
　　　　　　　　　　　　　　　　　　　　　（Wilson and Sperber（2012: 129））

スーの返答（53B₁, B₂, B₃）のいずれにも表れる最初の部分 You've finished your paper は，直前の話し手ジャックに帰属する表示であるが，それに対するスーの態度が異なっている．（53B₁）ではジャックの論文が終わったことを共に喜ぶ態度が，（53B₂）では本当かどうか判断を保留しようとする態度が，（53B₃）ではジャックの論文完成を全く信用していないことを示す否定的な態度が示されている．

　（53）では帰属元が直前の話し手ジャックとして容易に特定されるが，この帰属元が特定の個人に帰することができない一般的な規範や常識のような場合もある．例えば，飲酒が過ぎて体調を崩し医者に禁酒を申し渡されているのに飲もうとする夫に，妻が「酒は百薬の長ですものねぇ」と皮肉を言うような場合である．この時「酒は百薬の長である」は特定の誰かに帰属されるものではなく，一般の人々が持つ共通の知識（この場合はことわざ）が帰属元になって

いる．このように，発話時の話し手以外の誰か（特定できない場合も含め）に
帰属される発話や思考を表示し，それに対する話し手の態度を示す場合をエ
コー的使用という．

　以上のような，記述的使用（事態の記述）と帰属的使用（表示の表示）の区
別，さらには帰属的使用の下位類のリポートとエコー的使用という区別は，実
は非常に有効な言語分析の手段になる．ここでは，アイロニーと日本語の文否
定形式（帰属否定）の分析を簡潔に概観する．

4.1. アイロニーと帰属的使用

　古典的修辞学において，アイロニーは「比喩的意味が字義的意味の反対であ
るような文彩」と定義されている．[21] 典型的なアイロニー発話（54）や（55）
において，これは一見成り立っているように思われる．（54）は，字義的意味
「今日はいい天気だ」の反対「今日はひどい天気だ」を意味しているように思わ
れ，（55）は字義的意味「太郎はいい友達だ」の反対「太郎はひどい友達だ」を
意味しているように思われるからである．

(54)　［「明日はピクニック日和のいい天気よ」と言う友人 A のことばを信
　　　じて出かけたピクニック先で大雨に見舞われ，A に向かって］
　　　本当に今日はいい天気ね．

(55)　［親友だと思っていた太郎に裏切られたことを知って］
　　　太郎はいい友達だよ．

しかし，Wilson and Sperber (1992) が指摘しているように，次の（56）のよ
うなアイロニー発話は，字義的意味の反対という定義では説明できない．

(56) a.　Ah, Tuscany in May!（ああ，5 月のトスカナ！）

　　 b.　You can tell he's upset.
　　　　（彼は怒っていると言っていいと思うよ）

---

[21] "In classical rhetoric, … Irony is defined as the trope in which the figurative meaning is
the opposite of the literal meaning: 'Irony is the figure used to convey the opposite of what
is said: in irony, the words are not taken in their basic literal sense.' (Du Marsais: Des
Tropes, chapter XIV) (Wilson and Sperber (1992: 54))

(Wilson and Sperber（1992: 54-55），訳引用者）

例えば（56a）において，トスカナにいるメアリーの友人が，彼女をトスカナに招待したとしよう．友人のメールには，5月のトスカナは，地上でもっとも美しい場所だから，とあり，招待を受ける．寒い異常気象が続き，風の唸る激しい雨の中，メアリーはトスカナに到着する．友人の車に乗って，洪水のような道路を家に向かう途中，メアリーがその友人に向かって（56a）を言う時，この発話はアイロニーである．しかし（56a）は感嘆表現で命題の形式を持たず，この反対が何になるのか見当がつかない．字義的意味の反対がないのに，アイロニーである．一方（56b）において，ある店で客が激怒して我を忘れ大声を上げて店員に文句を言っている状況で発話された場合，これは典型的な控えめ表現のアイロニー発話である．しかし字義通りの反対 You can't tell he's upset.（彼は怒っていると言えないね）または You can tell he's not upset.（彼は怒っていないと言っていいだろう）を意味していないのは明らかである．Wilson and Sperber（1992）が述べているように，これらの例が示していることは，古典的定義はアイロニーの本質をとらえていないということである．

20 世紀後半，Sperber and Wilson（1981）は，修辞学におけるアイロニーの古典的定義を真っ向から否定し，「アイロニーは，個人やグループ，人々一般に帰属される思考（例えば，信念・意図・規範に基づく期待など）をエコーすることと，この思考に対する馬鹿にした態度や懐疑的・批判的な態度を表現することにある」として，アイロニーの認知語用論的分析を提案した．この研究は，長い間修辞学的手法として研究されてきたアイロニーの言語学的研究の幕開けとなり，その後認知科学の発展と相まって，アイロニーの言語学研究は大いに発展してきた．そして上記 Sperber and Wilson（1981）の本質的主張は覆されることなく，彼ら自身が提唱するコミュニケーション理論「関連性理論」（意図明示的刺激の認知処理モデル）の発展・拡大に伴い，Wilson and Sperber（2012）では，帰属性の概念を用いて（57）のようにアイロニーを規定し，「ある種の態度」とは（58）に示したような「乖離的態度（dissociative attitude）」であると述べている．

(57) 「… ことばのアイロニーがエコー的使用の下位類（subtype）であると主張することは，アイロニーが，一方で，必然的に帰属的であり，他方で，必然的に帰属された思考に対するある種の態度の表出を伴

うことを主張することである.」[22] (Wilson and Sperber (2012: 129))

(58) 「ことばのアイロニーが他のエコー的使用の例と異なるのは,伝わる態度が乖離的な範囲から引き出される点である,というのが,[アイロニーの]エコー的説明の中心的主張である.すなわち話者は,暗黙裡に帰属された思考をばかげて偽だと(あるいは他の点では露骨に不適当だと)して拒絶する.乖離的態度そのものは,かなり広い範囲にわたって多様で,面白がっている寛容な態度から,さまざまな程度のあきらめや落胆を通って,さげすみ,嫌悪,侮辱,(敵意に満ちた)軽蔑にいたるスペクトルのどこかに位置する.ことばのアイロニーに典型的な態度は,一般に,その範囲の,どちらかというと,より穏やかな,より制御された部分から生じているように思われる.しかし,典型的にアイロニカルな乖離的態度とそうでない態度との間に明確な切れ目はない.」[23]　　　(Wilson and Sperber (2012: 130))

つまり関連性理論は,アイロニーを,帰属元の発話や思考に対して不同意やあざけりといった乖離的態度(dissociative attitude)を示すエコー的使用として特徴づける.この視点を取ると(56a)の Tuscany in May! は,最も美しいからとメアリーを招待した友人に帰属され,その発話に対して,不同意の乖離的態度を示すエコー発話であるとして説明される.同様に,(54)のアイロニー発話は,前日「明日はいい天気よ」と言った友人 A に帰属され,話し手はそれに対して不同意やあざけりといった乖離的態度を伝達していると説明さ

---

[22] "Thus, to claim that verbal irony is a subtype of echoic use is to claim, on the one hand, that it is necessarily attributive, and, on the other, that it necessarily involves the expression of a certain type of attitude to the attributed thought." (Wilson and Sperber (2012: 129))

[23] "The central claim of the echoic account is that what distinguishes verbal irony from other varieties of echoic use is that the attitudes conveyed are drawn from the dissociative range: the speaker rejects a tacitly attributed thought as ludicrously false (or blatantly inadequate in other ways). Dissociative attitudes themselves vary quite widely, falling anywhere on a spectrum from amused tolerance through various shades of resignation or disappointment to contempt, disgust, outrage or scorn. The attitudes prototypical of verbal irony are generally seen as coming from the milder, or more controlled, part of the range. However, there is no cut-off point between dissociative attitudes that are prototypically ironical and those that are not."　　　(Wilson and Sperber (2012: 130))

れる．前節に挙げた（53B$_3$）も，You've finished your paper が先行発話の話し手ジャックに帰属され，それに対してスーが全く信用していない否定的な乖離的態度を示すアイロニー発話であるとうまく説明される．以上のようにアイロニーは，不同意などの乖離的態度を表すエコー的発話であると特徴づけることができるのである．

4.2. not とノデハナイ

英語の not は日本語のナイに対応すると一般に理解されている．しかし少し観察すると，実はそういう単純な対応の仕方をしているのではないことが分かってくる．英語の否定辞 not は肯定文に付加され否定文を構成するが，その肯定文が記述的使用のものか帰属的使用のものかについて言語的な区別をしない．日本語は，ノデハナイやワケデハナイ，ドコロジャナイを含む多様な文否定表現形式を持ち，それぞれ異なる特性を示す．そして記述的使用と帰属的使用について言語的な区別をする．実際，not は常に単純形のナイに対応するわけではない．例えば記述的使用の（59）と帰属的使用の（60）（61）を見てみよう．

(59) a.　Ducks don't bite.（アヒルは噛まナイ／*噛むノデハナイ）

　　　b.　Pigs don't fly.（豚は飛ばナイ／*飛ぶノデハナイ）

(59a，b) は対応する肯定形の「アヒルが噛む」「豚が飛ぶ」という先行発話や思考を想定できないので，記述的使用の例である．このとき英語の not は容認されるが，対応する日本語において，基本形〜ナイは容認されるが〜ノデハナイは容認されない．

(60)　A:　You trapped two mongeese yesterday, didn't you?

　　　　　　（昨日 mongeese を 2 匹捕まえたんですよね.）

　　　B:　I didn't trap two mongeese—I trapped two mongooses.

　　　　　　（mongeese を 2 匹 {*捕まえナかった／捕まえたノデハナイ}. mongoose を 2 匹捕まえたんだ.）

(60B) の I didn't trap two mongeese は，A に帰属される発話を否定したものである．この時英語の not は容認されるが，対応する日本語を考えたとき，

基本形〜ナイを用いた「mongeese を 2 匹捕まえナかった．mongoose を 2 匹捕まえたんだ」は不自然で容認されないのに対して，〜ノデハナイを用いた「mongeese を 2 匹捕まえたノデハナイ．mongoose を 2 匹捕まえたんだ．」は自然な日本語である．全く同じことが (61) についてもいえる．

(61)　A（太郎）：　あの和尚さん，くたばったんだって．
　　　　　　　　　(I heard that that Buddhist kicked the bucket.)
　　　B（祖母）：　太郎，あの和尚さんは {*くたばりマセンデシタ／くたばったノデハアリマセン}.
　　　　　　　　　(Taro, that Buddhist didn't kick the bucket.)
　　　　　　　　　お亡くなりになったのよ．
　　　　　　　　　(He passed away.)

(61B) は (61A) に帰属される発話「あの和尚さんがくたばった」を含んでいる．このような否定文の場合，英語では not で表現できるが，日本語の場合，〜ノデハナイ（〜ノデハアリマセン）は容認されるが，基本形の〜ナイ（〜マセン）は容認されない．

　以上の観察が示していることは，英語の not は記述的使用と帰属的使用の区別をせず否定文を構成するが，日本語の〜ナイは記述的使用に用いられ，〜ノデハナイは帰属的使用に用いられる．すなわち日本語は帰属的に用いられていることを明確に示す表現形式をもっているということである．[24]

---

[24] 詳細は，吉村 (2009, 2010, 2012, 2015a, 2017a) および Yoshimura (2010, 2013a) 参照．

第 5 章 〈応用進展部門〉

手続き的意味と概念的意味の革新

　概念的コード化と手続き的コード化の 2 大分類に関して，大きな変革が起こりつつある．言語的意味（e.g. 単語）と非言語的意味（e.g. プロソディ）のいずれにおいても，ますます多くの構成要素が手続き的（非概念的）であると理解されている．さらに，すべての単語は手続き的であり，概念をコード化していると見なされていた語は，実は概念をコード化しているのではなく単なるポインターなのだ，という見解も提示されている．関連性理論の全体像との兼ね合いがどのように収束するかが，まだ見えない段階なので，この節では，その革新的見解を Carston（2016）に基づき分かりやすく概説する．議論を明確にするために，意味（meaning）という語を，語にコード化された意味に用い，概念（concept）を，その語を使用することによって表現され得る内容に用いる．

5.1.　手続き的意味の拡大：4 つのステージ

　Carston（2016）は，手続き的意味の歴史を以下の 4 つのステージに分けて考慮している．

ステージ I
　Blakemore（1987）は，「談話連結詞（discourse connectives）」と呼ばれる一群の語が，発話の命題内容に貢献するのではなく，発話解釈の推論的側面を制限し導く機能を持つという考えを導入した．これらの語は，それらが結び付

111

ける命題が，推論プロセスの中にどのように位置づけられるかについての指示
を与える．例えば so の場合は，後続命題が帰結として解釈されるように，
but の場合は，後続命題によって伝達される意味が，先行命題から派生される
想定を削除するように，推論プロセスの中に配置される．これらの語は「慣習
含意（conventional implicature）」という名で Grice が議論した，単語にコー
ド化された意味だが真理条件に貢献しない慣習的意味の事例にほぼ一致してい
た．これらは文に付加され，命題の中に統合されるのではなく，命題の前か後
に生じる．手続き的意味のこの初期段階を，Carston はステージ I と呼ぶ．

　この考え方は，同じく非真理条件的で推論を導く意味を持つ要素，例えば，
話者の命題態度や発話行為等を示す please や huh のような談話辞（discourse
particle），日本語の yo や kana のような証拠辞（evidential），平叙法や命令
法を表す統語要素や疑問文語順などに適用された．例えば，命令文は，表出命
題によって記述された事態の望ましさを表し，文脈によって，要請や命令の例
（∴話者に取って望ましいもの）として，あるいは，忠告や警告，許可の例（∴
聞き手にとって望ましいもの）として語用論的に解釈される．

ステージ II

　手続き的意味のステージ II への重要な移行は，代名詞の言語的意味に手続
き的説明を与えた Wilson and Sperber（1993）に始まる．ステージ I では，
手続き的意味が，命題に対する態度や命題間の関係について行われる推論に制
限され，命題内容には関係しないものであったのに対して，ステージ II では，
命題内容に貢献する表現をも含むように拡大されている．ここには，代名詞や
その他の指示表現，テンスやアスペクトを表す屈折や法動詞のような動詞句文
法の中心に位置する要素が含まれる．

　例えば，しばしば指摘されるように，I や she のような代名詞にコード化さ
れた意味は，意図された指示対象を確定する際の制約またはガイドとしてのみ
機能し，その後姿を消す．すなわち，その代名詞の「意味値」として表出命題
の構成要素になるのは，指示対象の個々の概念である（例えば，代名詞 I の場
合には唯一的に選ばれる話者を表す概念である）．

　このステージ II において，手続き的意味の範囲が，統語的周辺部から統語
的肝要部をも含むように，非真理条件的側面のみから真理条件的側面をも含む
ように拡大したが，すべてに統一的に特徴づけられる役割がある．それは「意

図された解釈にたどり着く際に探さなければならない解釈仮説の範囲を小さくすることによって，解釈の推論的側面に制約を課す」（Wilson and Sperber (1993: 21)）ことであり，その点で，手続き的意味はコード化された概念的意味を補完するものと見なすことができる．しかし，それに続いて，手続き的意味は，さらに大きく，全く異なる2つの方向に拡大していった．

ステージ III

Wharton（2003）を出発点に，手続き的意味は，ouch, oops といった間投詞，damn, that bastard Bloggs のようなののしり言葉（expletive），（言語的，「自然の」両方の）プロソディ，ほほえみやしかめ面のような本来的に伝達的な顔のジェスチャー（facial gestures）を含む一連の感情表出表現（expressive devices）に適用された（Wharton（2003, 2009），Wilson and Wharton（2006），Blakemore（2011））．これを Carston はステージ III と呼ぶ．

ステージ IV

次に Wilson（2011）に至って，例えば red, book, love, dance のようなすべての概念を表す単語が，手続きをコード化している可能性が指摘されている．これを Carston はステージ IV と呼ぶ．

ステージ III とステージ IV は，それぞれ 5.3 節と 5.4 節で考察するが，手続き的意味がここまで多様なものが含まれるように拡大適用されるに至って，そもそも手続き的意味とは何か，これらすべてに共通する特性はあるのか，について真剣に考察する必要が生じている．次節ではその共通特性の可能性を検討する．

5.2. 手続き的意味の5特徴

この節ではこれまで概念的意味から区別されるものとして提案されてきた手続き的意味の5特性を簡潔に概観し，手続き的意味を持つと分析されている表現に共通する特性を探る．

1. 内省アクセス不可能性 (introspective inaccessibility)

手続き的意味の内省アクセス不可能性とは，手続き的意味を意識的に記述することが難しいという特性をいう．Wilson and Sperber (1993) も指摘しているように，chair や teach のような概念的単語の意味は意識的にアクセスし，大まかなパラフレーズをすることができるが，however や furthermore のような手続き的意味を持つ語はこれが困難であることをいう．

しかし，Carston (2016) が指摘するように，この内省アクセス不可能性は，ステージ I 〜 IV のすべての例を概念的意味から区別するには役立たない．例えばステージ II の I や she のような代名詞が何を意味するかを記述するのは，meaning や standard のような一般的概念語のパラフレーズより容易に思われるからである．

2. 非合成性 (non-compositionality)

手続き的語の非合成性とは，概念的単語のようには，複数の手続き的単語が合成され句としてまとまった意味を表すことができない特性をいう．frankly のような概念的語は，to put it rather frankly but without malice のように意味論的に合成されまとまった意味を表すことが可能だが，手続き的意味が推論プロセスに対する指示として特徴づけられると，手続きの合成性が何を意味することになるのか考えることは非常に難しい．

しかし再び，Carston (2016) が指摘するように，ステージ II の代名詞や指示詞がこの非合成性の特性を示すかどうかは明らかではない．we lucky people や she alone of all my friends といったように，句合成に加わることができるように思えるからである．

3. 硬直性 (rigidity)

手続き的意味の硬直性とは，手続き的意味要素と概念的意味要素の間に不適当な組み合わせがある場合，常に概念的意味が手続き的意味に従うよう強制される特性をいう．Escandell-Vidal and Leonetti (2011) は，この手続き的意味の「硬直性 (rigidity)」に基づき，概念的か手続き的かについての診断法を提供している．例えば，be + -ing は，ある出来事が，発話時に進行している未完了の行為とみなされるよう指示する．例えば John is being silly（ジョンは愚かな振る舞いをしている）において，概念的状態述語 to be silly（愚かである）と，

第 5 章　手続き的意味と概念的意味の革新　　115

手続き的な進行相 be＋-ing（〜しているところだ）が衝突しているが，常に being silly という特性または状態が，進行している行為，すなわち動的状況として表示され，逆の be＋-ing の手続きを状態として再解釈する可能性はない．常に手続きが勝利するのである．

　しかしここでも，Escandell-Vidal and Leonetti が考察した手続き的意味と推定された例はすべて，ステージ I と II に属するものであるので，その後の expressives（間投詞や罵り言葉のような感情表出表現）や典型的な概念的単語への拡大に，この基準が有効であるかどうかはまだわからない．

4．非字義的使用を受け付けない（not susceptible to nonliteral use）
　4 と 5 の特性は，Carston（2016）が上記 3 の「硬直性」の結果として取り上げているもので，便宜上，非字義的使用をメタファー的使用とアイロニーの 2 つの大きなグループに分けて議論する．メタファー的使用は，本質的には言語の記述的使用で，世界または我々の世界の経験についての観察を伝えることに関わる．アイロニーは，帰属的で，思考や発話をエコーし，それに対する乖離的態度を表現するものである．so や after all のような談話連結詞やテンスとアスペクトの形態素，a や the のような決定詞などの手続き的語は，外延を持たず，百科事典的情報を伴わないので，メタファー的使用ができない．また，アイロニーは発話の文内容に向けられるので，手続き的語自体がアイロニー的態度のターゲットにはならない．したがって，手続き的な語は，非字義的使用を受け付けないということができる．

　ただ，ここでも代名詞についてはその一般化から外れるかもしれない．例えば，ある人が，自分とその人のラップトップを we で指して，そのラップトップを軽くたたきながら，We are not doing any more work today（今日俺たちは，もうこれ以上仕事はしないよな）と言う場合などは，ラップトップを擬人化したある種のメタファー的な拡大と言えるかも知れない．同様に，Thatcher 氏の royal 'we' の使用[25]をエコーする We are proud of our achievements; We have made Britain strong; we …. において，代名詞のアイロニカルな使用は

---

[25] royal 'we' とは，ヨーロッパの君主が，あくまで国民の代表であるという建前に基づき，一人称 I の代わりに用いた言葉だが，イギリスの Margaret Thatcher 首相が孫の誕生に際して，We have become a grandmother. と言ったことで話題になった．

可能かもしれない，と Carston は手続きの不均質性を指摘する．

5. 多義的でない (not polysemous)

　多義性の現象は，名詞，動詞，形容詞といった概念的な語については，至るところに見られる．Carston は，多義性は，もともと発話解釈過程において派生されたアドホック概念の慣習化であると述べている．手続き的意味が，コード化された意味よりも，より特定的であったりより一般的であるような手続き（語用論的処理に対する制約）を伝えるために使われると考えるのは困難である．したがって，手続き的意味をコード化している単語は，多義的ではない．

　以上の考察から，Carston は 2 つの結論を引き出す．まず第 1 に，コード化された意味を持つある要素が概念的か手続き的かを判断する完璧なテストはありそうにないということである．オンライン解釈で語用論的に調整できなければ，それは手続き的である可能性が高い．明らかに概念的な要素と対立した場合に，その構成要素への調整を強制するなら，それはおそらく手続き的である，と言えるくらいである．第 2 に，ステージ II の中でも代名詞は，手続きの特徴づけから独立して外れているように思われる．手続き的意味のこの不均質性は，ステージ III と IV を考察する以下の節でさらに明らかになる．

5.3. 感情表出表現と手続き的意味（ステージ III，間投詞・ジェスチャーほか）

　この節では，上記の手続き的意味の歴史ステージ III において導入された，間投詞や顔のジェスチャーなどの感情表出表現の手続き的性格を考察する．

　感情表出表現 (expressives) の言語学的研究は，Kaplan (1997) によって焦点があてられるようになった．感情表出表現には，ouch や oops のような間投詞，しかめ面などの顔のシグナル (facial signal)，声の調子，その他の感情的韻律 (emotional prosody)，damn などののののしり言葉 (expletive)，booklet の -let などの指小辞 (diminutives)，the bastard（くそったれ），the poppet（かわいこちゃん）のような NP 別称 (NP epithet) 等が含まれる．これらの事例が，適切に言語と見なされるか否かの議論はひとまず脇に置くことにする（次節参照）．

第 5 章 手続き的意味と概念的意味の革新 117

　感情表出的意味は，文脈の何らかの要素に対する感情的態度を表現するもの
で，真理条件的意味とは異なる側面の意味と特徴づけられ，手続き的であると
見なされている．Wharton（2003）は，間投詞について議論し，これらは「さ
まざまな態度概念または概念タイプを活性化させる」手続きがコード化されて
いると主張する．例えば，wow は喜びや興奮などの態度記述を活性化し，
yuk は嫌悪の態度を，aha は驚きの態度を活性化させると考えるのである．
Blakemore（2011）は，ののしり言葉を議論し「これらの表現は，談話標識と
同じように解釈の手続きに関わるが，それとは対照的に，感情状態を表示させ
るための手続きを活性化させる」と述べている．
　手続き的意味の歴史において，ステージ I の主として談話連結詞を代表的
な研究対象としていた段階では，手続き的意味は，命題内容に貢献するのでは
なく，発話解釈における推論的側面に制約を課すものとして特徴づけられた．
ステージ II の代名詞のように命題内容に貢献する場合も含まれるように拡大
された段階では，手続き的意味は，「意図された解釈にたどり着く際に探さな
ければならない解釈仮説の範囲を小さくすることによって，解釈の推論的側面
に制約を課す」ものとして特徴づけられ，コード化された概念的意味を補完す
るものと見なすことができた．
　次のステージ III の間投詞やジェスチャーを含む段階に至って，Wharton
は，手続き的意味を「あるタイプの表示や文脈想定，文脈効果に関する期待を
単に活性化するものとして」広く解釈することを提案している．「このように，
代名詞は，聞き手が選択しなければならない指示対象の候補を活性化し，［直
説法や仮定法，命令法といった］法指標（mood indicator）は，ある命題態度
の記述を活性化するものと見なすことができる」（Wharton（2003: 59））．そ
して，談話連結詞や代名詞も同じ見方をすることができる，というのは「談話
連結詞や法指標，代名詞が共通に持っているものは，［内容語のように］概念
表示の構成要素に変換［翻訳］されるのではなく，何かを活性化することだか
らだ．実際に活性化されるものは，推論する際の演繹規則かもしれないし，文
脈想定かもしれない，あるいは単に認知効果に関する期待かもしれない」
（Wharton（2003: 60））と述べている．そして，しかめ面や鼻にしわを寄せる
といった顔のジェスチャーや感情的な声の調子のような韻律的ジェスチャー
も，手続き的コード化のこの定義（何らかの心的状態を活性化させるもの）で
あれば，そこに包摂することができる．今やステージ III に至って，手続き的

意味は，but や she から yuk やほほえみ，さらには声の調子までをカバーする状況にあり，その不均質性は大いに増大している．

　ステージ III で加わった感情表出表現について，先に挙げた手続き的意味がもつ 5 特性が当てはまるか考察しておこう．oops や yuk といった間投詞や眉をひそめる顔ジェスチャーは，概念的用語を用いて的確にパラフレーズすることは難しいので，このような感情表出表現については，1 つ目の特性の内省的アクセス不可能性は持っているといえる．次に，感情表出表現内容は，記述的内容とは独立しておりそれと合成できないだけでなく，記述的内容が句を形成するようには相互に合成することもない．ただ感情表出表現は相互に作用する．Wow や you bastard は（微笑や眉毛上昇のような）顔の表情や（愛情のこもった，あるいは，横柄な）感情的な声の調子を伴うという意味で相互作用するが，意味が合成されるというよりも，単一の感情的態度に溶け込むというタイプのものなので，感情表出表現において，2 つ目の特性の非合成性は成り立つ．3 つ目の硬直性も成立する．例えば，Yuk, that smells delicious では，感情表出表現の yuk と命題内容が食い違うが，yuk のほうが強く，アイロニー的な解釈になるからである．4 つ目の非字義性については，悪いニュースに対して Ouch というのはメタファー的なので，いくらかは非字義的に用いられると思われるが，ののしり言葉のメタファー使用を考えるのは難しい．5 つ目の多義性については，少なくとも概念を表す語に典型的に見られるような，文脈に依存する語用論的意味が慣習化し，語彙的意味に組み込まれていくことが長い年月の間に繰り返されるというタイプの種類の多義性は，声の調子や顔の表情を含む感情表出表現に適用できるとは思われない．

　以上のような手続き的意味の拡大に基づき，Wharton（2009: 60）は，概念的意味を持つ語は，その語自体が心的言語の単語（概念）に変換［翻訳］されるという意味で，翻訳的コード化（translational encoding）によって概念を活性化し，間投詞やジェスチャーを含むコードが持つ手続き的意味は，非翻訳的コード化（non-translational encoding）によって，喜びや悲しみといった概念を活性化すると主張する．

　一方，Carston（2016）は，手続き的意味のこの広い解釈は非常に包括的なので，概念を表現する単語をも引き入れる可能性が出てくることを指摘している．というのは，概念的な単語も，百科事典的知識へのアクセスポイントとして機能し，関連概念の束を活性化させるという手続きをコード化していると考

第 5 章　手続き的意味と概念的意味の革新　　　119

えることができるからである．次節では，Wilson（2011）に基づき，概念的
単語が手続きを持つ可能性を考察する．

5.4.　概念表出語と手続き的意味（ステージ IV，概念語の手続き）

　この節では，手続き的意味の歴史ステージ IV を特徴づける，概念を表す語
が持つ手続き的意味の可能性を考察する．このステージ IV は Wilson（2011）
を出発点とし，現在 Carston（2016）に至って，概念をコード化すると言われ
ている語は，概念を直接コード化しているのではなく，意図された概念が含ま
れる概念情報スペースへのポインターとして機能している可能性が示唆される
段階に至っている．以下簡潔に概説する．

　Wilson（2011）は，語彙意味論における手続き的意味の役割をますます重
視し，概念的意味を持つすべての語が，アドホック概念を形成する指示をも
コード化している可能性を示唆した．つまり giraffe, milk, run, speak,
raw, red のようなすべての内容語が「コード化された概念に基づきアドホッ
ク概念を形成せよ」という手続きをコード化しているという提案である．この
提案には，2 つの利点と少なくとも 2 つの問題点がある．

　第 1 の利点は，近年の語彙語用論研究の主張「単語は話者の意味に対するポ
インターまたはそれに関する証拠として機能する」という主張に合致すること
である．第 2 の利点は，メタファーなどの非字義的使用の関連性理論的説明
に伴って生じる理論内の緊張を解消できることである．例えばメタファー発話
の解釈について，Grice は，字義的意味が真実性の格率を違反し，偽と判断さ
れることにより，意味論レベルの字義的解釈が捨てられて，語用論レベルの
implicature による解釈を引き出すと分析する．この Grice の分析を関連性理
論は一貫して否定し，語のルースな使用によるアドホック概念が，関連性をテ
ストする最初の解釈でありうると主張してきた．

　しかしこの主張は，関連性理論内に矛盾を生じさせる可能性がある．という
のは，すでに述べたように，（36）「関連性誘導による発見的解釈過程」が述べ
るように，発話解釈が最少労力の道筋を辿るのであれば，語の解読によって瞬
時に利用可能になるコード化された概念（字義的意味）が，その解釈として最
初に試みられ，それが要求される関連性の期待を満たさない場合にのみ，語用
論的に調整される（つまり implicature を引き出す）と想定する Grice の分析

は，理にかなっているように思われるのである．このように，関連性誘導による発見的解釈過程に沿っている Grice の分析を関連性理論は否定するので，理論内矛盾が生じているように思われるのである．ところが，アドホック概念形成を指示する手続きが語にコード化されているとすれば，コード化された概念が語によって活性化されるが，それが，必ずしも解釈に組み入れられる最初の概念とは限らないことを保証するという利点がある．

　一方深刻な問題点もある．第 1 の問題は，何故アドホック概念を作る手続きを義務的にコード化するのか，説明が難しいことである．少ないとはいえ，字義通りに用いられる場合もあるからである．第 2 の問題は，何千という内容語が個々に「アドホック概念を形成せよ」という同じ手続きコード化する必要性が説明できない．従来の手続き的分析は，単語ごとに異なっており，but や however, nevertheless といったよく似た単語間でその違いを明確にすることに精力を注がれてきた．さらに，コード化された概念の語用論的調整は，発話の表意形成に貢献する語用論的プロセスとして，すでに発話の認知処理プロセスに組み込まれ，発話の関連性達成のために作用するので，各単語に改めてコード化する必要は全くない．この 2 つの問題点は重要で，Carston（2016）も述べているように，全単語が「アドホック概念を形成せよ」という手続きをコード化しているという提案は支持できない．

　一方 Carston（2016）は，この Wilson（2011）の提案の問題点を避けながら，利点を生かす方法を提案している．すなわち，概念を表すのに用いられる語の意味は，概念情報スペースのポインター，あるいは接続部あるいは入り口に過ぎない．そのポインターによって接続された概念情報スペースから，聞き手は，発話によって意図された概念にアクセスするのだというものである．それぞれの語は，それ自身の異なるポインターを伴い，概念にアクセスする一般的な語用論プロセスに制約を課すと考えるのである．この提案では，概念を表す語が，時に字義的意味で用いられる場合があることも説明できるし，何千という語が同じ手続きをコード化する必要もないので，Wilson（2011）の問題は生じない．さらに，コード化された概念が無いので，概念情報スペースのアクセス可能な一連の概念のどれもが，関連性の考慮によって決定されたものとして，最初にアクセスされるものになることを許し，Wilson（2011）の利点も保持される，と Carston（2016）は説明する．

　以上第 5 章では，関連性理論の概念的コード化と手続き的コード化の 2 大

分類に関して，現在進行中の大改革を手短に概説した．「手続き」の性格が大きく変化しつつある．「単語が持つ意味」のイメージが大きく変わるかもしれない．

第 6 章

結　語

　　第 II 部では，語用論の成り立ちから現在の学問領域を概観した後，語用論の定義を再考し，意味論と対照される意味での語用論に焦点を当て，その枠組みの変遷と最新動向を概説した．

　　語用論の実質的発展は，Grice（1967）の William James Lecture に始まる．しかし，その後の語用論研究は，問題解決者と境界追及者の 2 大陣営に分かれ，それぞれに目覚ましい発展をみたものの，ビッグテント語用論と呼べるような不均質状態にあるように見える．このような現在の語用論という領域を統一する定義は，コードに対するものとしての「推論」であると Ariel（2010）は主張する．そしてその基準に基づいて，意図明示的刺激の認知処理モデルを提案する「関連性理論」の標準理論を概説し，最新の動向を紹介した．

　　2018 年現在，関連性理論における語彙的意味に関する考え方は大きな転換点を迎えている．概念的 vs. 手続き的区別は，言語的にコード化され得る 2 つの異なる種類の情報とみなされて来た．しかし，第 5 章の考察が正しい方向にあるとするなら，おそらく，すべての言語的コード化は，初期よりもずっと広い意味で，基本的に手続き的である．（言語的であれ非言語的であれ）意図明示的刺激の何らかの構成要素を「解読する」ことは，我々の心 mind の中である情報構造を活性化することになる（Wharton（2009），Blakemore（2011），Wilson（2011），Carston（2016）参照）．間投詞やののしり言葉，感情表出的プロソディの例において活性化されるのは，態度的状態や感情的状態に関する情報であるのに対して，談話連結詞の例において活性化されるのは，それに

よって連結される命題の概念表示を推論的にどのように関連付けるかについての情報である．名詞や動詞，形容詞のような内容語の例については，百科事典的情報を伴う多義性の複合体，関連概念の束を活性化し，そこから，標準的関連性理論の語用論的説明が動き始め，多義性の束において活性化された概念の1つを調整することも含め，意図された特定の概念に「誘導する」のだろう，と Carston（2016）は述べている．この提案が，関連性理論全体の中に，どのように組み入れられ調整され一貫性を持つように整えられるかについては，今後の動向に注目したい．

第Ⅲ部

最新の構文文法研究の進展

谷口一美　（京都大学）

第 1 章

はじめに

　構文文法（Construction Grammar）は，1980 年半ばに出現した言語理論であるが，特定の研究者によって体系化された枠組みではなく，言語研究をおこなう際に共有される言語観というべきものである．この理論において中核となる「**構文**」（construction）は，以下のように定義される．

- (1) a. 構文は「形式」（form）と「意味」（meaning）からなる，記号的なペアである．
  - b. 構文は，ある言語体系におけるその他の知識に還元できない統語的・意味的側面を持ち，イディオム的（慣用的）である．
  - c. 構文の意味には語用論的な情報を含む．

日本語では "construction" に「構文」という用語を対応させているが，実際にconstruction が指す言語事象は「文」のレベルだけではないことには注意しなくてはならない．(1) の定義に合致しさえすれば，「文」に限らずいかなる規模・いかなるレベルの言語表現に対しても適用可能な概念である．

　(1) の定義でとりわけ重要なのは，(1a) のように，「形式」と「意味」のペアが言語の基本的なユニットであるとみなす点である．辞書を見れば一目瞭然であるが，単語は形式と意味のペアである．しかし，こうしたペアが存在するのは単語だけではないと，構文文法は想定する．単語から構成される複合的な句や文であっても，語の配列のテンプレートそのものに意味があり，「構文」として機能しているのである．次の例を見てみよう．

126

(2) hand in hand, day by day, face to face, week after week

(Jackendoff (2008), Booij (2010b))

(2) はいずれもイディオム的表現ではあるが，[N₁ P N₁] (N: 名詞，P: 前置詞)という共通のパターンを持つことがわかる．この [N₁ P N₁] のように，具体的な音声形式をもたない抽象的なパターンも一種の「形式」であると構文文法では考える．また，このような抽象的なパターンを「**構文スキーマ**」と言う場合もある．[1]

　さらに，(2) のフレーズはいずれも行為や変化の様態を表す副詞として機能する．この「副詞の機能」が，[N₁ P N₁] の形式に結びついた抽象的な意味であるとみなすことができる．「名詞＋前置詞＋名詞」の配列が副詞的に機能することは英語の文法体系からは予測のできない振る舞いであり，(1b) に述べたように，構文はそれ独自の形式と意味を慣用的に結びつけたものである．

　(1) の構文の定義をコンセンサスとしながらも，「構文文法」の名のもとで展開されている研究は多岐にわたっており，各々が言語の異なる側面に焦点を当てているのが現状である．構文文法の流派としては，おおむね以下のとおり認識されている (Sag, Boas and Kay (2012)，Hoffmann and Trousdale (2013))．

(i)　バークレー構文文法 (Berkeley Construction Grammar)

　カリフォルニア大学バークレー校の Charles Fillmore や Paul Kay らによる，構文文法の萌芽的な取り組み．レキシコンと文法の連続性を重視し，構文の慣用性，意味的構成性の否定といった点に主眼がおかれる．後に (iii) の形式主義的アプローチへと移行する研究が多い．

(ii)　認知的構文文法 (Cognitive Construction Grammar)

　バークレーから派生したグループであるが，認知言語学・機能主義言語学のフレームワークに近い．特定の個別言語における現象や事実を，構文の観点から分析する方向性のもの．第 2 章で概説する Goldberg (1995) による構文文法理論をはじめ，Langacker による認知文法，さらに Lakoff (1987) による

---

[1] 構文スキーマ (constructional schema) については，第 IV 部「認知文法」の用語を参照のこと．

there 構文のネットワーク分析も，一種の認知的構文文法として後年位置づけられている．

(iii)　形式主義的構文文法 (Formal Grammar)

　Fillmore や Sag による，構文の形式化を志向する取り組み．主辞駆動句構造文法 (Head-driven phrase structure grammar: HPSG) と呼ばれる文法理論の系譜である．このアプローチには, Sign-based Construction Grammar (Boas and Sag (2012)), Embodied Construction Grammar (Bergen and Chang (2013)), Fluid Construction Grammar (Steels (2013)) といったモデルが該当する．これらは素性構造 (feature structure) を用い，属性と値のマトリックス (attribute-value matrix: AVM) によって構文を表示する．文章解析など，機械への実装 (implementation) と応用を志向するアプローチである．

これら 3 つの流派の具体的な研究内容や手法は，一見すると共通性が乏しいようにも思われるかも知れない．事実, Sag, Boas and Kay (2012) は以下のように述べている．

> These research communities are only loosely related, however, and at present very little exists in the way of a generally agreed upon theory of constructions. What unites the researchers who meet at CxG conferences appears to be: (1) their love of interesting and complex data and (2) their dislike of most work in the UG camp, whose theories they regard as distorting the basic nature of individual languages to fit a pre-conceived mold.
>
> （しかし，これらの研究流派の間にはゆるやかなつながりしかなく，現在のところ構文理論に関する合意点はわずかである．構文文法の学会に集う研究者たちをつなぐものは，興味をかきたてられる複合的なデータへの愛と，あらかじめ考えておいた枠組みに合うよう個別言語の基本的性質をゆがめてしまっている普遍文法（＝生成文法）陣営の研究の嫌忌，以上の 2 点のように思われる．）

この引用に表れているように，現在の構文文法研究者が有する言語観の最大公約数をとると，生成文法の提唱する普遍文法 (Universal Grammar) に依拠

しないアプローチ，そして実際の言語使用における事実（データ）の重視とい
う点になるだろう．

　生成文法の理論的な前提は，「文法（統語）」の自律性および普遍性・生得性
である．文法が規則性の集合であるのに対し，レキシコンには規則性がなく，
まさに辞書のようにして語彙をリストとして記憶するしかないものと，両者の
間に明確な線引きを行う．しかし構文文法は，（1a）の構文の定義にあるよう
に，文法も語彙と同じく「形式」と「意味」から成るユニットの集合であると
みなし，文法の中にも多分に慣用的な側面もあるという見方をとる．この点
で，構文文法は認知文法と同じ言語観を共有しているといえ，広く見れば構文
文法も認知言語学のパラダイムに位置づけることができるだろう．

　また，構文文法が実際の言語使用におけるデータを重視し，文法的な構文は
具体的な使用事例からのボトムアップにより抽出されるとみなす．この点にお
いて，構文文法は「**使用基盤モデル**」(usage-based model; Langacker (2000))
の見方を基本的に採用している．また，従来の言語理論研究は研究者の作例や
一話者としての直観に依拠するものが多かったが，IT 技術の発展によってビッ
グデータの利用が可能となった恩恵により，構文文法は実際に使用場面に生じ
た事例を最大限に利用する．そのためコーパスによる量的研究とも親和性は高
く，統計や検定を用いた構文研究も盛んにおこなわれている（Stefanowitsch
and Gries (2003)).

　以下の基礎内容部門では，構文文法の基礎的研究として，バークレー構文文
法および認知的構文文法の Fillmore, Kay and O'Connor (1988)，Goldberg
(1995)，Tomasello (2003) らを中心に取り上げ，アウトラインを述べる．応
用進展部門では，こうした構文文法の見方に基づくと言語学の諸領域に対して
どのようなアプローチが可能であるか，その利点はどのような点に見いだされ
るかを示していきたい．

第2章 〈基礎内容部門〉

構文とイディオム性

この章では，「構文」の概念を提唱した先駆的な論稿である Fillmore, Kay and O'Connor (1988) を概観する．Fillmore らは，従来の生成文法の見方とは全く異なる新しい文法モデルとして「構文」というユニットを導入したが，当時の言語学の背景を手短に述べておきたい．英語の伝統文法や学習文法では，例えば「二重目的語構文」「倒置構文」のように，規範的な文の語順から逸脱する特殊なパターンを示すものを「構文」と呼んできた．生成文法は，こうした伝統文法での「構文」はあくまで付随的な現象であり，そのような語順の文を基底構造から派生するための規則や原理こそが重要であるとみなした．生成文法が事実上唯一の文法理論であり，構文の存在が等閑視されていた1980 年代半ばに，Fillmore らは構文をより広義に再定義した上で蘇らせ，文法の中核に据えたのである．

2.1. 構文のイディオム：文法とレキシコンの連続性

特に Fillmore らが着目したのは，文の次元にもイディオム性が見られるという事実である．イディオム（慣用句）といえば，例えば "kick the bucket"（死ぬ）のような事例が典型的であり，そのイディオム全体が表す意味は構成要素 (kick, the bucket) の意味を合成しても得られないものである．

従来の意味論は「複合的な言語表現の意味は，その構成要素の総和に等しい」という見方を大前提としてきた（これを「**意味の構成性** (semantic composi-

130

tionality)」という）．そのため，イディオムをどのように扱うかは，意味論にとって大きな問題であった．イディオムは語が連なってできた「句」（phrase）ではあるが，個々の語と同様，形式と意味とが恣意的に結びついた表現である．そのため「レキシコン」に該当する現象とも「文法（統語）」に該当する現象とも断定のできない，例外的なものとして扱わざるを得なかった．しかし，同様のことが句だけではなく「文」のレベルにも及んでいることを，Fillmoreらは明確に示したのである．

　文レベルのイディオムとは，特定の形式と意味とが慣習的に結合した「構文」であり，既存の規則からは説明することのできない統語的・意味的特性をもつ．Fillmore らが挙げた事例をいくつか見てみよう．

　(3) は「～するにつれ ...」という比例関係を意味する [The＋比較級，the＋比較級] 構文である．この構文の大きな特徴として，the と比較級形容詞とが結合すること，接続詞を使用せずに 2 つの文をつなげ，比例関係を表すことが挙げられる．こうした特徴は，英語の一般的な文法規則から導くことができない．

> (3) a.　The more carefully you do your work, the easier it'll get.
>
> 　　 b.　The bigger they come, the harder they fall.
>
> (Fillmore et al. (1988: 506))

この構文における the は古英語の θy という具格指示詞（instrumental demonstrative）であり，「それにつれて」という意味を担っていた．つまり，the＋比較級で比例関係を表すこと自体には，歴史的な由来がある．しかし具格指示詞が消失し the が定冠詞としてのみ残存している現在，the が比例関係を意味しているとみなすのは困難である．そのため現代英語においては，2 つの文の比例関係を表すという意味機能が [The＋比較級，the＋比較級] を構成する要素のいずれかではなく，このパターンそのものに結合していると考えられるのである．

　次に，Fillmore らが詳細にその特異性を分析している let alone 構文について，主な統語的・意味的特性を見てみよう．

(4) a. Max won't eat SHRIMP, let alone SQUID.

(Fillmore et al. (1988: 514))

　 b. I doubt you could get FRED to eat SHRIMP, let alone LOUISE SQUID. (Fillmore et al. (1988: 512))

(5) a. I barely got up in time to EAT LUNCH, let alone COOK BREAKFAST. (Fillmore et al. (1988: 512))

　 b. I didn't have the time to FEED THE CHILDREN, let alone PREPARE MY LECTURE. (Fillmore et al. (1988: 531))

この構文は，let alone という句が接続詞的なはたらきをし [A let alone B] というパターンをとる．let alone に先行する A は完全な文の形をとるが，後続する B は断片的であり，(4a) のように目的語のみ，(5a, b) のように動詞句のみが現れることもあれば，(4b) の Louise と squid のように本動詞（get）の目的語とその不定詞補部の目的語のみが現れることもある．

　また，let alone には否定極性（negative polarity）が見られる．先行する A は否定的な表現であることが多く，B は明示的な否定形をともなわないが，B に対しても A と同様に否定の解釈を課す必要がある．そのため (4a) であれば，Max はイカを「食べない」という解釈となる．

　この構文は，A と B をある同一の尺度上で比較・対照することを要求するが，上の例からもわかるように，その尺度の性質はさまざまであり，多くの場合はフレーム的知識や特定の文脈を前提とする．(4) の場合，話し手の属する食文化圏でイカやタコの類が敬遠されやすいという共通認識があれば，食べやすさといった尺度上でイカはエビより下である．そのため，「エビを食べない」のであれば，それよりも食べられにくいイカは言うまでもなく食べない，という論理的な含意（entailment）が成り立つ．また，(5a) で喚起される尺度は時間的順序であり，昼食が朝食よりも時間的に後であるという常識的な知識による一方で，(5b) はむしろ個人的な優先順位の問題である．こどもに食事させることが講義の準備より優先すべき事柄であれば，前者の時間がなかったということは後者の時間もなかったことが含意される．さらに (4b) のように，2 種類の尺度が同時に喚起される場合もある．先述のエビとイカの食べやすさの尺度に加え，Fred と Louise という 2 人の人物についても，Fred のほうが食べ物の寛容度が高いことがわかる．

第2章 構文とイディオム性　133

このような let alone 構文の統語的・意味的特性は，表現の構成要素のいずれかに還元させることはできないため，[A let alone B] というパターンに慣習的に結合したものであると構文文法では考える.[2] 文のレベルにもイディオムのような現象が見られることを指摘することで，Fillmore らは「レキシコン」と「文法」が連続的であることをより明確に示し，両者をともに形式と意味の慣習的ペアである「構文」として記述する可能性を切り拓いたのである.[3]

2.2.　構文と語用論的意味

（1）の構文の定義にもあるように，構文の意味は命題内容だけではなく，語用論的な意味も伝達するよう慣用化されている．はじめに，Kay and Fillmore (1999) の指摘した「WXDY（What's X doing Y?）構文」を見てみよう.

(6) a.　What are you doing with that knife?
    b.　What's this fly doing in my soup?

この表現は一見すると wh- 疑問文であり，（6a）は「ナイフで何をしているの？」という質問に聞き手が「リンゴを切っています」などと返答することも可能ではあるが，一方で「どうしてナイフなんか持っているの」という「非難」として解釈することもできる．（6b）の「どうしてハエがスープに入っているの」に至っては，もっぱら非難の意味でしか解釈することができない．Bybee (2010) によると，この構文の元となったのは "What's the girl like you doing in a place like this?"（あなたみたいな女の子がこんなところで何をしているの?）という，1953 年に公開された映画で用いられたフレーズであるという．この発話も，「何をしているのか」という文字通りの疑問文としても，「こんな

---

[2] let alone 自体は，let NP alone という構造が歴史的な変化を経て文法化したと想定されるが（6 節を参照），現代英語では let alone の文字通りの意味や歴史的な起源を参照せずに使用しているため，let alone の構成要素にはこの構文の意味を還元することはできない.

[3] Fillmore 自身はその後，Ivan Sag らとともに形式主義的な sign-based construction grammar に参与していくことになる．また，カリフォルニア大学バークレー校を中心としたプロジェクトであるフレームネット（語彙が喚起するフレーム的知識をデータベース化する試み）と構文文法とを組み合わせる方向にも研究を発展させている．フレームネットについては，第 I 部「意味論」第 6 章を参照.

場所に女の子が来るべきではない」という非難としても解釈される．後者の非難の意味は，聞き手が望ましくない場所にいるといった文脈から生じる含意（implication）が定着化したものであり，文を構成する語の意味からだけでは予測することができない側面である．

次に，"mad magazine sentence" と呼ばれる以下の表現を見てみよう．[4]

(7) a. Him be a doctor?（彼が医者だって？）

b. My boss raise the salary?（上司が給与をあげてくれるだって？）

(Lambrecht (1990: 215))

この構文は，主語位置に対格名詞を置き，原形の動詞を用いるという，英語の文としては非常に特異な統語パターンを示す．さらにこの構文は，表された命題に対する強い疑念や不信といった，話し手の態度を伝達することも大きな特徴である．[5]

WXDY 構文や mad magazine sentence によって表される「非難」や「不信・疑念」は，これらの表現を実際に構成する単語の意味を足し合わせても生じない．そのためこれらは，構文によって伝達される語用論的意味とみなすのが妥当であると言える．

---

[4] "mad magazine sentences" は Akmajian (1984) による命名であり，アメリカ合衆国で人気のある雑誌 *MAD* で用いられたのが発端であると Akmajian は述べている．同じ構文を Fillmore et al. (1988) は「疑念的応答構文（incredulity response construction）」と呼んでいる．

[5] この構文で動詞の原形が用いられているのは，(i) のような仮定法現在の可能性がある．仮定法によって現実との乖離を示すことが，疑念や不信感の表出につながっていると考えられる．

(i) I request that she (should) be the leader of our team.

第3章 〈基礎内容部門〉

項構造構文と「構文の意味」

　Fillmore らが取り上げた構文は，語の配列のパターンに "let alone" のように具体的な語彙情報を含むものであった．その一方で Goldberg（1995）はより抽象的に，主語・目的語といった項構造（argument structure）のパターンそのものに特有の「**構文の意味**（constructional meaning）」が結びついていることを示した．

　Goldberg の提案をもっとも有効に例証するのが「**移動使役構文**（caused-motion construction）」である．この構文は，（8）のように，主語（Subj）・動詞（V）・目的語（Obj）・斜格句（Obl：oblique，前置詞句に対応）という配列に，CAUSE-MOVE（移動を引き起こす）という抽象的な意味が結びついたものである．

　　(8)　CAUSE-MOVE [Subj V Obj Obl]

この統語パターンは一見すると「構文」と呼ぶほどの特殊性がないように思われるかも知れない．確かに，（9）のような表現であれば，他動詞文に前置詞句が付加された構文であり，動詞自体も移動を引き起こすことを意味している．

　　(9)　a.　John moved the chair to the next room.
　　　　　b.　Mary took her son to the kindergarten.

しかし，（10）のような表現はどうだろうか．確かに他動詞文＋前置詞句という構造であるが，動詞 kick（蹴る）や squeeze（捻る，絞る）自体はいずれも行

135

為の対象物の「移動」を意味しない.[6] しかし,この構文で用いられると,(10)は「蹴って犬をトイレに入れた」「ボールを（壁の）割れ目にねじこんで向こうへ通した」というように,「移動」の意味を表すようになる.

(10) a. Joe kicked the dog into the bathroom.

b. Frank squeezed the ball through the crack.

(Goldberg (1995: 153))

さらに (11) のように,この構文は自動詞と**疑似目的語** (fake object) をとる場合がある.この場合も動詞自体は「移動」の意味を表さないが,この構文で用いられると,疑似目的語が表す対象物の移動の原因や手段を動詞が表す.(11a) であれば,「彼らが笑う」ことが原因となり,「男が部屋から出ていく」という移動が引き起こされることになる.また,(12) に示すように,疑似目的語はこの構文パターンでなければ文法的にも意味的にも許容されないことにも注意が必要である.[7]

(11) a. They laughed the poor guy out of the room.

(Goldberg (1995: 152))

（彼らはあのかわいそうな男を笑って部屋から出ていかせた.）

b. Frank sneezed the tissue off the table.　　(Goldberg (1995: 152))

（フランクはくしゃみをして,ティッシュをテーブルから吹き飛ばした.）

c. She drank him under the table.　　(Goldberg (1995: 157))

（彼女は彼を飲み負かした＝彼が酔いつぶれてテーブルの下に倒れた）

(12) a. *They laughed the poor guy.

b. *Frank sneezed the tissue.

c. *She drank him.

こうした事例に一貫して見られる「移動を引き起こす」という意味側面を説明

---

[6] kick や hit は「表面接触動詞」と言われる.kick the ball/kick the wall を比較すると分かるように,対象物が移動するかどうかはその性質による.そのためこれらの動詞が意味するのは対象物の表面へ衝撃を加えることであり,その結果移動するかどうかまでは意味範囲に含まないとみなされる.

[7] (11c) の場合,動詞 drink は他動詞としても用いられるが,him を「飲む」という行為の対象とするのは意味的に不可能である.

第 3 章 項構造構文と「構文の意味」　　　　137

するためには，個々の動詞に「移動を引き起こす」という意味を（この項構造で用いられたときに限り）持たせるのではなく，[Subj V Obj Obl] というパターンそのものが「移動を引き起こす」という意味をトップダウンに与えているとみなすほうが妥当である．

3.1. 構文の多義性と拡張

　構文が語と同様に形式と意味のペアであるならば，語に見られる多義性や意味拡張といった現象も構文に生じて然るべきである．Goldberg は，構文間に見られる拡張関係を「**継承リンク（inheritance link）**」によって特徴づけている．

　はじめに，構文の多義性について，**二重目的語構文**（double object construction）を例に見てみよう．この構文は，（13）のような形式と意味からなる．

　（13）　CAUSE-RECEIVE [Subj Obj1 Obj2]

CAUSE-RECEIVE（受け取りを引き起こす）という意味を中心義とし，この構文の意味は語の意味と同様に拡張して多義性を帯びると Goldberg は提唱している．次の例を見てみよう．

　（14）　Mary baked Bob a cake.

（14）は，Mary が Bob の受け取りを意図して（つまりプレゼントとして）ケーキを焼いた，という意味である．このとき，「受け取り」という意味側面は，動詞 bake ではなく二重目的語構文の意味として与えられていると考えられる．しかし，Mary はケーキを焼いただけであり，まだ Bob には渡していなくてもよい．そのため（14）の二重目的語構文の意味は，INTENDED CAUSE-RECEIVE（受け取りを引き起こすことを意図する）と，中心的意味から拡張したものとして捉えることができる．

　そのほかに Goldberg は，二重目的語構文の意味が（15）のように拡張していることを示しており，これらを「**多義性のリンク（polysemy link）**」によって関連づけている．なお（15）では，二重目的語構文の意味を 'X CAUSES Y TO RECEIVE Z' と表記し，CAUSE-RECEIVE のとる項（X, Y, Z）を表示して

いる.

(15) a. 'X CAUSES Y TO RECEIVE Z' [中心的意味]
Joe gave Sally the ball. (ジョーはサリーにボールをあげた)

b. その充足条件が 'X CAUSES Y TO RECEIVE Z' を含意する
Joe promised Bob a car. (ジョーはボブに車をあげることを約束した)

c. 'X ENABLES Y TO RECEIVE Z'
Joe permitted Chris an apple.
(ジョーはクリスにりんごを (食べてよいと) 許可した)

d. 'X CAUSES Y NOT TO RECEIVE Z'
Joe refused Bob a cookie.
(ジョーはボブにクッキーを (食べてはいけないと) 拒んだ)

e. 'X INTENDS TO CAUSE Y TO RECEIVE Z'
Joe baked Bob a cake (ジョーはボブにケーキを焼いた).

f. 'X ACTS TO CAUSE Y TO RECEIVE Z at some future point in time'
Joe bequeathed Bob a fortune. (ジョーはボブに財産を渡すと遺言した)

(Goldberg (1995: 75))

このように, 二重目的語構文の中心的意味である 'X CAUSES Y TO RECEIVE Z' を部分的に変更したり別の要素を付加したりするなどして, 構文が多義となっていることがわかる. こうした意味拡張は, 不変化詞 over がそのイメージ・スキーマを部分的に変更することで拡張する「イメージ・スキーマ変換 (image-schema transformation)」に類似している (Lakoff (1987), イメージ・スキーマ変換については第 I 部「意味論」4.5 節を参照のこと).

次に, 構文がメタファーにより拡張していると考えられる例として, 先述の移動使役構文と, **結果構文** (resultative construction) を見てみよう. 以下の (16a) が移動使役構文, (16b) が結果構文である.

(16) a. He kicked the ball into the yard.
b. He painted the house red.

結果構文は**二次述語** (secondary predicate) を伴い, 目的語指示物の結果状態を表す. (16b) であれば, ペンキで塗ったことで家が結果的に赤い色になったことになる. 結果構文は, Goldberg の枠組みでは [Subj V Obj AP] という形

式に CAUSE-BECOME（状態の変化を引き起こす）という意味が結びついたものとみなされる．

　ここで，結果構文と移動使役構文を比較すると，両者が形式的にきわめて並行的であることがわかる．両者の相違は文末にある付随的な要素の文法範疇のみであるが，移動使役構文は移動経路を表すための前置詞句，結果構文は結果状態を表すための形容詞句が生じているのであり，両者の違いは表す意味に由来すると考えられる．さらに（17）のように，結果構文も移動使役構文と同様，自動詞を用い疑似目的語を伴うという点でも似通っている．[8]

(17) a. The dog barked the chickens awake. 　　(Goldberg (1995: 185))
　　　　（犬が吠えてニワトリが起きた．）

　　 b. He ate himself sick. 　　(Goldberg (1995: 192))
　　　　（彼は食べ過ぎて気分が悪くなった．）

　　 c. He talked himself blue in the face. 　　(Goldberg (1995: 184))
　　　　（彼はしゃべり過ぎてげっそりした．）

このように2つの構文に並行性が見られるのは，状態を場所に見立てるSTATES ARE LOCATIONS（状態は場所である）という一般性の高い概念メタファー（Lakoff (1993)）が関与している．この概念メタファーによって（18）のように，状態変化は場所の変化，すなわち移動の見地から概念化される．

(18) a. The jello went from liquid to solid in a matter of minutes.

　　　　　　　　　　　　　　　　　　　　　　　(Goldberg (1995: 83))

　　 b. He got out of trouble.

　　 c. She fell asleep./She fell in love.

STATES ARE LOCATIONS の概念メタファーを，語のレベルだけではなく構文のレベルに適用することにより，移動使役構文が結果構文へと拡張されたとみなすことができる．Goldberg は，「**メタファー的拡張のリンク**（metaphorical extension link）」によって両者の拡張関係を捉えている．

　そのほか，Goldberg が提案している構文間の拡張関係には，「**部分関係のリ**

---

[8] 結果構文で疑似目的語を伴う場合の特徴として，「過剰」を強く含意することが挙げられる．例えば（17b）は，食べ過ぎて気分が悪くなったことを表す．

ンク」（subpart link），「**事例化のリンク（instantiation link）**」がある．部分関係のリンクは，（19a）の結果構文と，（19b）のように自動詞によって状態変化と結果状態を表す構文のように，一方が他方の一部分として成立している関係性を捉えるものである．

(19) a. I broke it apart.
     b. It broke apart.

また，「事例化のリンク」は，構文の項を特定の語によって具体化した表現自体がひとつの構文として定着しているケースを捉える．（20）は，形式的には [Subj V Obj AP] という結果構文ではあるが，動詞 drive が用いられる場合，結果状態を表す二次述語は crazy，mad およびそれに類した意味を表す形容詞に限定される．

(20) a. Chris drove Pat {mad/bonkers/bananas/crazy/over the edge}.
     b. *Chris drove Pat {silly/dead/angry/happy/sick}.

(Goldberg (1995: 79))

これを Goldberg は "drive-crazy" 構文と呼び，結果構文のひとつの事例が構文というステイタスを確立しているものとみなす．このように，文法構文の形式は必ずしも抽象的な項の配列だけではなく，一部に語彙的情報を含み得るものであることを Goldberg は示唆している．

3.2. 構文の意味と動詞の意味

Goldberg が項構造構文を提唱した背景には，当時の語彙意味論（lexical semantics）に対する問題提起がある．

Levin や Pinker らを中心とする語彙意味論は，同じ動詞であっても項構造が異なると表される意味にも微妙な相違が生じるという事実に着目した．その代表的な例が（21）の，二重目的語構文と to 前置詞句を用いた言い換えである．二重目的構文は，移送された物の「受け取り」や「所有」を含意するため，間接目的語が受け取り可能な存在（（21a）の Susan のように，人を典型とする有生物）である必要がある．一方で，（21b）の to 前置詞句による言い換えの場合は「受け取り」を必ずしも含意しておらず，前置詞句は移送先を表せば

よいため，（21a）とは異なり有生物という制約はなく，to the door のような
「場所」でもよいということになる．

(21) a. She slid {Susan/*the door} the present.
    b. She slid the present {to Susan/to the door}.

(Goldberg (1995: 12))

こうした事実を説明するために語彙意味論は，上の動詞 slide に slide₁, slide₂
という 2 つの意味を設定し，それぞれ異なる項構造に投射するための連結規
則（linking rule）を仮定した．slide₁ は移送先の goal が有生（animate）であ
ることを指定しており，二重目的語の項構造に連結される．一方で slide₂ の
goal には有生かどうかに関する制約がなく，to 前置詞句を用いた項構造に連
結する．

(22)　slide₁: ⟨agt, pat, goal_{animate}⟩　　　　slide₂: ⟨agt, pat, goal⟩
　　　　　　↓　　　　Linking Rules　　　　↓
　　She slid Susan the present.　　　She slid the present to the door.
　　　　　　　　　　　　　　　　　She slid the present to Susan.

(Goldberg (1995: 12) を参照)

このように，動詞が異なる項構造をとり，かつ意味の相違も伴う場合，語彙意
味論は統語構造及び意味に関する情報をレキシコンの次元で個々の動詞にもた
せ，統語論での操作の負担を軽減しようとしたのである．
　しかし，そのようなアプローチでは扱いがたい例も存在する．疑似目的語を
伴う移動使役構文の（23）を再び考えてみよう．

(23)　Sam sneezed the napkin off the table.

この場合，語彙意味論の方法を適用するならば，動詞 sneeze が「くしゃみを
してモノを吹き飛ばす」という意味の他動詞用法を持つことになってしまうが，
前述したように，sneeze は [Subj V Obj Obl] というパターン以外の構造では
他動詞として用いることができない．こうした事実から，sneeze という動詞
に「くしゃみをしてモノを吹き飛ばす」という意味を表す他動詞という情報を
語彙レベルで付与するのは相当の無理をきたすことになる．
　Goldberg は，構文が抽象的な統語パターンと意味を指定する一方で，動詞

の表す意味は豊かなフレーム的知識であると考える．例えば sneeze が表す意味は「くしゃみをする」であり，くしゃみという生理現象から喚起される百科事典的知識——くしゃみの際は強く呼気が出るため，軽いものならば吹き飛ばすことが可能であることなど——も，sneeze の意味の一部であるということになる．これは，言語知識と百科事典的知識の間に明確な区別を設けない認知言語学的見方にも整合する見方である．

　Goldberg の理論では，動詞 sneeze が項構造へと直接つながる情報を与えるわけではない．では，sneeze が移動使役構文で用いられることはどのように分析したらよいだろうか．Goldberg は，構文の側の形式および意味が動詞の意味と融合可能かどうかによって容認度が決定されるという方法をとる．以下の図を見てみよう．

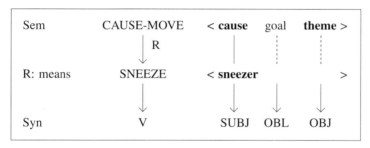

図 1（Goldberg (1995: 54)）

この図は，移動使役構文と動詞 sneeze の融合を示したものである．上段（Sem）は構文の意味，下段（Syn）は構文の形式である統語的パターン，中段はこの構文に用いられる動詞（この場合は sneeze）である．

　移動使役構文の項となる名詞句は3つあり，それぞれ，原因（cause）・主題（theme）・移動の到達点（goal）といった意味役割を担う．これらは構文の指定する**項役割**（argument role）と呼ばれる．一方で，動詞 sneeze は参与者としてくしゃみの主体のみを指定するため，項役割のすべてを満たすわけではない．そこで，上の図の中で"R"の矢印が構文の意味と動詞との関係性を指定している点が重要となる．移動使役構文は，「動詞が移動の手段（means）を表す」ことを指定している．私たちのフレーム的知識から「くしゃみがモノの移動の手段となり得る」と判断される場合，動詞 sneeze はこの構文と融合する

ことが可能となり，くしゃみの主体（sneezer）は移動使役構文の原因項に対応することになる．実際に移動が引き起こされる主題や移動の到達点という項については，動詞ではなく構文の側から与えられることになる．

3.3. 構文によって認可される文法要素

Goldberg による構文文法の最大のポイントは，動詞を文の主要部とみなしてすべての情報を還元させるのではなく，構文からトップダウンで与えられる統語的・意味的側面があることを示したことにある．

そのため，移動使役構文の疑似目的語のように，「構文」というローカルな環境でのみ生じ得る要素がある．この特徴をよく示す現象が，構文の「アマルガム amalgam）」，すなわち「合成」である．はじめに Lakoff（1974）が指摘した，以下の例を見てみよう．

(24)　Homer drank I don't remember how many beers at the party.

この表現は "Homer drank many beers at the party." という他動詞文に，"I don't know how many" が挿入され合成されている．このとき，beers は [drank X] [I don't know how many X] という 2 つの構文の目的語を同時に担うことが許容されている．

また，アマルガムによって融合される項が異なり，一方の構文の主語が他方の構文の目的語となることもある．Lambrecht（1988）が指摘した，以下の表現を見てみよう．

(25) a.　There was a farmer had a dog.
　　　b.　There's a lot of people don't know that.
(26) a.　I have one of my uncles was engineer and he told me …
　　　b.　I have a friend of mine in the history department teaches two courses per semester.

(25) は there 構文で導入された名詞句，(26) は所有表現（I have）の目的語名詞句が，後続する節の主語として同時に機能している．これは，以下のような構文のアマルガムが生じているものとみなされる．

(27) a. [There is X] + [X VP] → [There is [X] VP] (X は名詞句)

b. [I have X] + [X VP] → [I have [X] VP] （X は名詞句）

　もちろん，(25)(26) は関係詞 who を補い "There was a farmer who had a dog." のようにすれば完全に適格な文となる．そのため，これらは関係詞の省略・脱落が起きたケースと考えられるかもしれない．しかし Lambrecht (1988: 321) が指摘するように，もし関係詞の省略であればどのような動詞であっても (25)(26) のような現象は起きてしかるべきであるが，実際には there 構文と have 所有表現に限られている．このことからも，関係詞の省略ではなく (27) のような 2 つの構文のアマルガムとみなした方がよいと言えるだろう．[9]

　さらに，アマルガムによって生じた構文は，以下のような特異性も認可している．まず (25b) のように，There's が複数名詞を導入している点が挙げられる．これは後の第 6 章でみるように，There's がひとつのチャンク（かたまり）となりアマルガムの構文に定着しているものと考えられる．また，(26) で後続の節を取り去った "I have one of my uncles." "I have a friend of mine." という表現は，所有動詞と所有格代名詞が重複することになる．こうした表現は実際には不適切であり，実際の発話としては生じないと Lambrecht (1988) は指摘している．このことは，"I have one of my uncles." "My uncle is an engineer" という 2 つの独立した文から "I have one of my uncles is an engineer" が構成されているわけではないことも示唆しているのである．

3.4.　動詞の意味と構文の意味の相互作用に関する議論

　これまでは，構文の側から与えられる項構造と構文の意味について見てきたが，動詞の側にも項構造の情報があるのではないかと思われる場合もある．例えば，二重目的語構文の典型である動詞 give や send は，これらの動詞自体

---

　[9] アマルガムがなぜ there 構文と have 所有表現に限られているかについては，両者の提示的機能が関与していると考えられる．認知文法で想定されているように，通常は文の主語位置にあるものが最も際立ちが高いが，There 構文や have 所有表現の場合は主語位置よりも動詞の後続部に焦点が当てられている．焦点としての際立ちによって，アマルガム構文中の第二の節の主語として機能しやすくなっている．

が二重目的語という項構造を容易に喚起するようにも考えられる．動詞と構文がそれぞれどのような程度，節全体の項構造や意味に寄与しているのかについては，これまでさまざまな議論がなされている．ここでは主な見方として，Langacker と Croft の主張を見ておきたい．

　Langacker (2000) は，ある項構造に関する知識が「動詞」と「構文」のどちらに還元されるかという問い自体が意味をなさないとし，以下の図のように，動詞と構文との重複を提案している．

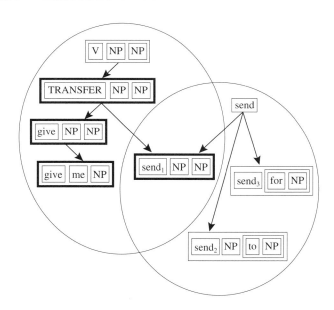

図 2 (Langacker (2000: 123))

この図において，左側の楕円は二重目的語構文 (V NP NP) に関するネットワークを，右側の楕円は動詞 send の生じる統語的な環境に関するネットワークを表している．[send NP NP] は，両者の交わりに位置していることが分かる．構文に関する知識がある一方で，send のように頻繁にこの構文に生じる動詞の場合は，「send が 2 つの目的語をとる」という，語彙の統語情報についての知識があると想定するのである．このように捉えることで Langacker は，文法とレキシコンに連続性があるだけではなく重なりがあることを示唆している．こうした重なりは余剰的であるように思われるかも知れないが，現実に私

たちの言語知識はそうした余剰性を許容している可能性があるのである.

　一方で Croft（2003）は，融合することのできる動詞が構文によって特定されていることを指摘し,「**動詞特化構文**（verb-specific construction)」という,特定の動詞を中核とした構文を提案している. 例として，二重目的語構文の多義性を再び見てみよう.

(28) a. 'X CAUSES Y TO RECEIVE Z'（John gave Sally the ball.）
　　 b. 'X ENABLES Y TO RECEIVE Z'（Joe permitted Chris an apple.）
　　 c. 'X CAUSES Y NOT TO RECEIVE Z'（Joe refused Bob a cookie.）
　　 d. 'X INTENDS TO CAUSE Y TO RECEIVE Z'（Joe baked Bob a cake.）

(28) に挙げた二重目的語構文の意味は，特定の動詞を使用した場合にしか生じない. 例えば (28c) の 'X CAUSES Y NOT TO RECEIVE Z' の意味を二重目的語構文が表せるのは,「拒絶」を意味する動詞を用いた場合に限られる. そのため,「彼を見張ってクッキーを食べないようにした」という意味で '*I watched him a cookie.' ということはできない. また, (29) に挙げるように,拒絶を意味する動詞がすべて二重目的語構文と共起できるわけでもない.

(29) *Sally {prevented/disallowed} him a kiss.

こうした事実を踏まえ Croft は，Goldberg による項構造構文を保持しつつ,その動詞のスロット（V）を特定の動詞で指定した動詞特化構文を提案した. (30) がその例である.

(30) a. [Subj *refuse* Obj1 Obj2]:「拒絶」による, X の所有の否定
　　 b. [Subj *deny* Obj1 Obj2]:「否認」による, X の所有の否定

(Croft (2003: 58))

また，意味の類似した動詞のグループである動詞クラス（verb class）によって，構文の動詞のスロットを特化する場合もある. (28d) の 'Joe baked Bob a cake.'（ジョーはボブにあげるつもりでケーキを焼いた）は，**受益の二重目的語構文**（benefactive double-object construction）とも呼ばれるが，この構文は make（作る），knit（編む）などの「作成動詞」という動詞クラスに特化した二重目的語構文である.

　このように構文がその一部に語彙の情報を含むことは，第 2 章の Fillmore

らの研究で指摘された let alone 構文，Goldberg が「事例のリンク」として挙げた drive-crazy 構文などと同様であり，レキシコンと文法構文が連続したものとみなす構文文法の基本的な見方ともやはり整合するものである．次の章で述べるように，特定の動詞を含む構文の存在は言語獲得の面からも妥当性が示されている．Goldberg の提唱する項構造構文は，最大限に抽象的な形式と意味の結びつきである．構文の具体性，つまり，特定の語彙をどの程度構文のテンプレートに含むかは，実際には多様であると考えられる．

第 4 章 〈基礎内容部門〉

ボトムアップによる構文の習得

　Goldberg が提唱した構文文法理論は，文の構造や意味を必ずしもその構成要素となる語の次元に還元させ説明することができず，構文の側からトップダウン的に与えられる統語的側面・意味的側面があることを指摘した点で画期的であったといえる．では，そうした「構文」の知識はどのようにして得られるのだろうか．

　発達心理学の立場から言語獲得研究を行う Michael Tomasello は，使用依拠モデルの観点から，説得力ある構文獲得のプロセスを提示した（Tomasello (2003)）．その見方によると，こどもは特定の動詞ごとに項構造とその意味を習得していき，「構文」はそれらの動詞からの一般化として，後の段階で獲得される．

　Tomasello が示した言語獲得のプロセスを見ていこう．乳幼児は喃語の時期を経て，1 歳前頃からことばを発し始める．最初に出現するのは名詞であり，動詞は 2 歳頃から語彙が増加していくと言われている．名詞はモノのラベルである一方，動詞はモノの間の関係を表し，[X broke Y] のように変項（X, Y）を含む．その変項を具体的な名詞によって埋めることにより 'I broke the window.' のような文が産出される．

　言語獲得初期段階のこどもは，一語文のように不完全な文でさまざまな関係を表現することができる．例えば，"Up" で「たかいたかいして」という要求の意図を十分に伝えることができる．さらに二語文の段階では，"More milk" "More juice" で「もっとミルクちょうだい」「もっとジュースちょうだい」と

148

要求を伝えることができる．このとき，[More X] というスキーマがこどもの文法には出来上がっており，X に自分の欲しいものを表す名詞句を当てはめることで「もっと X がほしい」という発話がされていると Tomasello は推定した．この [More X] のように，特定の語を中核として変項を伴うスキーマを「**軸語スキーマ**（pivot schema）」と言う．

さらに，軸語スキーマに特定の動詞が使用されると，[gimme X]（X ちょうだい）のようなスキーマとなり，それにより「X がほしい」という要求を伝えられるようになる．この段階ではじめて動詞の「目的語」という，項構造となる変項が出現する．このように，軸語スキーマから一歩進んで，動詞を中核とし項構造の情報をともなう構文を「**項目依拠構文**（item-based construction）」という．

図 3 に示すように，[gimme X] [send Y X] [throw X to Y] といった項目依拠構文は，動詞ごとに項構造が結びついており，それらの使用場面に関する情報とともに習得される．そのため [send Y X] や [give Y X] のように同じ項構造をとっていても，別々の項目依拠構文として習得される．この状況は，動詞を中心とした用法がばらばらの孤島のように存在するため，「**動詞の島**（verb island）」と呼ばれる．

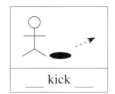 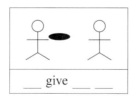 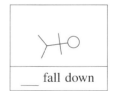

図 3（Tomasello（2003: 120）より抜粋）

こうした項目依拠構文の段階を経て，こどもはいくつかの動詞の間に項構造の共通性があることに気づき，[V Y X]（二重目的語構文）のように一般化し，より抽象的な文法構文を獲得するようになる．

このように，こどもが具体的な事例からボトムアップによって段階的に抽象的な構文を獲得することを Tomasello のモデルは示している．大人の文法知識においても動詞は中心的な役割を担っており，Croft の提案した動詞特化構文のように，特定の動詞に項構造を結合させている可能性もある（3.4 節を参照のこと）．これは，動詞の島から出発し構文を獲得したプロセスの痕跡とみ

なすことができるだろう.

　さらに Tomasello の研究は，使用基盤モデルによる言語獲得のシナリオを提示している点でも重要である．生成文法がその理論的前提とした，生得的な普遍文法という装置を仮定することなく，具体的な言語使用からの一般化・抽象化という認知作用によって文法が獲得できることを示唆しており，Goldberg 自身も後に Tomasello のモデルを継承する形で構文獲得の研究を展開している（Goldberg (2006)）.

第 5 章 〈応用進展部門〉

構文形態論

これまで見てきたように，「構文」はある形式に固有の意味が結びついたユニットであり，レキシコンと文法は連続性をもつことになる．この定義を再解釈すると，レキシコンにある単語も実は「構文」である，ということになる．

文がいくつかの語から成り立つように，単語も（単一の場合もあるが）いくつかの形態素（morpheme）から成り立っている．例えば "handful"（手に一杯の）という形容詞は，hand という形態素と，-ful という形態素の 2 つから成り立っている．前者の hand は，それ自身独立して 1 つの単語になり得る「自由形態素（free morpheme）」である．後者の -ful は単独では生じることができず，自由形態素に結合する必要のある「拘束形態素（bound morpheme）」であり，-ful は名詞に接続することで形容詞へと品詞を転換する「派生接辞」（derivational affix）でもある．形態素から単語がどのように形成されるかを扱う形態論（morphology）の分野の諸問題に対して，構文文法的なアプローチを行ったのが，Booij（2010a, b, 2018）による「**構文形態論**（construction morphology）」である．

構文的アプローチによる形態論による利点を具体的に見ていこう．(31) に挙げる -ism による派生名詞は，基底となる名詞に関連した主義や傾向を意味する．

(31) a.　egoism (ego + -ism)（利己主義）

　　 b.　Darwinism (Darwin + -ism)（ダーウィン説信奉）

　　 c.　racism (race + -ism)（民族主義，人種差別主義）

152 第 III 部 最新の構文文法研究の進展

一見するとこれらは，[N + -ism → N-ism] という規則的なパターンにより派
生しているように思える．しかし，次の例を見てみよう．これらは -ism 形の
名詞であり，意味的にも主義や傾向を表すように思われるが，-ism を取り去っ
た名詞（anachron, aut など）は実際には存在しない．

(32) a. anachron-ism（時代錯誤）
     b. aut-ism（自閉症）
     c. metabol-ism（新陳代謝）
     d. pacif-ism（平和主義）   (Booij (2010b: 30))

この事実は，[X -ism] という形態的な構文スキーマが成立していることを強
く示唆している．スキーマの変項 X には文法カテゴリーの指定がなく，独立
した形態素である必要もない．X が [X -ism] の構文でのみ出現する要素であ
ることを，このスキーマが認可しているのである．このように「構文」という
環境でのみ容認される要素があることは，3.3 節で見たアマルガム構文や移動
使役構文の疑似目的語にも通ずる現象である．

　さらに形態論に関して，次の例を見てみよう．英語では，名詞句に -gate を
付加してスキャンダルや不正事件を表す用法がある（Booij (2010b: 90))．

(33) a. Camillagate
        （1992 年，英国チャールズ皇太子とカミラの不倫関係が明らかに
        なった事件）
     b. Choi Soon-sil gate
        （「崔順実ゲート事件」： 2016 年，韓国のパク・クネ元大統領とそ
        の友人のチェ・スンシルによる政治不正疑惑）
     c. Panamagate
        （2016 年，パナマ文書事件）

これら一連の表現の由来は，1972 年–1974 年にアメリカ合衆国で起きたウォー
ターゲート事件（Watergate scandal）である．この事件が Watergate と呼ばれ
ているのは，最初に盗聴器が発見された建物の名称 Watergate Office Com-
plex からのメトニミーである．[10] 一方で，Watergate という語は water + gate

---

　[10] メトニミー（metonymy： 換喩）は，近接性に基づく比喩である．Watergate のように，

と 2 つの形態素に分解可能であるため，最初の形態素の位置が変項となった [Xgate] という形態的構文が成立したものと考えられる．

このような現象を，-gate が「スキャンダル」を意味する派生接尾辞としての用法を獲得したものとみなすことも確かにできるが，その獲得過程はシンプルではない．というのも，本来の Watergate の gate は派生接尾辞ではなく「門」を表す自由形態素であり，gate が名詞から接辞化した文法化（6.3 節を参照）とは考えがたいためである．[11] それに対して，先に挙げた handful （手にいっぱい）の -ful は，元の形容詞 full （いっぱいの）の意味をある程度保持した文法化であり，-gate の場合とは大きく異なっている．こうした点を考慮すると，形態素 gate 自体の意味機能が変化したというよりもむしろ，[Watergate] という複合語に結びついた「スキャンダル」の意味が [Xgate] という形態的構文に継承され，その結果（33）のような表現が生産的に創出されていると考えるほうが妥当であろう．

場所名によってその場所で起きた事件を表すメトニミーには「広島」（＝原子爆弾の投下）や Pearl Harbor （＝真珠湾攻撃）などの例がある．詳しくは，第 I 部「意味論」4.5.2 節を参照．

[11] Watergate office complex という建物名は，その付近に運河があり，実際に水門があったことに由来すると言われている．

第 6 章 〈応用進展部門〉

チャンク化と構文

6.1. チャンク化による構文の慣用化

　構文は，語彙的イディオムと同様，歴史的な変化を経て慣用化したものが多い．その際にはたらく認知的作用のひとつに，「**チャンク化**」(chunking) がある．チャンク (chunk) が「かたまり・まとまり」という意味であることからわかるように，チャンク化とは，複数の要素をまとめて 1 つのユニットとして記憶する作用である．Bybee (2010) は，言語におけるチャンク化に関して，以下のように述べている．

> [...] syntagmatic relations exist among sounds, morphemes and words. When two or more words are often used together, they also develop a sequential relation, which we will study as 'chunking' [....] The strength of the sequential relation is determined by the frequency with which the two words appear together. 　(Bybee (2010: 33–34))
> （音声，形態素，語の間には統合的な（ヨコのつながりの）関係がある．2 つ以上の語が一緒に頻繁に用いられた場合，それらは連続的関係を発展させる．それがここで「チャンク化」として研究するものである．連続的関係の強度を決めるのは，それらの語が一緒に出現する頻度である．）

　複数の語がチャンクになったものの典型例が，例えば "spill the beans"（豆

をこぼす＝うっかり秘密を漏らす）のような語彙的イディオムである．このとき，イディオムを構成する"spill" "the beans"といった個々の語句の意味には（特別の理由がない限り）アクセスしないことからわかるように，チャンク化は内部の分析性・構成性を消失させることが多い．また，上の引用の最後の一文にあるように，チャンク化には十分な頻度が必要である．つまり，繰り返し使用されることによって個々の要素がまとまりを帯びていくのである．

　構文にチャンク化が関与している例として，（34）を見てみよう．Why don't you 〜? は，wh 疑問文として見れば「あなたはなぜ図書館に行かないのか」と理由を問う質問であるが，一般的には「図書館に行ったらいいのに・行くべきだ」という提案や助言を意味する．

　（34）　Why don't you go to the library?

ここでは Why don't you という語の連なりがひとつのまとまりとしてチャンクになり，（35）のような構文となっていると考えられる．この構文には，「提案・助言」という語用論的な意味が結びついている．

　（35）　[[Why don't you] 動詞原形 ?]：提案・助言

この構文が成立していることを例証するのが，次の表現である．

　（36）　Why don't you be seated?（座ったらどうですか？）

本来，be 動詞の否定形は助動詞 do を必要としないため，（36）が通常の wh 疑問文であれば（37）のようになるはずである．（36）は，英語の文法規則上は許容されないはずであるが，（35）の構文スキーマの動詞のスロットを be 動詞によって具体化した事例として容認されているのである．

　（37）　Why aren't you seated?（なぜ座っていないのですか？）

また，（37）のように be 動詞を否定形にした場合は「提案・助言」という語用論的意味ではなく，文字通りに理由を尋ねる発話として解釈される点も注目に値する．このことは，[[Why don't you] 動詞原形 ?] に「提案・助言」の意味が結びついているのであり，why 疑問文には還元できない意味特徴であることを示している．

6.2. 二重の IS

チャンク化が生じたことによって，本来は不適格であるはずの要素の生起が認可されている例として，以下の表現を見てみよう．下線部はチャンク化したと考えられる部分である．

(38) a. The problem is, is that we can't find the evidence.
   （問題は，証拠が見つからないことだ.）

   b. One of the realities is, is that we have hit the wall with respect to spending.
   （現実は，費用のことで心が折れたってことだ.）

   c. The important thing is, is we got to have lunch together.
   （大事なのは，一緒に昼食をとらないといけないってことだ.）

(Massam (1999: 335-336))

(38) は「二重の IS (double IS)」と呼ばれる現象であり (Bolinger (1987), Massam (1999))，一見すると is が余分に含まれている．この構文については先行研究でもさまざまな見方がなされているが，統語的には (39a) の疑似分裂文 (pseudo-cleft sentences) との関連による分析が多く，(39b) のように what と同じ機能を担う空の演算詞 (null operator: OP) を設定するものもある．

(39) a. [What Ms. Trotwood is] is a woman who hates donkey.

   b. [OP the problem is] is that we can't find evidence.

(Massam (1999: 338))

しかし，実際には Massam (1999) が指摘するように疑似分裂文と二重の IS 構文には相違点も多い．本来は関係詞 what が来るべき位置が空となる類似した現象がほかに生じないという問題や，以下の (40) のように疑似分裂文で二重の IS をとるケースもあるため，疑似分裂文から二重の IS 構文を直接動機づけるのは適切とは言えない.[12]

---

[12] Bolinger (1987) は，(39a) のように疑似分裂文に構造上生じる IS の連続が，二重の IS 構文の「モデル」，すなわち前例となっている可能性を指摘している.

(40)　What I'm thinking is is that I may need a Research Assistant.

(McConvell (1988: 287))

　構文文法の見方によって分析すると，二重の IS 構文は [The problem is] が
チャンク化して創発した構文とみなすことができるが，その成立にはいくつか
の要因が複合的に関与している.

　はじめに，[The problem is] のチャンク化について，コーパス (Corpus of
Contemporary American English: COCA) から採取した以下の例を見てみよ
う.

(41) a.　The problem is they don't have much cash to spare, …　(COCA)

b.　The problem is, they play all sand on the course as a bunker.

(COCA)

(41a) の例は補文標識 that が脱落したものと考えられるが，さらに (41b) の
ように [The problem is] の直後でポーズが生じ，チャンク化が促進されてい
る. このようなポーズによる韻律的分割の位置には，そもそも 2 つの可能性
がある.

(42) a.　My point / is that we don't have the resources.

b.　My point is / that we don't have the resources.

(Bolinger (1987: 39))

Bolinger (1987) によると，話し手の考えや意見を述べたい場合は (42b) の
ように is の直後にポーズを入れる傾向にあるという. この特性を継承し，
[The problem is] というチャンクが事実上 Actually, … (実は …) や I think …
(思うに …) のような**談話標識** (discourse marker) として機能するよう変化し
ていることも分かる. そのため (43) のように，[The problem is] のチャンク
の後に，話し手の疑念が直接話法で表される場合もある.

(43)　The problem is, who is listening to us?　　　　　　　　(COCA)

　このようにして [The problem is] がチャンクとして定着したと考えられる
が，ではなぜ二重の IS 構文が生じたのだろうか. この現象は，2 つの構文の
ブレンディング (blending; Fauconnier and Turner (2002)) によって創発し

た構文とみなすことができるだろう．すなわち，(44a) のように The problem を主語とした非チャンクの構文と，(44b) のように [The problem is] がチャンク化した構文が融合し，(44c) の二重の IS 構文が生じているという見方である．

(44) a. The problem is that 〈命題〉
     b. [The problem is], 〈命題〉
     c. [The problem is], is that 〈命題〉

(44c) の場合，[The problem is] という談話標識化したチャンクによって話し手は発話を開始し，自身の考えや見方を伝達するが，そのチャンクの中の要素 The problem を主語名詞としても機能させ，is that … を後続させることになる．このような二重性は，次の例のように，2 つの be 動詞の時制が一致しないケースからも示唆される．

(45) a. The strange thing was, is that ….
     b. The reason was is that …   (Bolinger (1987: 39))

チャンクの内部にある要素が項を担うという現象は，日本語の「主要部内在型関係節」にも類似している．次の例を見てみよう．(46a) の動詞「見た」の場合とは異なり，(46b) の動詞「つかまえた」の事実上の目的語は「泥棒」である．

(46) a. ［泥棒が逃げた］のを見た．
     b. ［泥棒が逃げた］のをつかまえた．

このように，チャンクが構成されると一方で，その構成要素が項を担うことは，特に談話においてオンラインで生じ得る言語現象であると考えられる．実際に COCA では，The problem is is that … の事例は 40 件あり，そのジャンルはすべて書きことばではなく話しことばであった．

この種の構文は，会話における運用上のエラーと処理されがちであるが，単なるエラーとはみなせないほど広範に観察されている．後の第 7 章で見るように，会話の相互作用で生じる現象は動的に文法を変化させており，私たちは常に文法を再構築していると言えるのである．

6.3. 文法化と構文化

チャンク化は，**文法化**（grammaticalization）と呼ばれる歴史的な言語変化にもおおいに関与している．文法化とは，名詞や動詞など実質的な意味内容を伴う「内容語（content word）」が，接続詞や助動詞などの文法的機能を担うとされる「機能語（function word）」へと変化する現象である．[13] 例えば，Hopper and Traugott（1993）は移動動詞 go が未来標識の be going to へと文法化したプロセスとして，次のような段階的な変化を示している．

(47) a. [He is going to London] [to study English].

b. [He is going] [to study English].

c. [He is going to] [study English].

d. [He is going to] [like her].

e. [He is going to] [go to London].

f. [He's gonna] [like her].

(47a) の段階では，go は目的地への移動を表す本動詞であり，to study English は目的節であった．このような基本的用法から，(47b) のように，動詞 go と目的節が隣接するような環境が生じた．このとき，目的節にある study English という行為は時間的には未来に行うものであることから，「未来」の含意が定着するようになった．その結果，(47c) のように統語的な切れ目が変わり，be going to が未来を表す一種の時制標識と受け止められるようになった．このように統語的なまとまりが変化する現象は「**再分析**」（reanalysis）と呼ばれるが，別の見方をするならば，新たなチャンク化が起こったものととらえることができる．

Be going to がひとつのチャンクをなし「未来標識」という機能を獲得したことで，それに後続する動詞は「目的」となる行為を表す必要がなくなるため，(47d) のような状態動詞でも使用することができるようになる．また，be going to というチャンクにおける go は「移動」という本来の意味を失っているため，(47e) のように移動動詞 go を後続させても問題がない．このチャンク化は音韻的にも生じており，(47f) のように going to が gonna と膠着するよ

---

[13] 文法化については，第 I 部「意味論」第 5 章も参照のこと．

うになっている.

次に Traugott and Trousdale (2013) が挙げている, "a lot of ～"（多量の～）の歴史的な成立について見てみよう. lot は「一部分」「割り当て」「分け前」を意味する名詞であるが, そこから「部分集合」「グループ」を表すようになり, 18 世紀頃には現在のように「多量」という量化用法をもつようになった. こうした変化には lot という名詞の意味的変化だけではなく, チャンクの変化も関与している. "a lot of land" で「土地の一部分」を指す場合, [N$_1$ [of N$_2$]] という構造になっており, N$_1$ の lot が主要部, 前置詞句 of N$_2$ が修飾句である. 一方で, "a lot of land" が「大量の土地」を指す場合は, a lot of がチャンク化され [[N$_1$ of] N$_2$] となり, N$_2$ のほうが主要部となる.

Traugott and Trousdale (2013) は, a lot of の量化用法の出現を「**構文化**(constructionalization)」と呼んでいる. 構文化とは, 既存の構文の意味または形式の一側面が段階的に変化した結果, これまでにはない新しい意味と新しい形式をもつ構文が作り出される現象である.[14] 従来は文法化として扱われてきた現象も, 実際には多くが構文化として捉え直すことが可能である.

---

[14] 構文化については第 I 部「意味論」第 8 章も参照のこと.

第 7 章 〈応用進展部門〉

アドホック構文：談話から立ち現れる構文

これまでに見てきた構文は，比較的安定した言語知識の一部であり，一定数の話者によって広く共有されているものであった．その一方で，会話の中で創出され，会話参加者にのみ共有される「その場限り」の構文もある．そのような構文を「**アドホック構文**（ad hoc construction）」という．

アドホック構文が出現する背景として，まず Du Bois（2014）が提唱した**対話統語論**（dialogic syntax）について述べておきたい．[15] Du Bois は，先行発話のある側面を反復し再生産する「**響鳴**（resonance）」という現象が自然会話の中で見られることを指摘した．以下の例を見てみよう．

(48) Joanne; "It's kind of like you Ken."

（ちょっと，あなたらしいわね，ケン）

Ken; "That's not at all like me Joanne."

（まったくそんなことないよ，ジョアンヌ）

(Du Bois (2014: 361))

Joanne と Ken の発話を比較すると，共通する単語としては be 動詞と前置詞 like のみである．しかし，Du Bois は（49）のように「ダイアグラフ」と呼ばれる図表を用いることで，両者の間の構造的な並行性を明るみにしている．

---

[15] 第 V 部 10.1 節の社会統語論の項も参照のこと．

161

(49)

| 1 | JOANNE : | It | 's | kind of | Like | ^you | Ken | . |
| 2 | KEN : | That | 's | not at^all | Like | me | Joanne | . |

(Du Bois (2014: 362))

(49) では，代名詞（It/That, you/me）の使用，固有名詞による呼びかけ（Ken/Joanne）が呼応する形となっている．また，Joanne の発話の "kind of" と Ken の発話の "not at all" はいずれも副詞的なフレーズであるが，kind of が「ちょっと」というやわらげ表現であるのに対し，not at all は明確な否定であり，表す意味は対立している点も注目される．Du Bois (2014: 362-363) が述べているように，響鳴によって対話者同士が互いに協調するよう作用する場合もあるが，反論といった対立の際に利用される場合もある．[16] 響鳴の機能について，Du Bois は以下のように述べている．

> Resonance is defined as the catalytic activation of affinities across utterances. Resonance is a property of relations between elements in discourse; as such it cannot be attributed to any element in isolation. It represents a developing process of activation and elaboration of certain aspects of the perceived relationship between comparable linguistic elements. Resonance can arise between paired elements at any level of language: signs, words, morphemes, constructions, phonemes, prosodic structures, features, meanings, referents, illocutionary forces, pragmatic functions, interactional moves, and so on.

(Du Bois (2014: 372))

（響鳴は，発話の間の親近性を活性化させる触媒のようなものである．響鳴は談話中の要素の間に見られるものであり，その要素単独によるものではない．類似した言語的要素の間に知覚される関係の何らかの側面を活性化し精緻化していく，発展的プロセスである．響鳴が生じるのは対となる言語要素であり，その次元は記号，単語，形態素，構文，音韻，韻律的構造，素性，意味，指示物，発話の力，語用論的機能，相互

---

[16] 実際に響鳴には反対関係が含まれる事例が最も多いことが，吉川・谷口 (2017) で示されている．

第7章　アドホック構文：談話から立ち現れる構文　　　163

作用行為のいずれであっても可能である.）

響鳴は対話の結束性を高め，(48) の Joanne と Ken の対話のように対人的・
相互作用的機能を果たしているものと考えられる．響鳴はさまざまな言語次元
で生じ得るが，ここでは複合的な構文パターンの響鳴に焦点を当てよう.

(50)

MARCI:		don't	forget	to	buy	yourself a cookie sheet,
					before	you	go to make cookies
KEVIN:	And	don't	forget	to	take	the Tupperware out of your oven, + 1
					before	you	turn it on + 1

(崎田・岡本 (2010: 96))

上の例では，[don't forget to VP before you VP] という構文スキーマが抽出
され，響鳴によって共有されている（崎田・岡本 (2010)）．この構文パターン
は，対話者である Marci と Kevin によってその場限りで共有される，きわめ
て局所的な構文である．こうした構文を Brône and Zima (2014) は「アド
ホック構文」と呼び，以下のように述べている.

> We coin the concept of an ad hoc grammatical construction, a gram-
> matical pattern that emerges in the course of an ongoing interaction
> through the known processes of schematization, instantiation and ex-
> tension. […] In other words, although they are'local' in the specific
> patterning that emerges as part of an ongoing interaction, ad hoc con-
> structions are very much rooted in conventional usage patterns.
>
> (Brône and Zima (2014: 467–468))

（私たちの提案するアドホックな文法構文とは，進行中の相互作用にお
いて出現する文法的パターンであり，スキーマ化，事例化，拡張といっ
たよく知られたプロセスによるものである．[中略] つまり，アドホッ
ク構文は進行中の相互作用の一部として出現する特定的なパターンであ
るという意味では「局所的」ではあるが，慣例的な用法パターンに根差
したものである.）

アドホック構文は局所的にオンラインで出現する構文ではあるものの，スキーマ化や拡張などの一般的な認知作用によって創出しているという点においては，これまでに見た「移動使役構文」や「let alone 構文」など，比較的安定した言語知識となった構文と性質は同じであると言える．

　響鳴によって生じるアドホック構文には，言語学的にみてどのような意義があるだろうか．ひとつには，こどもが具体的なインプットから構文を獲得し，同じ言語共同体で構文を共有するメカニズムの一部を示唆していることが挙げられる．Du Bois 自身も「対話によるブートストラッピング（dialogic bootstrapping）」の可能性を示唆している．これは，言語獲得を起動する役割を果たすのが会話であり，会話での響鳴を通じてこどもが構文を学習していくという見方である．以下の Du Bois の引用を見てみよう．

> Attending to local mappings of dialogic resonances and the analogies they imply affords the child an enriched environment for learning new structural and functional equivalences.　　　　(Du Bois (2014: 369))
> （対話での響鳴によって行われる局所的な対応づけと，それが含意する類推に対して注意が指し向けられることにより，こどもは構造的・機能的に等価なものを新しく学習する豊かな環境が与えられるのである．）

第4章で見たように，使用基盤モデルの見方によると，こどもは具体的な事例をインプットとして習得し，後の段階で事例からの一般化によって構文を獲得していく．こどもが受け取るインプットは一般に，親など限られた大人の発するものであり，閉じた環境の中で言語獲得が始まるのが典型的である．それにもかかわらず習得する文法に大きな個人差が生じない理由として「普遍文法」を想定しないのであれば，普遍文法に代わる学習メカニズムが必要となる．こどもが大人の発話を模倣し再生産することはよく知られているが，Du Bois による対話統語論は，構造的なパターンも模倣の対象となることを示している．[17]

---

[17] 大人がこどもに向かって発することばは Child Directed Speech (CDS) と呼ばれており，大人同士のことばとはかなり性質が異なっていることが従来から指摘されている．CDS は構造的にシンプルであり，大人はこどもに対して特定のパターンを偏用すると言われている（Goldberg (2006)，谷口 (2015)）．これは，こどもが発話の構造に気付き再生産することを促進するものと考えられる．また，こどもがエラーを含むパターンを発した場合，大人もエ

第7章　アドホック構文：談話から立ち現れる構文　　　165

　このような構造の模倣を可能にしているのは，私たちが構造的類似性に対して有する高い感受性，相手と意図を共有しようとする協調的知性（cooperative intelligence）といった人間の属性であろう．言語獲得初期において模倣されるのはシンプルな構造であるが，獲得がすすむにつれ，（50）のアドホック構文のように複合的なパターンでも響鳴が可能となり，言語共同体内での相互行為として構文の共有が行われていくと想定することができる.[18]

ラーと分かりながらそれを反復することがあるが，これも響鳴の一例であると言える．CHIL-DES データベースによって響鳴を調査した例として，堀内（2017）を参照のこと.

[18] 言語共同体で特定のパターンが共有される現象は，Twitter などでもよく見られる．こうした響鳴によって「ツイッター語」や「オタク構文」と呼ばれる独自の言語が形成され，共同体内での結束性を高めると共に，共同体の外部に対しては排他的機能を果たしていると思われる.

第 8 章

おわりに

　第 III 部では，Fillmore, Goldberg らによる構文文法の理論的な基盤を示し，形式と意味のペアである「構文」というユニットがさまざまな次元の言語現象に見られることを，横断的に眺望した．「文法」と「レキシコン」との連続性，特定の統語パターンに慣用的に結合した意味の存在，チャンク化，トップダウン（構文スキーマ）とボトムアップ（語彙）の相互作用といった観点は，言語の歴史的変化や言語獲得といった動態的な側面の説明に対し，きわめて有用であることがわかる．構文文法がターゲットとするのは個別言語の記述や分析だけではなく，特に構文文法が適用する「使用基盤モデル」は言語発達や言語進化をはじめとする包括的な領域にも応用が可能である．言語体系がどのように構築されたか，そのメカニズムの解明に寄与することも期待される理論と言える．

　構文を構成する「形式」は，本稿で取り上げた言語事象にとどまらない．例えばイントネーションなどの韻律的構造やジェスチャーなども言語の「形式」であり，それらのパターンに特有の意味が結合しているとみなすこともできる．実際に，Steen and Turner (2014) らは「マルチモーダル構文 (multimodal construction)」を提唱し，ジェスチャーなど視聴覚情報によって意味を伝達する構文の研究を展開している．また，文章の文体やレイアウトも一種の形式的なパターンであるとみなし，そのパターン自体が特有の情報を伝達しているとみなす研究もある（Östman (2005)）．このように，構文文法の見方はパラ言語的・非言語的な現象にも応用されており，私たちのコミュニケーションのはたらき全般に対して一貫した基盤を与えることが期待される．

第 IV 部

最新の認知文法研究の進展

小松原哲太　　（立命館大学）

第 1 章

はじめに

　認知文法（Cognitive Grammar）は，Ronald Langacker によって提唱された認知言語学の理論の 1 つである．認知文法は，人間の一般的認知能力に注目することで，従来の生成文法の見方とは全く異なる言語理論を提示している．言語学の認知的アプローチの骨格を示した Langacker (1987a, 1991b) は，認知言語学という研究領域の形成と発展に大きな影響を与えた．驚くべきことに，およそ 30 年を経て今日に至るまで，Langacker (1987a, 1991b) の基本的枠組みは完全に保たれている．認知文法のフレームワークは，ほとんど修正されることなく，精緻化され，洗練されてきたといえる．[1] 第 IV 部では，認知文法の基本的フレームワークと，近年の研究動向を概説する．

　認知文法における「認知」という語は，言語が一般的な認知現象（知覚，注意，カテゴリー化など）から創発した統合的な認知の一面であると考える研究の方針を示している．認知文法では，心理学や神経生理学など，認知科学の関連分野の知見と整合性を保つことが重要であると考えられている．この点で，認知文法は，認知言語学のアプローチの 1 つであると言える．

　認知文法のリサーチの根底には，例えば語彙意味論（第 I 部 3.3，3.4，3.5 節参照）と談話研究（第 V 部参照）のように，全く異なるように見える領域を

---

[1] 構造言語学，生成文法，生成意味論のパラダイムを背景とした認知文法の成立にまつわる歴史的経緯に関しては，Langacker (2004)，および Langacker (2008) の邦訳『認知文法論序説』における山梨正明氏による「監訳者解説」を参照．

統合的にあつかうという理念がある．この理念は，2000 年を境とする，認知文法の 2 つのフェーズ（Langacker（2016b: 24））に別々のかたちで反映されている．第 1 フェーズ（Langacker（1987a, 1991b, 1999））では，文法が自律的（autonomous）な形式のシステムであるという考え方を否定し，その代わりに，語彙，形態，統語はすべて意味をもち，本質的に記号的（symbolic）であると主張した．第 2 フェーズ（Langacker（2001, 2008, 2009a, 2012, 2016b））では，理論のスコープがさらに広がり，構造，処理，談話の統一的な記述と説明を行うことを目指している．

第 IV 部では，認知文法の最近年の動向を示すために，第 1 フェーズから第 2 フェーズに至る認知文法の基本的主張を紹介する．〈基礎内容部門〉では第 1 フェーズを概説し，認知文法の基本的なフレームワークを紹介する．続く〈応用進展部門〉では，第 2 フェーズを概説しながら，近年の認知文法におけるアプローチの方向性を概観する．[2]

〈基礎内容部門〉：　第 1 フェーズの認知文法の主要な目的の 1 つは，生成文法に取って代わるような一般言語理論を提示することであった．できるだけ理論的な仮定を減らし，誰もがその存在を認めるような自然な認知現象だけを用いて，言語の諸相を記述する新しい言語研究の場が探求されてきた．

第 2 章では，認知文法の言語観を概説する．認知文法では，文法は，本質的に記号的なものであると考える．[3] 記号とは，意味をもった形式であり，意味と形式がペアで結びついたものである．文法形式はすべて意味をもっており，文法規則は，記号化のパターンとして捉えられる．これらの認知文法の基本的な主張は，言語を統合的な認知プロセスの一面と考える，認知言語学的な言語観を前提としている．続く第 3 章では，認知文法における意味の捉え方を概説し，語彙だけでなく，基本的な文法カテゴリーも意味的に特徴づけられることを論じる．第 4 章では，認知文法の統語論へのアプローチを概説し，基本的な文法的構文が，認知文法でどのように分析されるかを考察する．

〈応用進展部門〉：　第 2 フェーズの認知文法は，狭い意味での文法研究のフ

---

[2] 例えば山梨（2000），Taylor（2002）など，これまでの認知文法の概説では，生成パラダイムとの対比で，第 1 フェーズにおける認知文法の意義が強調されてきた．この第 IV 部では，第 2 フェーズである認知文法の発展に力点を置く．

[3] ただし「形式」が何を指すかは，理論によって異なることがある．認知文法，構文文法における「形式」の位置づけについては，第 III 部の構文文法の項も参照．

レームワークから拡張し，談話を含む言語使用と言語構造の問題に踏み込む研究プロジェクトとして新たな展開を見せている．その目標は，構造（structure），処理（processing），談話（discourse）の統一的説明であり，機能主義的な研究潮流の中に位置づけることで，その意義がより鮮明になる．

　まず第5章では，「認知」の二面性に注目しながら，近年の認知文法の進展を方向づける2つの基本的主張を紹介し，続く第6章と第7章でその具体的な内容を論じる．第6章では，すべての記号構造は，相互行為と談話の中に埋め込まれているという主張を，具体例の分析を交えて考察する．第7章では，ある構造は何も無いところから発生するのではなく，別の構造が基準となってそこから創発するという主張を取り上げ，第1フェーズでなされてきた認知文法の分析が，第2フェーズに至ってどのように捉え直されるかを論じる．

第 2 章 〈基礎内容部門〉

記号的文法観

本章ではまず，具体的な分析の前提となる，認知文法の基本的な言語観を概観しよう．第 1 フェーズの認知文法は，生成文法のパラダイムによらない新たな言語理論として提唱された．そのため，認知文法の基本的な考え方を理解するためには，生成文法と比較すると分かりやすい．

(1) a. Alice approached Bill.
　　b. Bill was approached by Alice.

英語の受動文は，認知文法と生成文法の考え方のちがいと，認知文法のフレームワークの有用性を示す良い例である．(1a) は，名詞 Bill が動詞 approached の直後にある他動詞文であり，(1b) のように受動形にすることができる．多くの他動詞文は，おおよそ意味を変えずに，規則的に能動文から受動文にすることができるが，初期の生成文法 (Chomsky (1957)) は，能動文と受動文を対応づける形式的な規則によってこの事実を定式化した．生成文法では，能動文から受動文への変形は，あくまで形式的に規定できると考えられてきた．

これに対して認知文法では，受動文にできるかどうかを説明するためには，意味を考慮する必要があると考える．例えば，形式的には他動詞文である (2a) は，(1a) と同じく動詞 approach が用いられ，主語と目的語を伴っているにもかかわらず，受動形にはできない ((2b))．(1) と (2) の主な違いは，目的語の意味の違いにある．(1a) の目的語である Bill は，Alice と何らかの相互

171

行為を行う人であるのに対して，(2a) の Chicago は，the train の目的地という場所であり，行為の対象ではない．

(2) a.　The train is approaching Chicago.

　　b.　*Chicago is being approached by the train.

(3) a.　The lecturer finally reached the end.

　　b.　*The end was finally reached by the lecturer.

(Langacker (2008: 387))

　受動形にできるかどうかには，目的語の名詞句が人や物体など，力動的 (force-dynamic) な相互作用をする参与者 (participant) を表すか，あるいは時間や場所など，相互作用が展開するセッティング (setting) を表すかという意味的な区別が作用している．セッティングの名詞句が目的語になっている場合には，受動化することができない．(3) の場合も，目的語が講義の終了時間を示しており，時間的なセッティングを表すため，やはり受動化することはできない．

　また，以下の例では，他動詞文の主語名詞句がセッティングとなっている．例えば (4) では，封筒 (envelope) が遺言状 (will) の所在を特定する場所になっている．このときもやはり，受動化することはできない．また (5a) は競技場 (arena) という場所，(6a) は火曜日 (Tuesday) という時間的なセッティングを主語とする「セッティング主語構文」と呼ばれる表現であるが，これらも受動化することができない．

(4) a.　The envelope contained his will.

　　b.　*His will was contained by the envelope.

(5) a.　This arena witnesses many thrilling contests.

　　b.　*Many thrilling contests are witnessed by this arena.

(6) a.　Tuesday saw yet another surprising development.

　　b.　*Yet another surprising development was seen by Tuesday.

(Langacker (1987b: 387–388))

　受動形にできない他動詞は，例外として別途リストにすることで処理できるように見える．しかし，受動形にできるかどうかは動詞によって決まるわけではない．したがって，受動形にできるものを規則として一般化し，受動形にで

きないものは動詞の例外リストを作成するというアプローチでは，本節で見た事例を説明することはできない．受動化は，ある事態が力動的な相互作用として解釈され，他動性が高くなる場合に可能となることが分かる．受動化の制約は，事態をどのように捉えるかという意味解釈の違いに深く関係しているのである．

　生成文法の研究では，音韻，意味，統語の各部門がそれぞれ独立して研究されるものと想定しているが，実際には，統語論の形式的な研究が中心であり，文法が意味からは自律していることが前提になっている．これに対して認知文法では，受動文の例で示したように，形式と意味の両方を考慮しないかぎり，文法の研究は不可能であると考える．文法は形式と意味からなる記号であると考えることで，統語論の諸問題に新たな解決を示したのである．この考え方は「**記号的文法観** (symbolic view of grammar)」と呼ばれている．

　認知文法は，統語論だけを考察対象とするのではなく，意味の記述を十分組み込んだ，より包括的な言語記述のための統一的なフレームワークを示した．以下では，具体的な言語事例を挙げながら，記号的文法観にもとづく認知文法の理論的フレームワークを概説する．

第 3 章 〈基礎内容部門〉

意味と文法

　認知文法は文法形式をあつかう理論ではあるが，文法を意味のある記号として捉えるため，他の理論と比べて意味の側面を重視することになる．この節では，認知文法がどのような意味観を採用しているか述べていきたい．

　伝統的には，言語表現の統語構造（syntactic structure）と語彙部門（lexicon）は，厳密に二分されてきた．統語構造それ自体は意味をもたず，表現の形式を構成し，語彙が表現の意味を決めるものとみなされてきた．これと対照的に，認知文法の記号的な文法観では，文法構造がすべて語彙と同じように意味をもつとされる．[4] 語彙が記号であり，意味をもつというのは直感的に理解できる．これに対して，文法が記号であり，意味をもつというのは，すぐには納得できないかもしれない．認知文法の目的の 1 つは，文法が意味をもつことを，統一的かつ明示的な言語記述によって論証するということである．

　「文法が意味をもつ」という主張を適切に理解するためには，「意味」という用語の意味に注意しなければならない．この主張は，言語表現が事象や事物そのもの（ないしはその表象）を指示するという，「客観的」な意味論の立場をと

---

　[4] Newman（2004: 48-49）は，自らの講義ノートを基に，1977 年秋学期の UCSD におけるラネカーの講義内容を紹介している．Newman によれば，この講義のシラバスは，このセメスターの中で 2 回修正されており，第 1 版で「Grammar & lexicon」とされていたセクションのタイトルが，第 2 版では「Grammar and/as Lexicon」となり，さらに第 3 版では「Grammar as Lexicon」と修正されている．このタイトル修正には，語彙のような典型的な記号と同じように，文法を記号として捉えるラネカーの企図が反映されている．

174

る限りは成り立たない．言語主体の解釈の能力が言語の意味の基盤であるという「主観的」な意味論の立場が，この主張の前提になっている．

3.1. 主観的意味論

言語の意味には，概念化の客体となる**内容** (content) だけでなく，その内容に対する主体の**解釈** (construal) が反映されている．内容と解釈の区別は，認知文法の主観的な意味観に深く関係している．

(7) a. hub, spoke, rim, wheel
    b. husband, wife
    c. finger, hand, arm

例えば，名詞の指示的意味について考えてみよう．図1の3つの図は，点，線分，円をそれぞれ示しているように見える．しかし，実は図1は，(7a) の語の指示対象を表示しようと試みた図である．図2のように車輪の図を背景として添えると，図1がhub, spoke, rimの指示対象の部分に対応することが理解できる．この2つの図の比較から直観的に分かるように，単独で指示対象だけをイメージしても，ある語が何を表しているかは理解できない．例えば(7a) のhubの意味を理解するためには，車輪全体のイメージした上で，その中心部分だけに注意を向けなければならない．同様のことは，spoke, rimについても言える．

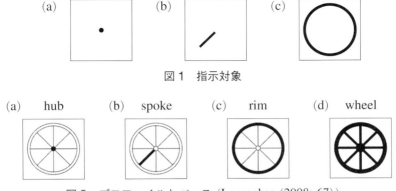

図1　指示対象

図2　プロファイルとベース (Langacker (2008: 67))

では wheel の場合はどうか．hub の場合とは異なり，図 2 （d）が示している wheel のイメージは，wheel が何を表すかをはっきり示しているように見える．しかし wheel という語がもつ典型的な意味の 1 つの側面は，回転して移動を助けるということである．この車輪としての機能は，車体の一部として位置づけられなければ理解できない．この点で，やはり wheel の場合も，指示対象だけでは，その意味を十分理解することはできない．

この例から，指示対象だけではなく，語が喚起する背景情報も語の意味理解に関わっていることがわかる．前者は注意の焦点として，後者は注意の背景として捉えられている．膨大な知識のどの部分に注目するかが，語の意味に深く関係している．

認知文法では，語の意味を特徴づける注意の焦点と背景は，それぞれ**プロファイル**（profile），**ベース**（base）と呼ばれる（Langacker (2008: 66-70)）．プロファイルとは，言語によって表現されることにより，注意の焦点となる部分（＝図の太線）をいう．ベースとは，プロファイルに伴って背景情報として喚起される概念内容（＝図の細線）をいう．(7) の意味の違いは，共通のベースにおけるプロファイルの違いを反映している．(7b) では親族関係がベースになり，(7c) では身体構造の概念がベースになっている．それぞれの語彙項目の意味のちがいは，共通のベースにおけるプロファイルの違いによって特徴づけられる．

一方で，プロファイルが同一であるにもかかわらず，意味が異なる場合もある．例えば，(8) の 2 つの表現は同じ事態内容を表している．また before や after は時系列における事態の関係，つまり先行事態と後続事態の関係（＝破線両矢印で結ばれたボックス）を表している（図 3）．この点で，(8) の 2 つの表現は，同じ概念内容をプロファイルしていると言える．

(8) a. The other guests all left before we arrived.

b. We arrived after the other guests all left.

(Langacker (2008: 72))

before と after の意味の違いを特徴づけるのは，2 つの事態のうち，どちらに主な関心が向けられているかという点にある．2 つの要素の関係がプロファイルされる場合，要素の 1 つが注意の主な焦点になり，これを**トラジェクター**（trajector: tr）と呼ぶ．もう 1 つ別の焦点として際立つ要素がある場合，これ

をランドマーク (landmark: lm) と呼ぶ．(8a) では先行事態がトラジェクターとなり，逆に (8b) では後続事態がトラジェクターになるということが，両者の意味の違いを特徴づけている．

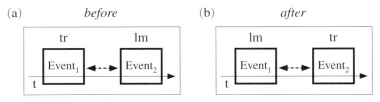

図3　トラジェクターとランドマーク (Langacker (2008: 72))

基本的に同様のことが (9) についても言える．(9) は一見すると，すべて同じ意味をもつように見える．しかし，(9a) と (9b) は，line A と line B のどちらがトラジェクターになるかという点で，厳密には意味が異なる．(9c) では，両者がグループ化され，1つのトラジェクターとして解釈されており，どちらかを主な焦点とはしないという捉え方が表現されている．

(9) a.　Line A is parallel to line B.
　　b.　Line B is parallel to line A.
　　c.　Lines A and B are parallel.　　　　　(Langacker (1990: 12))

3.2.　概念化としての意味

3.1 節の分析から分かるように，コミュニケーションの中で我々が理解する言語の豊かな意味は，主観的な解釈を考慮することではじめて正しく理解することができる．認知文法では，言語の指示的な意味は，言語表現と客観的世界の関係によって規定されるとは考えない．指示的意味は，語から喚起される概念内容の全体のうち，注意の焦点として捉えられた部分として規定される (Langacker (1986: 6))．一見すると同じことを意味するように見える (8a–b) や (9a–c) のような表現でさえも，主観的な意味を考慮すると，厳密には異なる意味をもつのである．

意味が異なるならば，使うことができる文脈も異なってくる．(10) は，語彙項目によって喚起される**スコープ** (scope) のちがいが，所有関係を表す

have 構文の適切性のちがいを動機づけていることを示している.

(10) a. A finger has 3 knuckles and 1 nail.
b. ?An arm has 14 knuckles and 5 nails.
c.??A body has 56 knuckles and 20 nails.

(Langacker (1986: 9))

例えば,[NAIL] という概念は,[FINGER] の概念が無ければ概念化できず,この点で [FINGER] を前提としている.このことは,「指」ということなく「爪」の説明ができるか試みてみれば分かる.このとき [FINGER] は [NAIL] の**直接スコープ**(immediate scope: IS)であるという.指は腕の一部であるという点で,確かに [NAIL] の概念化には,[ARM] も関係しているが,その特徴づけに必要不可欠であるというわけではなく,[ARM] は直接スコープからは外れている.さらにいえば,[BODY] は [NAIL] の概念化にとっては,[ARM] や [FINGER] を通して間接的に関与するにすぎない.言語表現の意味に関与する概念内容の全体は,**最大スコープ**(maximal scope: MS)と呼ばれ,finger の意味における最大スコープには,[BODY] も含まれる.

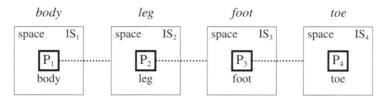

図4　直接スコープとプロファイル(Langacker (2015: 125))

(10)の適切性の差異は,スコープという観点から説明できる.すなわち,他の条件が同じであれば,主語が目的語の直接スコープとなる時に最も適切性が高くなるのである.

スコープという概念によって,語彙と文法のさまざまな側面が自然に説明される.(11a)は,ウェッジ'＞'の左にある名詞のプロファイルが右にある名詞の直接スコープとなるという階層的な関係を示している(図4).(11b)の複合名詞 N1＋N2 は,N1 が N2 の直接スコープになっている.これに対して,(11c)のように N1 が N2 の直接スコープではない場合には複合名詞は形成されない.スコープの特性は,複合名詞形成に関する形態論的な制約になってい

第 3 章　意味と文法　179

るのである．

(11)　a.　body ＞ leg ＞ foot ＞ toe
　　　b.　fingernail, eye lash, shoulder blade
　　　c. *armnail, *facelash, *body blade

(Langacker (2008: 65))

　スコープのように，ある理論概念がさまざまな言語現象に適用できるということは，その概念を設定することの妥当性を示している．認知文法では，3.1節と 3.2 節で挙げた概念以外にも，さまざまな解釈を特徴づける理論概念が提案されている．これらの理論概念の提案の背景では，語彙，文法のさまざまな側面に適用できるかどうかということが慎重に考慮されている．[5]

　認知文法では，意味は概念化（conceptualization）に等しいと考える．[6] 概念化は，認知の主体が世界と関わる行為であり，対象の知覚をはじめとして，身体感覚や運動感覚，情動の理解，対話者による談話の理解，談話を支える相互行為のコンテクストの理解を介してなされるものである（Langacker (2007: 431)）．現実世界（ないしは想像の世界）のあらゆる側面が概念化される可能性があり，それだけ言語の意味内容も広がりをもつ可能性を秘めている．これに加えて，人間は同じ概念内容を異なる方法で捉え，描き出す解釈の能力をもつ．客観的な状況や対象が同じ場合でさえも，主観的な解釈が異なれば，言語表現も異なってくる．認知文法の考える「意味」はこのように豊かなものであり，きめ細やかな意味の違いが考察対象になる．認知文法の記号的な文法観は，この精緻な意味分析によって支えられている．

---

　[5] 3.1 節と 3.2 節で例示した解釈の現象は，認知文法が提示するフレームワークのごく一部である．意味論における解釈の諸相を論じた Langacker (2015) では，解釈の 5 つの次元として，パースペクティヴ（perspective），選択（selection），際立ち（prominence），動性（dynamicity），想像性（imagination）が挙げられている．解釈の特性をまとめた論考としては，Langacker (1987a: 3.3, 2008: Ch. 3) も参照．

　[6] より厳密には，言語の意味構造は，言語の慣習によって形成される概念化の "パターン" であると考えることができる．Levinson (1997: 13-14) は，「意味は概念化である」という主張は，意味表象と概念表象を混同しているとして認知文法を批判している．これに対してラネカーは，概念化が言語の意味になるのは，言語上の目的に適合しており，言語に利用される限りにおいてであると述べている（Langacker (2010: 95)）．

3.3.　文法カテゴリーのプロトタイプとスキーマ

以上で述べてきた認知文法の主観的な意味観を踏まえて，この節では，文法研究の具体例として，品詞の問題を取り上げ考察する．

品詞という基本的な文法カテゴリーをどのように規定するかはしばしば議論の的になってきた．ある語の概念内容だけでは，その語が名詞であるか動詞であるかは決まらない．したがって，品詞は意味によって規定することはできないように思われる．このことは，文法の自律性を擁護する論拠の１つであるとみなされてきた．それにもかかわらず，認知文法は，品詞は意味によって規定できると主張している．このアプローチは，認知言語学全体の中でも認知文法独自のものである．[7]

例えば，explode と explosion は，同一の事態を表現できるという点で同じ概念内容をもつ．概念内容だけ着目すると，動詞と名詞の違いは，例えば文における生起の位置，屈折の仕方などの文法的な振る舞いのみによって規定されるように見える．さらに，(12) に例示されるような，多種多様な名詞を見ると，名詞というカテゴリー全体を規定する意味的な共通性を見いだすことは困難であるように思われる．

(12) a.　spoon, car, dog, umbrella, rock, board, mattress
　　　b.　pair, committee, archipelago, constellation, alphabet
　　　c.　concert, earthquake, explosion, walking
　　　d.　gold, air, beauty, anxiety, philosophy, nonsense

しかしこの議論は，概念内容の特定の側面だけを取り上げた，きめの粗い議論である．同じ名詞というカテゴリーに属する語であっても，すべての語が均質であるというわけではない．(12) の中でも，名詞として典型的なものは (12a) のような「物体」を表す名詞であると感じられるが，それは「物体」が日常生活において高頻度で経験されるためであると考えられる．この点で，名

---

[7] 特に名詞と動詞の意味的規定については，認知文法の初期から近年に至るまで，多くの研究がなされている．名詞と動詞（および名詞句と節）の対照性と並行性については，Langacker (1991a: Ch. 3, 2008: Ch. 4-5, 2009a: Ch. 6) を参照．

詞の**プロトタイプ**（prototype）は「物体」を表す名詞であると言える.[8] 概念内容だけを考えると，文法カテゴリーのプロトタイプの特性を捉えることはできるが，文法カテゴリーの一般的特性を捉えることはできない．文法カテゴリーの一般的特性を明らかにするためには，意味の別の側面に注目する必要がある.

　(12) のすべての名詞に共通する意味とは何だろうか．(12b) のような集合名詞には，グループ化（grouping）による解釈が反映されている．グループ化とは，複数の存在を互いに結びつけることである．例えば，pair の意味において重要になるのは，指示対象が物体であるということではなく，指示対象を連結して1つのグループとして解釈するということである．また committee は，たとえ会員が一所に集まらなくても，共通の目的をもって話し合い，働く1つのグループとして解釈されている．(12c) の出来事名詞や動名詞，(12d) の物質名詞や抽象名詞は，具象化（reification）による解釈が関係していることを示している．具象化とは，ある存在をまとまった単一の存在とみなすことである．活動や材質は，物理的な物体とは異なり，具体的な形状をもつわけではないが，このような抽象度の高い概念でさえも，人間は具象化して捉える能力をもっている.[9]

　認知文法では，グループ化と具象化を経た存在物を「モノ（thing）」と呼び，名詞のカテゴリーの成員に共通するスキーマ（schema）が「モノ」であるとみなす．プロトタイプである物体はもちろんモノであるが，それに限らず，グループ化され，具象化された存在物はモノであると考えてよい．このように，グループ化と具象化という**認知能力**（cognitive ability）が，名詞のスキーマを産出しているのである.

　ある語が喚起する概念内容のどこに焦点を置くか，つまり何をプロファイルするかが，その語の品詞を決めることになる．例えば bat という語は名詞とし

---

[8] プロトタイプについては第Ⅰ部3.8節を参照．文法カテゴリーのプロトタイプを決めるのは，物体や空間移動，人の顔，人の身体，容器とその中身，全体と部分，何かを見る経験，何かを掴む経験，力を使って変化を生み出す経験，話す経験といった，日常の経験に根ざした高頻度で基礎的なゲシュタルト的概念である．認知文法では，これらの基礎的な概念を概念原型（conceptual archetype）と呼ぶ.

[9] グループ化や具象化のプロセスは，(9a) のようなプロトタイプ的な物体の概念化においては意識されないが，その理由は，これらの認知プロセスがほとんど自動的に起こっているために，背景化されているからであると考えることができる（Langacker (2008: 106-107)).

ても，動詞としても用いられる．(13a) のように bat を名詞として用いる場合には，モノとして解釈される木の道具がプロファイルになる．bat が喚起する概念内容には，誰かがボールを打つために細長い木の棒を振るという概念が含まれるが，(13b) のように bat を動詞として用いる場合には，この道具を使用した行動のプロセス (process) に，プロファイルが移る．(14) の機能的な差異にも同様に，プロファイルの変化が反映されている．(14b) のような分詞の修飾用法は，動詞 open が喚起する時間的な状態変化のうち，最終的な結果状態だけがプロファイルとして前景化され，その状態に至るまでの経過はベースとして背景化される解釈を反映している．概念内容が同一であっても，解釈の違いによって，品詞の差異が規定されるのである．

(13) a. He uses a heavy bat.
  b. It's your turn to bat. (Langacker (2008: 98))
(14) a. A butler opened the door.
  b. the opened door (Langacker (1990: 14))

以上のような，意味による品詞の規定は，「言語形式が意味をともなう記号である」という事実の一例であると考えることができる．「文法的」形式と「語彙的」形式は，どちらも意味をもっている．ただし文法の場合は，その形式も意味も具体性がなく，スキーマ的であるという特徴がある．

　文法が意味的に規定されるという主張に対して，「文法は意味から予測できるものなのか」という反論がなされることがある．しかし，認知文法の記号的文法観の立場では，この問いはあまり重要なものではない．この問いは，「語彙項目の語形は意味から予測できるのか」という問いに似ている (Langacker (2003: 81))．語形は明らかに意味からは予測されないが，だからといって，語彙を意味とは無関係のものと考えてよいことにはならない．意味が掲載されておらず，語形だけがリストされた辞書を読んで喜ぶ人はいない．語彙と同じように，文法は記号として形式と意味をもっている．したがって，意味は文法の一部である．文法が意味から完全に予測されることはないが，文法を十全に記述するためには，形式だけでなく，解釈レベルの意味の特性を詳しく考察することが不可欠になるのである．

第 4 章 〈基礎内容部門〉

構文としての文法規則

　第 3 章で考察した，意味を重視する認知文法の記号的文法観にもとづいて，第 4 章では，言語の規則性を認知文法がどのように捉えているかを論じていく．言語を用いてコミュニケーションするためには，語，句，節といった言語単位を組み合わせていく必要があるが，この組み合わせがでたらめでは，言葉は通じない．この意味で，言語単位の組み合わせ方には規則性がある．この事実をどのように記述するかということは，文法理論の重要な課題の 1 つである．

　第 2 章で述べたように，従来の統語論では語彙と文法が明確に分離され，規則として一般化できる現象だけが文法の問題であるとされてきた．これに対して認知文法では，語彙と文法はともに形式と意味の対からなる記号であると考えられている．記号的文法観の立場では，語彙と同じように，文法は意味をもつと考えることで，記号化のパターンとして言語の規則性を捉えていく．本章では，修飾構造を例にとって，統語論における認知文法の考え方を概説する．

4.1.　統語構造とカテゴリー化

　認知文法では，統語論的な分析を行うためのさまざまな理論概念が提案されているが，言語を形式と意味の対であると見る立場は一貫している．統語論における認知文法の基本的な考え方を理解するために，ここでは，smart woman という，一見すると単純に見える名詞句を例として考察しよう．この名詞句は 2 語からなるが，それぞれどのような形式と意味をもち，どのよう

183

なメカニズムによって，修飾の構造が成り立っているのだろうか．

まず意味の面を考えてみると，形容詞 smart は，ある存在が知性のスケールにおいて基準値以上の位置を占めることを表すと言える（図5左下図，太線の破線で結ばれた矢印と太線の円を含むボックス；n はスケールの基準を示す）．一方，名詞 woman は女性を表す（図5右下図，W とラベルされた太線の円）．ここでは表示を単純化するために，woman の詳細な表示を省き，W として略示している．

この形容詞と名詞がどのようにして組み合わせられるのだろうか．まず問題になるのは，要素の**対応関係**（correspondence）による結合である．smart は，スキーマ的なトラジェクター（tr）となる「ある存在」が，知性を持つことを意味する．smart のトラジェクターは，ここでは woman のプロファイルに対応づけられる（図5，水平方向の点線）．この対応関係によって，2つの語が関係づけられ，知性のスケール上に位置づけられた女性という複合的な意味が得られる（図5の上図）．合成表現 smart woman のプロファイルはその女性であり，この表現全体としては名詞（句）になる（プロファイルと品詞については，3.3節を参照）．

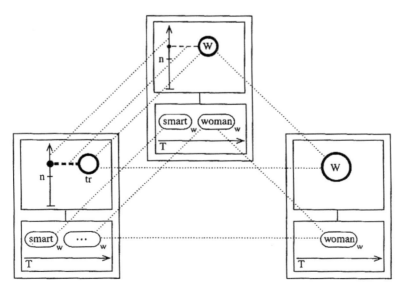

図5　対応関係のリンク（Langacker (2003: 51)）

このように**部分構造**（component structure）が対応関係によって統合されることで，**合成構造**（composite structure）を形成する．これは意味の面だけでなく，形式の面でも同様である．smart と woman が修飾構造を形成する上では，この2語がこの順序で生起するという語順の情報が重要な役割を担う．修飾表現として smart という語が用いられる場合，この語のすぐ後には別の語が生起する．図5左下図の w とラベルされた2つの楕円は2語が連続的に生起することを示している（T とラベルされた矢印は，時間の流れを示す）．smart の形式面に含まれる語順の情報によって，形式的にも woman とのリンクが形成される．

　以上の説明は，一見するとほとんど自明の事実をなぞっているように見える．しかし興味深いのは，認知文法では，統語的な記号合成を実現しているのは対応関係と**カテゴリー関係**（categorizing relationship）という2種類の関係であると主張されていることである．対応関係については 図5で示した通りである．以下では同じ smart woman を例にして，カテゴリー化の役割を考察しよう．カテゴリー関係によるリンクは図6のように図示される（ここでは意味極のみに注目している）．

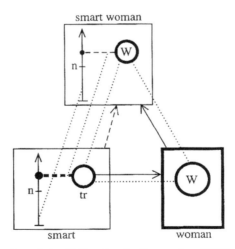

図6　カテゴリー関係のリンク（Langacker（2003: 52））

はじめに，smart のトラジェクターと woman の関係を再度考察しよう．この2つの要素の間には，対応関係だけではなく，カテゴリー化も関係している．

smart のトラジェクターはいわば「スロット」としての役割を担っており，他の要素によって具体化されるスキーマ的な要素である．このように，ある部分構造の中にスキーマ的な要素があり，他の部分構造がその要素を精緻化することがよくある．このスキーマ的な要素を**精緻化サイト** (elaboration site)，または **e-サイト** (e-site) という．ここでは，smart のトラジェクターが e-サイトであり，woman によって精緻化されることで，トラジェクターの内容が具体化される（図 6 では水平方向の実線矢印）．woman の側に視点を移して言い換えるならば，woman は「知性をもったモノ」としてカテゴリー化されていると言える．

　さらに，2 つの部分構造と合成構造の間にもカテゴリー関係がある（図 6 では垂直方向の矢印．形式の面はここでは省略されている）．部分構造であるwoman から見ると，smart woman は woman が表す一般的な「女性」をより詳しく意味づけている．したがって，合成構造 smart woman は部分構造woman を精緻化する（図 6，上向きの実線矢印）．それに対して，もう 1 つの部分構造である smart から見ると，smart woman と smart はプロファイルのタイプが異なる．smart は関係をプロファイルするのに対して，smart woman はモノをプロファイルするためである．smart と smart woman には解釈レベルの意味の不整合性があるため，合成構造 smart woman は部分構造 smart の拡張として位置づけられる（図 6，上向きの破線矢印）．

4.2. 構文スキーマ

　文法による記号の合成は，複雑なカテゴリー化である (Langacker (1987a: Ch. 12))．一見すると単純に見える表現でも，その統語構造は複雑なカテゴリー関係の組み合わせからなっている．[10] 多くの言語使用の中で，同じカテゴリー化が繰り返されると，そのカテゴリー化はパターンとして定着する．文法の機能を支えているのは，この記号化のパターンである．以下では，記号化の

---

　[10] 文法は一見すると規則的に見えるが，どのような対応関係とカテゴリー関係が生じるかは，具体的な事例によって異なる．文法は「換喩的 (metonymic)」であるという認知文法の主張は，統語構造の複雑性と柔軟性についての認知文法の見方を端的に示している．換喩の観点から見た文法の詳しい議論については，Langacker (2009a: Ch. 2, 2009b) を参照．

パターンの観点から言語の規則性を捉える認知文法のアプローチを概説する.

4.1 節と同じく修飾構造を例として考えよう. (15) には,形容詞と名詞が修飾構造を作っているという点で,統語構造の共通性がある(図7).

(15) a. black cat, yellow balloon, red pen
   b. smart woman, elegant word, ingenious device
   c. plural form, multiple personality, unlimited energy

図7に示されるように,この修飾表現からは［形容詞（A）名詞（N）］という共通のパターンを抽出することができる.このようなパターンを**構文スキーマ** (constructional schema) という.[11] この構文スキーマでは,具体的な表現が表していた概念内容は捨象されている.しかし,対応関係やカテゴリー化の関係の情報,プロファイル／ベース,トラジェクター／ランドマークといった解釈のパターンは保存されている.図6と図7の比較から分かるように,具体性の差はあるものの,文法的な記号化のパターンである構文スキーマの構造は,具体的な言語表現と正確に対応している.

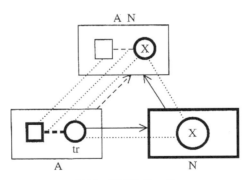

図7　構文スキーマ

見方を変えれば,構文スキーマは,言語表現の統語的な骨格として具体的な事例に内在 (inherent) していると言える.逆に,事例となる表現は,抽象的

---

[11] 認知文法では,例えば修飾構造の構文スキーマは,生得的な言語知識として備わっているものではなく,(15) のような具体的な言語事例からボトムアップに学習されると考える.この考え方のモデルは「用法基盤モデル (usage-based model)」と呼ばれる.用法基盤モデルについては,Langacker (2000),早瀬・堀田 (2005) を参照.

な構文スキーマを精緻化し，概念内容を肉づけしていると見ることができる（Langacker（2003: 54））．語彙を含む具体的な言語表現と，文法的な統語のパターンの違いは，あくまで抽象度の問題であり，語彙と文法は記号としての性質を共有しているのである．

4.3. 意味の創発性

複合的な合成構造の意味は，その部分構造がどのような筋道で統合されるかに応じて異なってくる．そのため，構文スキーマが指定する合成の手順は重要である．

（16）を例に考えてみよう．（16a）と（16b）を構成する部分構造は同じであるが，その語順は異なっている．

(16) a.　smart woman
     b.　woman smart

（16a）については，4.1 節と 4.2 節で詳しく考察した通りである．図 7 のスキーマを言語知識として持っていれば，（16a）を修飾構造の事例としてカテゴリー化できる．しかし，（16a）と語順を反対にした（16b）には，同じ構文スキーマを適用することはできない．では，（16b）はどのように解釈したらよいだろうか．

（16b）の 1 つの解釈として，「女性的な知性をもった」という意味の複合形容詞として理解することができる（図 8）．ある人が，自分がよく知っている領域のことについては鋭い知性を発揮するのに，別の領域には全く無知である，ということはよくある．そのため smart という語の表す知性が，特定の知識領域（図 8 右下図，楕円）のみに関して成り立つ場合がある．（16a）は smart が woman を修飾しており，そのような知識領域は喚起されない（図 6 を参照のこと）．これに対して（16b）の場合には，smart が喚起する知識領域が woman という語の意味によって特定される（図 8，水平方向の実線矢印と点線）．こうした対応関係とカテゴリー化の関係が，woman smart という，一見すると非慣例的に見える表現の意味を新たに創発させているのである．

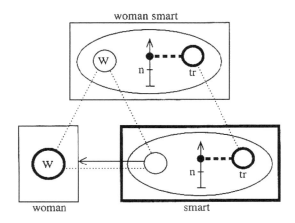

図 8　合成構造の創発的性質（Langacker (2003: 64)）

ここで鍵となるのは，woman smart という表現の解釈に適用される複合語形成の構文スキーマである．(17) に示されるように，名詞と形容詞から複合形容詞が形成されることは珍しくない．

(17) a. world-famous
　　　b. smoke-free
　　　c. sun-dried

[N A] という複合形容詞の構文スキーマは，形容詞と名詞をどのように統合し高次の複合形容詞を形成するべきかについての情報を提供する．この構文スキーマは，語の配列だけではなく，「形容詞 A が表す性質がどのようなトピック (N) で成立するか」という意味解釈上の情報も喚起するのである．

　一見すると，(16a) は規則的な表現であり，(16b) は例外的な表現であるように見えるが，両者には本質的な違いがあるわけではない．これまでの統語論では，部分の組み合わせが全体を規定するという構成性（compositionality）が，文法記述にとって根本的な重要性をもつものであると考えられてきたが，認知文法では，構成性は，記号化のパターンの一側面にすぎないと考える．部分構造は，常に合成構造の全内容を規定するわけではない．たいていの場合，言語表現を構成する部分的要素は，より高次の意味構築のプロセスの手がかりとしての役割を担うものであるに過ぎない．(16) の比較から分かるように，

部分構造が全く同じでも，合成構造の意味は異なる場合がある．適用される構文スキーマが異なるならば，結果として得られる意味は全く異なるのである．

4.4. 認知文法と構文文法

最後に，「構文」に関して，認知文法の見方と構文文法の見方を比較することで，認知文法の特徴をまとめておこう．（なお構文文法について，詳細は第II部を参照のこと）．

構文文法は，形式と意味からなる構文が主な研究対象であるという点で，記述的なフレームワークとしては認知文法と似ている (Fillmore (1988)，Goldberg (1995, 2006)，Croft (2001)，Fried and Boas (2005))．特に，認知文法も構文文法も，文法が語彙と同じように意味をもつ記号であり連続的なものであると想定する点では一致している．統語の問題か，語彙の問題かという問題の立て方は，これら2つの理論では意味をなさないのである．認知文法では，構文のサイズと具体性はさまざまであるとみなす．*smart woman* や *elegant word* のような具体的表現も，それらから抽出したスキーマ [A N] も，ともに構文としての性質を備えている．

その一方で，認知文法と構文文法とで本質的に異なるのは，認知文法がプロファイルなどの解釈の要因と人間の一般的な認知能力を重要視する点にある (Langacker (2007: 422))．認知文法では，言語記述に必要なのは，記憶，知覚，注意などのよく知られた基本的な認知的現象だけであるという主張が一貫してなされている．その背景には，疑わしい理論的仮定を可能な限り排除するべきであるという理念がある．認知文法の目的は，基本的な認知能力に関する最低限の仮定だけで，どれだけ多くの言語構造を記述することができるかを明らかにすることにある (Langacker (2016b: 24))．認知文法の「認知」は，この理念によって意味づけられているのである．

第 5 章 〈応用進展部門〉

「認知」と文化・身体

　認知文法では，言語記述に必要になるのは，記憶，知覚，注意，解釈などの，よく知られた基本的な認知現象だけであると考える．Langacker（2014: 28-37）は，これらの基本的な認知現象は，文化と社会に根づいて（embedded）いると同時に，身体化（embodied）されていると述べている．この認知の 2 つの側面は，第 2 フェーズの認知文法の研究の方向性に関係している．

　第 1 に，言語によって喚起される概念化の認知プロセスには，文化と社会を背景とする莫大な知識が刻み込まれている．言語はそれ自体で存在するわけではなく，すべての言語構造は，言語使用から創発する．具体的な言語使用の状況では，対話者がおり，対話者の相互行為と発話状況がある．言語構造が言語使用を反映しているとすれば，すべて言語構造には，言語使用の諸相が多かれ少なかれ反映されていることになる．言語使用のコンテクストには，例えば年齢，ジェンダー，身分，社会的関係の情報も含まれている（本書第 V 部も参照のこと）．これらの情報についての概念化が慣習化され，言語構造に取り込まれれば，社会的要因は言語構造の中に組み入れられていく（Langacker（2016c: 469））．

　談話や文化・社会といった言語使用のコンテクストは，広い意味で，言語の「意味」の一部である．言語の目的に応じた概念化である限り，言語使用のコンテクストのどの側面が概念化されるかということは，大きな違いではない．したがって認知文法では，社会や文化に関わる言語の特性を分析する場合でさえも，特別な道具立てを新たに用意する必要はない（Langacker（2010: 92））.

191

文法を特別視せず，あらゆる言語現象を連続的に捉えようとする姿勢は，認知文法の理論を特徴づける研究方針であると言える．第6章では，この点に着目して，相互行為と談話が，語彙や文法の意味とどのように関わり合っているかを考察する．

　第2に，認知は身体性を基盤としている．人間は類似した身体をもち，概して同一の知覚的器官をもっている．この意味で，身体に備わった基本的な認知能力は，多種多様な言語文化に生きる人々の共通項になっている．物理空間において，物体やその運動を知覚すること，重力の中でバランスをとり運動すること，力動的な相互作用に能動的ないしは受動的に参与すること，他者の視線を追い，他者の意図を読みとることなど，基本的な身体経験はほとんどすべての人にとって共通のものである（ibid.: 31）．認知文法では，この身体経験の基盤になる認知能力が，同時に言語の基盤でもあると考える．[12] したがって，言語構造の一般的特性を解明することは，認知能力を基盤とする身体経験の一般的特性を解明することでもある．認知文法の理論的意義は，一見すると共通性があるとは思えないような多様な言語現象の中に，人間の経験の重要な側面が反映されていることを明らかにしている点にある．

　第2フェーズの認知文法では，注意を移す，知識を得るといったありふれた日常的な経験が，言語にとっていかに重要であるかが改めて取り上げられている．注意，認識，カテゴリー化などの認知現象は，第1フェーズの認知文法の理論的基盤として取り入れられてきた．これらの認知現象に通底するものは何か，言語の根本には何があるのかという疑問は，つねにより一般的な理論的枠組みを模索する認知文法の理論を方向づけているように思われる．第6章では，ある基準があって，その基準から別の何かが創発的に認知されるという現象が，言語のあらゆる側面に反映されているという考え方を紹介する．

---

　[12] 認知は身体化されていると同時に，文化に根づいており，社会化されている．人間に共通する身体の経験は，諸言語の具体的な有り様のすべてを予測するわけではない．実際の言語現象の性質は，地域と時代に密着した，文化と社会の性質によって決まってくる．ある言語文化は，身体性がもたらす可能性の中の，1つの具体的な実現形であると考えることができる（Langacker（2014: 33–34））．

第 6 章 〈応用進展部門〉

非自律性の言語学：概念基盤

　第6章では，これまでの言語学では軽視されてきた，「言語外」的に見える要因が，言語の記述にとっていかに重要であるかを論じていく．第2フェーズの認知文法では，一般的な認知能力と概念的知識が言語の記述に不可欠であるという第1フェーズの主張を掘り下げるかたちで，経験の多種多様な側面からなる**概念基盤**（conceptual substrate）の役割が強調されている．概念基盤とは，言語表現の意味として喚起される概念内容の源であり，知識，心的構築物，話者間の相互行為，談話の文脈理解から構成される（Langacker 2008: Ch. 13）．以下では，相互行為と談話の概念基盤に注目して，言語記述における経験的知識の重要性を考察する．

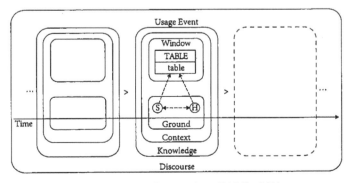

図9　概念基盤（Langacker（2016b: 30））

概念基盤という概念は，言語表現を単独で考察することはできず，いろいろなコンテクストを考慮しなければ十分には記述できないという考え方にもとづいている．例えば，語の記号構造を表す [TABLE/table] のような表示法は，あたかも語の意味と形式が独立して存在するかのような印象を与える．しかし実際には，記号を無数の概念基盤から切り離すことはできない．図9に示された要素は，厳密には，すべての言語表現の特徴づけに関係している[13]（Langacker (2016b: 29))．グラウンドをはじめ，コンテクスト，背景知識，さらに進行中の談話が前後の談話とどのように関係するのかについての理解も，記号構造の概念基盤として機能する．以下では，主な概念基盤として，話し手と聞き手の相互行為および談話について見ていきたい．

6.1. 相互行為の概念基盤

一見すると単純に見える発話でも，その意味には，概念化を行う主体の視点が刻印されている．話し手（speaker: S）と聞き手（hearer: H），さらに発話状況のコンテクストを含む**グラウンド**（ground）は，意味理解におけるデフォルト的な**立脚点**（vantage point: VP）としての役割を担う（Langacker (2008: 75-77))．例えば，yesterday と tomorrow の意味の違いは，問題となる日に関して，発話者の立脚点が未来であるか，過去であるかの違いを反映している（図10 (a), (b))．

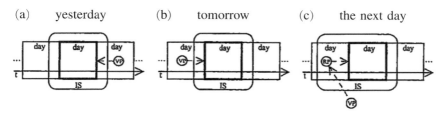

図10　他者視点のシミュレーション（Langacker (2015: 124))

---

[13] 図9において，それぞれの層がどのような順序で階層化されるかに関しては議論の余地がある．実際，Langacker (2008: 466) の図では，談話の層はコンテクストの層の内部に位置づけられている．ただし同時に，ボックスで示された層は離散的な構造ではなく，際立ちと中心性に応じて連続体をなす（Langacker (2016b: 29))という点にも注意する必要がある．

さらにグラウンドは，他者の経験をシミュレーションする際の出発点としての役割も担っている．例えば，tomorrow は一見すると，the next day と同じ意味をもつように見える．しかし（18）が示すように，両者の意味には使い分けがある．

(18) a. She delivered her lecture and left the next day.
　　 b. *She delivered her lecture and left tomorrow.
(Langacker (2015: 124))

tomorrow は，発話時点からみた次の日を表すという意味で，（特別な談話のモードを除いて）つねにグラウンドを喚起する．したがって（18b）のように，過去時点からみた次の日を示すために用いることはできない．これに対して the next day という非直示的な迂言的表現は，グラウンドとは異なる立脚点をとる．図10（c）は，the next day という表現によって，直接スコープ（IS）の中に主語である *she* の視点をシミュレーションする時系列の参照点（reference point: RP）が喚起されていることを示している．tomorrow とは異なり，the next day では問題となる時間関係が，外部の視点から捉えられている．言語表現の意味は，概念化の立脚点によっても異なるのである．

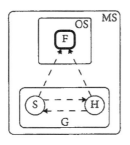

S = speaker
H = hearer
G = ground
OS = objective scene（onstage region）
F = focus of attention（profile）
MS = (maximal) scope of awareness

図11　プロファイルの間主観性

以上の考察から分かるのは，誰が話し手か，誰の視点か，話し手と聞き手はどのように相互行為を行っているかといった，言語主体についての理解は，言語記述に不可欠な概念基盤の1つであるということである．言語表現の意味は，概念化における注意の中心である**対象領域**（objective scene: OS）の中にある要素だけでなく，そこへ注意を向ける主体にも深く関係する（図11）．

3.1 節でみたプロファイルとベースの関係を表す図2では，概念化の主体は

196　　第 IV 部　最新の認知文法研究の進展

表示されていない．しかし，注意の主体が常に関与している以上，プロファイル／ベースの概念も厳密には図 11 のような構図で理解される必要がある．ある表現の指示対象（＝プロファイル）が適切に伝達理解されるには，話し手と聞き手が注意の焦点（focus of attention: F）を共有しなければならない．[14] 言語表現の意味に関与する概念内容の全体である最大スコープ（MS）には，対話者の相互行為（図 11，S と H に互いに向けられている破線矢印）がつねに含まれているのである．

6.2.　言語の意味と相互行為

　図 11 に示される相互行為の概念基盤は，言語の意味のさまざまな側面に関与している．図 12 は，語レベルから文レベルに至る，多様な表現の意味が，同じ概念基盤にもとづいていることを図式的に示している．例えば，dress のような語彙項目では，対象領域とグラウンドは分離しており，対話者（S と H）は概念化の主体として対象領域の外にいる（図 12（a））．これに対して，指示詞 this は，名詞句のプロファイルが話者の直接的な興味の領域内にあることを意味する（図 12（b）の楕円領域）．基本的には，S と H は対象領域の外にあって概念化の主体としての役割を担うが，グラウンドとの関係が意味の一部になることもあるのである．

　対話者自体が，注意の焦点になる場合もある．代名詞 I の主な機能は，プロファイルとグラウンドの中の話し手（S）を対応づけることにある（図 12（d））．結果として，プロファイルと話し手が重ね合わせられると，対象領域とグラウンドはオーバーラップすることになる（図 12（e））．

(19)　a.　Alice likes this dress.
　　　b.　I like you.

---

　[14] この意味で，言語表現のプロファイルとは，厳密には，単なる注意の焦点ではなく，対話者が共同的につくり上げる間主観的（intersubjective）な注意の焦点であると言える．

第 6 章　非自律性の言語学：概念基盤　　197

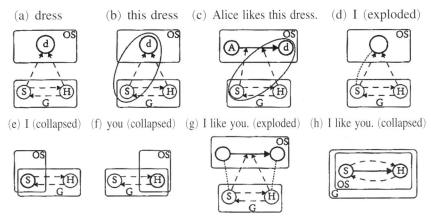

図 12　主体／客体としての対話者（Langacker (2016b: 33)）

　以上の語レベルの意味構造は，文のレベルの意味にも直接的に反映される．(19a) では，this が喚起する意味によって対象領域とグラウンドが間接的に関係づけられる（図 12 (c) の楕円）．これに対して，(19b) では I と you の意味によって，対象領域とグラウンドが直接的に対応づけられる（図 12g の点線）．対応関係による要素の重ね合わせ（図 12 (e), (f)）を加味すると，(19b) は，概念化の対象になる事態がグラウンドの内部で起きているものとして理解される（図 12 (h)）．[15]

　図 12 から視覚的に理解されるように，図 11 は，普通名詞，指示詞，代名詞，およびこれらを含む他動詞節のような，異なるタイプの言語表現の意味の統一的な記述モデルになっている．さらに，陳述，質問，命令，約束などの発話行為のレベルに至っても，驚くべきことに，認知文法では，語レベルや文レベルの現象と同じ概念基盤をベースにした記述がなされる．

---

　[15] 図 12 の "exploded" バージョンと "collapsed" バージョンは，内容としては等価である．(e) や (h) の表示法のねらいは，グラウンドの要素が対象領域の中に入ることがありふれたことであることを強調する点にある．

(a) Alice ordered Bill to leave.　(b) I order you to leave.　(c) You leave!

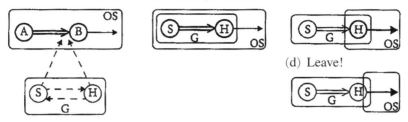

(d) Leave!

図 13　発話行為とグラウンド（Langacker (2016b: 34)）

(20) a.　Alice ordered Bill to leave.
　　 b.　I order you to leave.
　　 c.　You leave!
　　 d.　Leave!

(20a) と (20b) では同じ order という動詞が用いられているが，(20b) では発話することが命令という行為を成し遂げる手段になっている．発話行為 (speech act) という点では，(20a) と (20b) の機能は大きく異なる．例えば Austin (1962) のように，従来の発話行為の研究では，(20a) のような事実確認的発話 (constative utterance) と，(20b) のような行為遂行的発話 (performative utterance) の違いが注目されてきた．しかし，認知文法では，両者の背景には同じ概念基盤があると考える．発話行為を含む対話者の相互行為は，グラウンドの中につねに含まれている．問題は，それが暗黙のうちに喚起されるか，注意の焦点になるかである (Langacker (1985: 131–132))．発話行為が対象領域でプロファイルされている（図 13 (b)）という点を除いて，(20b) は，基本的に (20a) の構造（図 13 (a)）と類似した概念構造をもっている．

　発話行為の形式の違いは，相互行為の概念基盤のどの部分に焦点を当てるかという，解釈レベルの意味の違いを反映している．同じ命令という発話行為を遂行するにも，(20c) と (20d) のように異なる表現を用いるならば，厳密にはその意味構造は異なる．両者の違いを特徴づけているのは，聞き手がステージ上に動作主として上がっているか，対話者の一部としてステージ外にいるかということである（図 13 (c)，(d)）．[16]

───────────
[16] 発話行為 (speech act) のタイプは (20b) の order のように語彙的に明示されることもあ

第 6 章　非自律性の言語学：概念基盤　　　199

　言語化された概念内容は，概念基盤から孤立して存在するのではなく，概念
基盤の中に埋め込まれている．この考え方によって，認知文法では，現象の特
性に依存したアド・ホックな理論概念を仮定することなく，語レベル，文レベ
ル，発話行為レベルに至る，あらゆるレベルの言語現象が，同じ概念基盤を
ベースにして統一的に記述されるのである．

6.3.　談話の概念基盤

　本節では，文の分析において，談話のコンテクストを考慮する必要性につい
て論じる．具体例として，補部の埋め込み構造をもつ (21) を分析しよう．

(21) a.　[Amy says [Bob thinks [Chris believes [Doris left]]].]
　　　b.　//Amy says//Bob thinks//Chris believes//Doris left// ↓

(Langacker (2016b: 46))

　伝統的な統語論では，(21a) の角括弧で示されているような階層性が仮定さ
れる．しかし (21b) のようなプロソディ（韻律）では，節の構成は階層的 (hi-
erarchical) というよりむしろ連続的 (serial) になされるといえる（二重スラッ
シュはイントネーションの区切りを示し，矢印はピッチの傾きを示す）．した
がってここでは，文法構造として仮定された構造と，実際に観察されるプロソ
ディの特徴が一致していないと言える．[17]

れば，(20d) のように命令法などによって文法的にコード化される場合もある．また，明示的
に表現されず，暗示されるだけである場合も多い．発話行為の形式の多様性は，Ross (1970)
などが論じたように，意味論と統語論の大きな問題であった．しかし認知文法では，この多様
性は問題にはならない．発話行為の形式の問題は，発話において何が注意の焦点になるかとい
う一般的な認知プロセスの問題として統一的に扱うことができる．

[17] これを説明するために，「音韻的再調整規則 (phonological readjustment rule)」(Chom-
sky and Halle (1968)) のような特殊な理論装置が置かれたこともある．

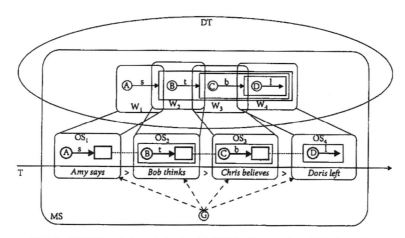

図 14 連続的アクセスとしての補部構造 (Langacker (2016b: 50))

　認知文法の立場では，(21a) のような階層構造は仮定せず，実際に観察されるプロソディの特徴に近い構造を仮定する．すなわち，(21) は，同型の補部構造が繰り返し生起する，連鎖的な構造（時間 T の矢印によって貫かれた図 14 の中央部）をもつという見方である (Langacker (2009a: Ch. 11))．(21) の連鎖構造は，対象領域 (OS) のレベルで生じる．言語の意味はつねに時間経過にともない構築されていくため，言語表現は，意図する伝達内容の特定の部分に，一時的な焦点を当てることしかできない．OS_1 から OS_4 への漸次的なスコープの遷移は，(21) の部分構造がある時間スケールにおいて，伝達したい概念内容の一部分（図 14 の W_i：W_i は注意が向けられている領域を表す）を順次活性化していることを示している．

　(21) がもつ意味的な階層性は，談話によって形成されていく概念基盤である**記述のターゲット** (descriptive target: DT) のレベルで生じる（図 14 の上部）．記述のターゲットになるのは，Alice, Bob, Chris, Doris という 4 人の視点に立った信念や思考である．(21) がもつ階層性の特徴は，言語構造の特徴ではなく，これらの概念化の入れ子構造を反映していると考えることができる．

　(21) は，思考や信念の階層性を聞き手側にもたらす機能をもっているが，この機能は，補部が連続的に繰り返されるという構造から生まれる．ローカルな文法構造は，グローバルな談話のターゲットをつくり上げていく手段になるのである．"Think globally, act locally [グローバルに思考し，ローカルに行

動せよ]"というスローガンは，環境問題だけでなく，談話と文法の問題にも適用することができる（Langacker (2016b: 46))．(21) の言語使用のグローバルな到達目標は，階層的な概念化を生み出すことである．その一方で，(21)のような連続的な補部の構造の1つ1つは，それぞれ別の主体の信念や思考に焦点を当てる．このローカルな文法構造の選び方は，グローバルな談話上の目的を背景にしているのである．

　図14のような図式は非常に複雑であり，一見すると第1フェーズの認知文法では用いられていない全く新しい理論概念を含んでいるように見える．しかし，図式の複雑性は，言語現象の複雑性を反映しているにすぎない．用いられている基本的な道具立ては同一であり，談話のレベルにおいても，語彙のレベルや文法のレベルと同じ解釈の要因が関与している．認知文法の図式的表示は，このことを理解するために有用である．補文節の埋め込みを表示する図14と，身体部位詞の階層関係を表す図4を比較すると，共にスコープ，プロファイル，対応関係を利用した概念構造となることが，視覚的に理解できる．

(22) a.　//A woman I know has a friend//who met a lawyer.//This lawyer advises Obama.//

　　 b.　//I know a woman//who has a friend//who met a lawyer//who advises Obama.//

(Langacker (2012: 108))

　同一の概念内容を異なる解釈の方法で捉えることによって，意味の微妙な違いが生まれるということは，談話のレベルにおいても同様である．(22) の記述のターゲットとなるのは，図15 (a) のような同一の概念内容である（ラベルのない線と円は，この内容が埋め込まれている概念基盤のネットワークを示す）．しかし (22) の2通りの表現は，同一の概念内容にアクセスする異なる方法を喚起するという点で意味的な相違がある．図15 (b) は (22b) のような表現に反映された解釈を示している（丸角のボックスは注意のウィンドウを示しており，太線は活性化され際立ちをもつことを示す）．(22b) では，(21b)と同じように，連鎖的なプロソディ構造によって注意のウィンドウが遷移し対象領域が連続的に移動することになる（図15 (b) のウェッジ '>'．丸角のボックスに付された i, i + 1 等のラベルは漸次的なシフトを示す）．

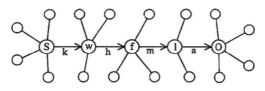

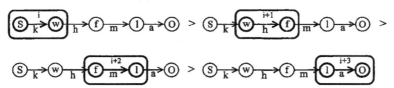

図 15　談話レベルにおける内容と解釈 (Langacker (2012: 108))

　第 1 フェーズの認知文法では，文法は語彙と同じように本質的に記号的であるとして，両者の連続性が強調されてきた (3.3 節)．第 2 フェーズの認知文法では，記号の一種として，談話と文法は連続体をなすと考えられている (Langacker (2016b: 37))．談話と文法の違いは，構造のサイズの違いであり，両者は本質的に同じ概念基盤と認知能力によって支えられているのである．

6.4.　概念基盤と認知能力

　以上，第 6 章では概念基盤の重要性について述べてきた．言語表現の形式と意味であると普通考えられているものは，対話の中で活性化されて注意の「ウィンドウ」内に入った焦点にすぎない．心的世界の限りない複雑性の一部分だけを選択し，解釈しているのである (Langacker (2015: 125))．あらゆる言語構造は決して自己充足的 (self-contained) ではなく，膨大な概念基盤によって成立するものである．図 9 で示したように，table のような 1 語でさえも，その例外ではない．

　認知言語学では，言語の意味は概念化の中にあると考える．単なる概念化ではなく，言語上の目的のために利用される概念化だけが言語の意味構造になる．しかし，言語と非言語の境界は明確ではない．意味構造は決して自己充足的ではなく，言語によって喚起される知識や物理的，社会的，談話的なコンテ

クストの理解を含む，経験のあらゆる側面からなる莫大な概念基盤によってサポートされている．

3.1 節でみたように，言語の意味には，概念の内容とその解釈が反映されているが，概念の内容を提供するのが概念基盤であり，その内容を色々な仕方で解釈することを可能にしているのが認知能力である（Langacker（2010: 98））．第 1 フェーズの認知文法では，基本的な認知能力が文法の意味を規定しているという点が強調されてきた．その一方で，概念基盤がもたらす具体的な概念内容がどのような役割を担うのかは明らかではなかった．第 2 フェーズの認知文法では，相互行為および談話の概念基盤が，言語の意味において重要な役割を担っていることが強調されている．

第 7 章 〈応用進展部門〉

非対称性の言語学：B/E 構成

　第 6 章では，言語によって表現される内容が孤立して存在しているわけではなく，相互行為と談話の概念基盤の中に埋め込まれていることを述べた．言語の意味は，何もないところから発生するのではなく，意味を支え，意味構築の資源になる概念基盤から創発する．第 7 章では，言語に通底する意味の創発のメカニズムを，「基準」と「精緻化」という概念に基づいて考察する．

　語彙や文法を形づくる記号のネットワークにおいて，2 つの構造のリンクには非対称性（asymmetry）が存在する．確立されたある構造が**基準**（baseline: B）となり，この基準を**精緻化**（elaboration: E）することで別の構造が創発する．[18] この B/E 構成（B/E organization）は，第 1 フェーズの認知文法で提示されたさまざまな認知プロセスの根底をなすものである．本章では，7.1 節で基準と精緻化に関する基本的な考え方を概説した後，7.2 節と 7.3 節では，語の意味の問題に立ち返って，カテゴリー化に反映された B/E 構成の諸相を考察する．

---

　[18]「精緻化（elaboration）」という用語は，第 1 フェーズでは一種の概念的な増加という意味で用いられてきた（cf. 4.1 節）．第 2 フェーズでは，この用語はより包括的な意味で用いられている（Langacker (2016a: 421)）．

7.1. 基準と精緻化

　新しい構造は，基準になる確立された構造が精緻化され，より詳細化されることで創発する．この基準と精緻化という考え方は，予想を超える広い適用範囲をもっている．注意，スコープが言語以外の現象にも適用される一般的な認知能力であるように，基準と精緻化の現象は，言語現象であるかどうかによらず，さまざまな日常経験の場面に適用される．例えば，子どもの身長が伸びたことを理解する場面を，具体例として考えよう．ある時の身長を基準 B として，身体の成長を精緻化 E とする．ここで，成長 E を，ある身長を別の身長に変える関数であると考える．そうすると，ある身長 B に成長 E が作用することで，より高い身長 BE が生じるプロセスとして，子どもの成長を理解することができる（図 16）．ここで注目されるのは，すでに確立された構造が基準 B となり，精緻化 E によって B が写像されることで，より高次の構造 BE が生じるという現象である（Langacker (2016a: 406))．この B と E の関係は B/E 構成と呼ばれており，経験のあらゆる側面に観察される基本的な認知現象である．

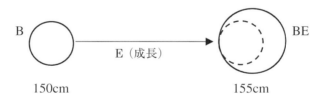

図 16　基準と精緻化

　B/E 構成が関わる現象には，優先性，示差，層などの，いくつかの特性がみられる．第 1 に，E は B に作用し，B が元になって BE が形成されるという点で，B にはある種の優先性（priority）がある．上の例でいえば，子どもの成長は，背が伸びる前の状態が基準になってはじめて認識されるという点で，背が伸びる前の基準状態にはある種の優先性がある．第 2 に，B と BE の違いは示差（differential）と呼ばれる．この例では，伸びた分の身長が示差に対応する．ある構造と別の構造の違いや変化は，示差の認識を通じて理解される．第 3 に，精緻化された構造 BE が，さらなる精緻化の基準として機能することもよくある．例えば，子どもの成長を年ごとに追っていけば，ある年の身長

は，次の年の成長の基準になる．結果として，B/E 構成はレイヤー化されることがある．この時，それぞれのレイヤーは層（strata: S）と呼ばれる（図 17）．

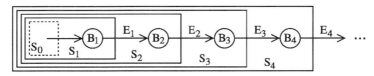

図 17　基準・精緻化・層（Langacker (2016a: 406)）

　鍵となる考え方は，ある構造は，つねにその構造をサポートする概念基盤から創発するというものである．図地の分化やカテゴリー化などの，基本的な認知現象には，この特徴がみられる．例えば，図が地から分化する時には，何らかの視覚的状態が基準 B として存在する．そこに焦点化 E がはたらくことにより，視野が精緻化される．結果として，ある特定部分が注意の焦点となった視覚状態 BE が創発的に経験される．また，未知の存在をカテゴリー化する場合には，まずカテゴリーのプロトタイプが比較の基準 B として想起される．もし，カテゴリー化のターゲットが，プロトタイプとは部分的に異なる特徴を持っていれば，拡張のプロセス E を経て，そのターゲットは拡張例 BE としてカテゴリーに取り込まれる．図 17 に例示されているような，ただ 1 つのレイヤー構造がつねに生じるわけではないが，ある層から次の層へ移るにつれて，構造はより複雑になり，概念はより洗練されたものになる傾向にある．

7.2.　カテゴリー化再考

　それでは，言語においては，B/E 構成は具体的にどのような役割を果たしているのだろうか．以下では，語の意味という最も基本的な記号のレベルに立ち返って，言語の体系におけるカテゴリー化の問題を例として取り上げ，B/E 構成の非対称性に着目した認知文法の言語記述を紹介する．
　ここで言う非対称性とは，B/E がレイヤー化される場合の，2 つの層の包含関係の非対称性である．すなわち，層がレイヤー構造をもつ場合（図 17），ある層は次の層には含まれるが，その逆は成り立たない．
　この非対称性の問題について，カテゴリーの学習を具体例として考えてみよう．例えば，動植物の分類体系を学ぶ場合，FLOWER, TREE, BIRD のよう

な概念は，基本レベルカテゴリー（basic level category）であり習得が容易で
あると言われている（Lakoff（1987））．これと比較すると，ROSE, DAISY,
TULIP のような花の特定の種類は，FLOWER を基準として，これを精緻化
した下位レベルのカテゴリーとして位置づけられる．基本レベルのカテゴリー
体系を層 S_0，基本レベルと下位レベルからなるカテゴリー体系を層 S_1 とすれ
ば，S_0 は S_1 に含まれるが，その逆は成り立たない（図 18）．

(23) a.　［S_0 の解釈に限定される場合］
　　　　　Here's a flower, here's a tree, and here's a bird.
　　　b.　［話し手も聞き手もチューリップを知っている場合］
　　　　　That's a nice {tulip/?flower}.

(Langacker（2016a: 426））

　例えば flower という語の使用文脈は，FLOWER という概念が S_0 と S_1 の
どちらの層で解釈されているかによって異なる．(23a) のような表現は，S_0 の
層で解釈される場合，すなわち FLOWER が TREE や BIRD といった他の基
本レベルカテゴリーと対比される場合に用いられる（図 18 の左図）．

　これに対して (23b) の That's a nice tulip. という表現は，S_1 の層で解釈さ
れる場合に用いられる．S_1 のようなカテゴリー体系をすでに学習しており，
下位レベルカテゴリーを表す語彙を獲得している場合（図 18 の右図）は，
flower はより特定的な語彙の選択肢，例えば rose, daisy, tulip などと競合
している．図 18 の大文字は意味を示しており，小文字は形式を示している．
flower は原則として，これらの具体的な花に対しても用いることができるは
ずである．しかし，他の条件が同じであり，より特定性の高い構造が利用でき
る場合には，スキーマ的な構造は喚起されにくい（Langacker（1999b: Ch.
4））．したがって，もしそれが tulip であることを対話者が知っている場合に
は，(23b) のように，flower という呼び方は多少不自然になる．

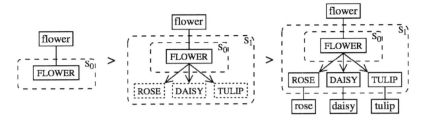

図 18　意味の差異化と層（Langacker（2016a: 426））

(24) a.　［聞き手がチューリップを知らない場合］
　　　　That's a nice flower. It's called a tulip.
　　b.　Get those flowers out of here—I'm allergic to them!
　　c.　She bought a dozen flowers—daisies, roses, and tulips.

(Langacker（2016a: 426））

　聞き手が花に詳しくない人で，例えばバラやチューリップが違う花であることは理解できたとしても，その具体的な名前までは知らないという状況も考えられる（図 18 の中央の図）．ROSE，DAISY，TULIP を囲む点線のボックスは，これらの概念に結びつく言語形式が無く，言語形式と結びついている概念に比べて相対的に背景化されていることを示している．このような聞き手を相手にする場合には S_1 のカテゴリー体系は背景化され，(24a) のように，flower という呼び方は適切になる．また，(24b) のように具体的な花の分類が問題にならない場合にも，S_1 の解釈は背景化される．(24c) では初め，複数の花の種類の一般名称として flower という語が提示されている．この時点では (24b) と同じように，S_1 の解釈は背景化される．しかしその後に続く具体的な花の名称の列挙は，S_1 の解釈を前景化している．この点で，(24c) は，図 18 が示す段階的な B/E 構成を，順に活性化していく機能をもつ表現になっていると言える．

　以上の考察は，カテゴリー化に反映された B/E 構成の特徴が，具体的な談話のコンテクストにおける言語使用の制約を記述するために役立つことを示している．同じ FLOWER という概念であっても，S_0 あるいは S_1 のどちらが解釈のベースになっているかによって，flower という語の意味は微妙に異なる．どのような概念化の層で解釈されるかによって，ある語を用いて適切にカテゴ

リー化できる成員の範囲は変化し，それに伴ってその語の使用文脈は変化するのである．

7.3. プロトタイプのゆらぎ

カテゴリー化における事例化と拡張は，どちらも B/E 構成を反映した認知プロセスであると考えることができる．7.2 節では flower の事例化の例を見たが，この節では，拡張の例を考察しよう．

あるカテゴリーのプロトタイプが基準となって，スキーマを介した拡張によってカテゴリー体系が広がることはよくある．例えば，cat という語は，プロトタイプ的には，標準的な大きさ（n）の，人に飼い慣らされた，ネコ科の動物を表す．しかし big cats といった表現の場合のように，cat は拡張的に，ライオン，トラ，ヒョウといったかなり大きな野生動物を表すこともある（図 19a）．S_0 内のボックスはプロトタイプを示し，S_1 内の上部のボックスは，これらの動物すべてをスキーマ的に示す feline というやや専門的な用語が表す概念を示す．S_1 の右部ボックスは，プロトタイプからの拡張を示す．

事例化と拡張には，2 つの共通点がある．第 1 に，プロトタイプ的な概念が S_0 に属し，基準 B になっている．第 2 に，基準的でない概念を表す特定の用語が存在する場合には，そちらが優先的に用いられる．（23b）の場合と同様に，もしライオンを見た場合，普通それは a lion と呼ばれ a cat とは呼ばれない．

(25) a. It's a flower. Specifically, a tulip.

　　b. *I saw three flowers, plus a tulip.

　　c. *It's not a flower—it's a tulip.

(26) a. *It's a cat. Specifically, a lion.

　　b. I saw three cats, plus lion.

　　c. It's not a cat—it's a lion.　　　　　　(Langacker (2016a: 427))

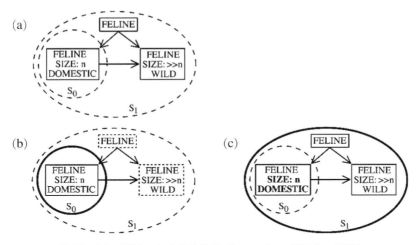

図19 層の解釈による意味効果（Langacker (2016a: 427)）

　それに対して，事例化と拡張のカテゴリー化には次のような違いもある．すなわち，事例はプロトタイプと整合性があるが，拡張とプロトタイプは何らかの概念的衝突がある．このことは言語的な振る舞いの違いにも反映される．例えば specifically という語は，(25a) のようなカテゴリーと事例化の場合には用いることができるが，(26a) のようなカテゴリーとその拡張の関係には用いられない．また plus は何かが基本的な意味とはずれていることを示しており，(26b) のような拡張関係の場合は適切になるが，(25b) のような事例化の関係の場合には不適切になる．同様の振る舞いの違いは，カテゴリーの成員性を否認する (25c) (26c) でも観察される．

　さて，以上の考察を踏まえ，プロトタイプと拡張の関係に注目して，層の解釈の違いによる意味の違いを考察しよう．(27) の会話例は，どのような層を背景として cat の意味を解釈するかが実際に問題になることを示している．

(27)　Amy:　I have a cat$_1$.
　　　 Bob:　Is your cat$_2$ a lion?
　　　 Amy:　No, it's just a cat$_3$.
　　　 Bob:　Oh, it's cát$_4$ càt$_5$.　　　　　（Langacker (2016a: 429)）

　まず Amy は会話を始めるにあたり，cat$_1$ を普通の猫の意味で用いている．つ

まり，他のネコ科の動物との対比は考慮に入れておらず，S_0 における cat の意味で使っている．しかし，何らかの理由（例えば Amy が動物園の飼育員である，等）によって，Bob は Amy の cat がライオンなのかどうかを確認している．Bob の発した cat_2 はスキーマ的であり，その中には lion を含むものと考えられているので，S_1 の層の cat であると言える．Bob の質問に応じて，Amy は自分の飼っている cat がライオンではなく，普通の猫であることを改めて述べている．Amy の言う cat_1 と cat_3 は，指示対象は同じであるが，cat_3 の場合 S_1 が背景になっているという点で，層の解釈についての両者の意味は異なると言える．

（27）の会話は，cat のプロトタイプの特徴が B/E 構成によって変化することを示している．S_0 においては，cat は dog や rabbit のような基本レベルカテゴリーの概念と対比されるだけであり，大きさが標準的で人慣れしているかどうかは，特に注意の焦点となるわけではない（図 19 (b)）．S_0 におけるプロトタイプを PT_0 とすれば，Amy の言う cat_1 は PT_0 の意味で用いられていると言える．これに対して，S_1 においては，プロトタイプが拡張と対立することで，対比の焦点となる性質が前景化される（図 19 (c)）．S_1 におけるプロトタイプを PT_1 としよう．Amy の言う cat_3 は PT_1 の意味で用いられていると言える．また，会話の最後に，Bob は話題の動物を $cát_4$ $càt_5$ と表現している．ここで言う $cát_4$ も PT_1 の意味で用いられている．$càt_5$ はカテゴリーの成員全体をスキーマ的に表しており，$cát_4$ $càt_5$ は，問題の動物が，ネコ科の動物全体の中でも典型的な猫であることを表している．PT_0 と PT_1 という2つのプロトタイプは，概念内容については同一である．しかし，その性質の際立ちをどのように解釈するかに関しては異なる意味をもつ．すなわち，PT_1 では，FELINE 以外の，SIZE, DOMESTIC という性質が前景化される．プロトタイプの多くの特性は，より精緻化された概念体系に至ってはじめて前景化されるのである．

7.4. 基準と精緻化の諸相

ある存在を基準として，別の存在をその精緻化であるとみる B/E 構成は，認知のあらゆる側面に反映されている．例えば，B/E 構成の例として，図と地の区別，カテゴリー化，変化の認識，適切性の判断などの認知現象を挙げる

ことができる．さらに，第1フェーズの認知文法の基盤をなす多くの理論概念が，B/E 構成の特別な場合として位置づけられる (Langacker (2016a))．

B/E 構成は非常に広い適用範囲をもった，一般性の高い概念である．「この現象には B/E 構成がみられる」という記述は，記述の対象となる現象を，他のあらゆる現象と同じであるとみなすことであるようにみえる．一見すると，B/E 構成は抽象度が高すぎて，現象の新しい側面を明らかにするためには役に立たないように思われるかもしれない．しかし，7.2 節と 7.3 節で考察したように，B/E 構成に注目することで，具体的な言語現象の特性や，言語使用の制約が見えてくることもある．

B/E 構成の視点に立つことの意義は，よく知られた，しかし全く無関係であるとみなされてきた言語の諸現象の共通性を捉えることができるという点にある．例えば，認知文法では，文法による記号の合成は，複雑なカテゴリー化であると考える (4.1 節)．カテゴリー化は B/E 構成の一種であり，より一般には，記号の合成は，複雑な B/E 構成であると言える．語レベルから談話レベル，ミクロからマクロに至るあらゆる言語構造には B/E 構成が観察され，これらのパターンが，言語の意味構築の基準になる．見方を変えることによって，従来の理論では不可解であるように見えた現象が，無理なく自然なかたちで記述されるようになるのである．

第 8 章

おわりに

　ラネカーは，言語学の未来を予告した自らの比喩を引用して，これまでの認知言語学の研究史を振り返っている（Langacker（2016c: 465-467））．"*The coyotes will inherit the earth.* ［コヨーテがこの世界を継承する］"この比喩におけるコヨーテは，ユニコーンと対比されている．[19] コヨーテは，実際的で，言語の複雑さ，多様性，特異性の中に生きる言語の人（language people）をたとえている．これに対してユニコーンは，現在の世界に君臨する，潔癖さと単純性を旨とする理論の人（theory people）のたとえである．単純性は，言語理論の良さを決める性質であるように見えるが，実際に観察される言語現象は思った以上に複雑かつ多様である．認知言語学のアプローチを特徴づけているのは，生成的アプローチの理論的単純化によって失われた，言語の複雑さを救い出すような新しいフレームワークを探求する姿勢であるように思われる．「コヨーテ」の比喩が含まれる論文は生成文法が構造主義に取って代わって間もない 1976 年に発表されたものである．ラネカーは 40 年前を振り返り，（表現のぎこちなさを認めつつも）この比喩は，認知言語学の興隆を予見していたのかもしれないと述べている．

---

　[19] 米国西部のアメリカ・インディアン伝説では，コヨーテはトリックスターとみなされている．トリックスターとは，民間伝承や神話に登場し，いたずらや悪さをすることで，それまであった秩序を一時的に破壊する人物や動物をいう（『ランダムハウス英和大辞典』第 2 版，小学館，1994 年）．

認知文法，ひいては言語学全体の目的は，特定言語の構造を記述すること
と，言語一般の記述に適したフレームワークを開発することである（Langacker
(2010: 87)）．等質的なコミュニティにおいて完全な言語知識をもった理想的
話者が話すような，完全に自律的な存在としての言語構造というものはない．
同時に，話者は全く言語知識をもっておらず，完全にランダムな多様性だけが
言語を形作っているというわけでもない．現実はその中間にあるように思われ
る．観察できる事実は，まとまった話者グループにおいてかなり類似した話し
方が組織化されているということであり，この組織化の仕組みが「構造」と呼
ばれる．言語構造は，記号機能，談話機能，相互行為機能の慣習化から形成さ
れたものであり，言語構造は，具体的な言語の使用から生まれてくる．言語使
用には少なくとも，言語の音韻的側面，語彙的側面，文法的側面，談話的側
面，社会的側面，修辞的側面が多面的かつ重層的につねに関与している．中心
的であるか周辺的であるかを問わず，これらのすべての側面を統一的に記述す
る言語理論は，これまでのところ存在しないが，認知文法はその理論になるこ
とを目的としている．

第 V 部

最新の言語文化研究と
社会言語学の進展*

井上逸兵 （慶應義塾大学）
多々良直弘 （桜美林大学）

---

* 第 1 章は共同執筆，第 2 ～ 5 章は多々良，第 6 ～ 11 章は井上が担当した．

第 1 章

言語文化研究と社会言語学の概略

　言語と文化の研究と社会言語学の進展がこの章に与えられたテーマである．「文化」や「社会」ということばは，言語学の中では人によっては（特にフォーマルな言語学者には）どことなく胡散臭さを感じさせるようだ．たしかに捉えがたいところがあるのは事実である．その実，文化人類学という「文化」を看板に掲げる分野では，「文化とは何か」というテーマの議論は数多あるし，社会学のテーマやアプローチの多様さは，社会そのものの多様さとそれらの論じ方や見方がさまざまであることを物語っている．

　近年では「文化」ということばの捉え方にも変化が見られている．後述するが，その 1 つは Tomasello の一連の研究である（Tomasello（1999））．彼は，言語を人がコミュニケーションにおいて使用し，長い時間をかけて慣習化させていくことで獲得されたものと捉え（例えば，1999 年の彼の著作のタイトル，*The cultural origins of human cognition* などはその象徴である），ヒトの言語や知性を文化の所産と考える．「文化」へのアプローチのパラダイム転換である．

　言語と文化，もしくは社会との関わりを論じる研究分野は，見方によってはさらに広げることも可能であろうが，この章では，主として，言語人類学と社会言語学と呼ばれる分野の基礎と最近の展開（応用）を論じることにしよう．

216

1.1. 言語人類学と社会言語学

　言語人類学と社会言語学の境界線はそれほど明確ではない．この2つは出自としても密接に関係しあっている部分があり，異なった出自でも現在では関わりが深く，かつ別個の問題として考えるのは適切ではなくなってきている．なぜなら，社会，文化と言語を取り巻く状況はますます多様で多層化しており，多くのことがらがオーバラップしているからである．例えば，後に述べるように，社会を個と個との関わりで見るミクロの視点と構造や集団として見るマクロの視点があるが，その2つは理論的には峻別可能であるとしても相互に関わっていることは，現代世界を見れば明白であるし，そのように見なければ現実を適切に捉えきれないだろう．本章では，言語を主な観察対象とする「文化」研究を代表するものとして，文化人類学の発展系の1つと考えられる言語人類学と，言語と「社会」に関わる研究を代表するものとして社会言語学を論じていくが，これら2つも相互に関連しあっていると考えるべきである．

　社会と文化を定義すること自体も難しいことだが，一般的に考えられるそれらと言語との関わりはさらに多様である．社会と文化を考える際の1つの想定は，個と集団である．あらゆる人間は個として存在しているが，同時になんらかの集団に属している．あらゆる人間にはいわゆる個性があり，過度な一般化を受け入れさせないが，同時になんらかの集団に共通すると想定される特性を有していると考えられる．その特性には，性別や民族性のように比較的生得的で容易に変更しがたいものから，後天的に獲得されたり変更されたりするものもある．いわゆる社会と文化においても，その両面がある．

　文化と社会の研究では，研究対象としても方法論としてもコンピュータテクノロジーが可能にしたデジタル化された言語への関心が高まっている．いわゆるコーパスなどの大規模に処理できる言語資料の出現は，単に研究データの変化ということだけでなく，研究方法の変化ももたらしている．それは同時に一般社会の動向と同期した知的潮流の転換をももたらすことになったと考えられる．本章の後半ではそのことについて紙幅をさくことにしよう．

1.2. マクロとミクロの視点

　文化を考えるにせよ，社会を考えるにせよ，マクロとミクロという視点を想

定することができる．ただし，この区別も明確にすることは必ずしもできず，また両者は関わりあっていると考えるのが妥当である．

　社会の中で比較的大きな単位で集団を想定し，それと言語の多様性，変種との相関を考えるのが社会言語学のひとつの仕事である．比較的大きな単位とは，一般に，国家，民族，階級，性別などが考えられるが，これらとの関わりで言語を研究する社会言語学をマクロ社会言語学（macro-sociolinguistics）」と呼ぶことがある．共同体としてどの言語を公用語，学習言語として選択するかなどは，言語政策，言語計画の分野に含まれるが，これらもマクロの視点からのものである．その場合は言語社会学（the sociology of language）という語が用いられることがあるが，ほぼ同義である．

　それに対してミクロ社会言語学（micro-sociolinguistics）は，言語変種等の詳細な言語事象と人の言語行動との相関を論じるのが研究の中心で，コミュニケーションの社会言語学と言ってもよいものもある．マクロの視点が組織や集団などを想定し，そこに焦点がおかれるのに対して，ミクロの視点からすると，社会とはたった二人の間の関係でありうる．

　言語の多様性や歴史的（通時的）変化も，単純に考えてみれば，人類がもし誰もが常に他の誰とも同じように話してきたならば，そもそもなかったはずだ．原初的な多様性があったとしてもそれは維持されるはずだし，仮に正確に前世代のことばを伝承していれば，何百年経っても同じことばを話し続けているはずだ．もちろん，そのようなことはない．

　共時的な多様性にせよ，通時的な変化にせよ，ことばの違いを生み出す少なくとも1つの要因は人との関わり，コミュニケーションそのものだろう．あの人（たち）と違うように話したい，話さねばならないと考える動機がさまざまな形であったと考えるのはおそらく自然である．また，変種や変化を考えずとも，人と人とのコミュニケーションにはさまざまな要因が関わっている．たった二人の会話においても社会のさまざまな暗黙裏の「ルール」や慣習が背後にあると考えられる．

　いずれの視点からもことばと社会を考えるのに，このようなコミュニケーション，会話，個と個との関係は重要な要素である．マクロとミクロという視点は，社会というよりもむしろ言語そのものに向けられて区別されることもある．例えば，対人的な関係や地域などの社会的要因に基づいてどのような言語表現を用いるか，どのような発音をするか，などはミクロの視点から見たもの

だが，異なった言語同士が接触した際に，社会全体として言語がどのような変化したか，などはマクロの視点から見た研究である．

1.3. 言語文化研究の概要

　言語と文化の研究として言語人類学と言語間の対照研究を中心にとりあげる．言語人類学はもともと危機言語を記述する目的やネイティブアメリカンの文化を理解する目的のために行われ発達してきた学問であるが，言語をその他の体系とは独立して考える「自律的な言語学」に対して，「言語を文化社会的，認知的営みとは独立した記号体系であるとみなす立場をとらない … 何らかの意味で言語以外の要素を考慮に入れて，あるいはそれらとの関係で言語現象を扱っている」(唐須（2000: 3）) 開放系言語学（非自律的言語学）ということができる．この開放系言語学の流れは，人間が日々の生活の中で行う言語実践の諸側面を言語以外の要素との関わり合いで論じ，言語と文化の相関性を読み解こうとする学際的な試みである．この分野では環境的要因や文化的要因のみならず，近年の認知科学的な研究の発展に伴い，人間の言語やコミュニケーションをさらに多角的に分析できるようになった．

　ここでは，まず伝統的な言語人類学の研究成果に加えて，認知言語学のキートピックの1つであるメタファーやカテゴリー化と文化の関わりを論じる．言語は文化の一部であると言われるが，言語を通じていかにその文化の世界観や文化モデルが伝承されるのか考察する．その後，言語と思考の関係を探るサピア・ウォーフの仮説（Sapir-Whorf Hypothesis）とよばれる言語の相対性に関する研究について検討する．言語の相対性に関する研究は文化的な語彙をもとに行われたものが多く，研究の視野や分析が限定的であったが，Hymes（1974）などにあるように言語を民族誌の対象とし，それぞれの社会における言語の機能や役割の違いを分析する研究に加え，近年は言語の相対性に関する研究の成果が認知科学などさまざまな分野から報告されている．本稿ではさまざまな研究成果を概観しつつ，現代的な視点からサピア・ウォーフの仮説を考察してみたい．

　また，最新の言語文化研究として，映像を利用して行われたディスコースの対照研究を紹介する．これまで映像を利用して行われた代表的なディスコースの対照研究は，発話のない動画を被験者に見せ，その後映像の内容を母語で言

語化してもらい，その談話を分析したペア・ストーリー（Chafe (1980)）や文字のない絵本を使用し行われたフログ・ストーリー（Slobin (1996)）などが挙げられる．ここでは課題達成談話，メディア翻訳，スポーツの実況中継における言語実践の研究を通じて，人間の認知，文化，言語の関係に迫りたい．

1.4. 社会言語学の概要

　社会言語学には，大きく分けて，特定の社会的変数，例えば，民族性，地位，性別，居住地域，出身地，年齢などで区切られた集団間で言語変種や言語使用がどのように異なるかを論ずる分野と，一対一のコミュニケーションにどのような原理が働いているかを見る分野とがある．ただし，先にも述べたようにマクロとミクロの視点は相互に関わっており，個々人のコミュニケーションが集団としての言語のあり方を生み出しており，集団の言語的特徴は個々のコミュニケーションの資源となりうる．言語人類学とも歴史的関わりが深く，焦点の置き方は違っても，問題意識の多くを共有している．

　社会言語学とは文字通り社会と言語の関わりを論ずる言語学の一分野である．ただし，一分野とはいいながらも，従来の言語学の中核をなす関心事，もしくは方向性と大きく異なっているところもある．また，言語学とは異なった出自から発展，統合して今日の社会言語学が成り立っているところもあり，言語学とは独立している面もある．

　言語学の中核をなしてきた統語論，形態論，音声学・音韻論では，言語の内的構造，内的成立条件を主として問題としてきた．説明原理として，例えば生得的で自律的な能力を持ち出したり，人間の一般的な認知能力を持ち出したりといくつかのアプローチがあるが，いずれにせよ関心の中心は言語の内的な成り立ちにある．

　社会言語学も，1960 年代以降，統語論，および言語学全体に旋風を巻き起こした Chomsky の生成文法に対するアンチテーゼという性格を帯びた時期もあったが，生成文法の相対的な勢力が弱まるにつれて，独自の地位を築いているといってよかろう．

第 2 章 〈基礎内容部門〉

言語文化研究

2.1.　言語と文化

　人間は生まれながらにして言語を習得する能力を有している．人間の子供は生後 18 か月頃に最初の言葉を話し始め，2 歳になる頃には語彙の数も急速に増えていくと言われる．しかし，人間が習得する言語や話し方は，個人が生れ落ちた環境により異なる．社会生活における言語の使い方，日々の生活においてある行動や目的を達成するために言語を使用する割合，もしくは言語を使用しない割合は，文化ごとに異なっている．言語と文化は分けて考えることはできず，人間の社会生活において言語がどのような役割を担っているのかを明らかにするためには，単に語形成や文法などの言語の構造を分析するにとどまるのではなく，言語が使用される社会的な営み，もしくは言語行動が行われる社会的文脈を含めた各文化の社会生活における言語の役割を分析する必要がある．

　Tomasello（1999）によると，人間の文化とチンパンジーなどの霊長類の文化の違いは，人間の文化のみが歴史の中で「改良」を積み重ねることができる点である．人間と霊長類は遺伝子レベルでの違いは 1％程度でしかないと言われているが，人間の文化のみが個人や集団により行われた改良が歴史の中で蓄積され，より複雑なものへと改良されていくのである．つまり，霊長類の文化と異なり，人の文化には歴史があり，それを学習し，次の世代に伝承する能力が人間には備わっているのである．

文化というものは，人間が生得的に持つものではなく，人間が生れ落ち，おかれた環境や身の回りにいる共同体の成員から伝承され，共有していく知識のことである。[1] Stocking（1966）によると，Boas は文化をそれぞれの社会に固有の慣習，信念体系，社会制度などに関して使い，この考えが人類学の中で一般的な考え方となった。Goodenough（1957: 167）の有名な定義では「ある社会の文化とは，その構成員に受け入れられるような方法で生活するために，構成員が知り信じなくてはならないことすべてである（a society's culture consists of whatever it is one has to know or believe in order to operate in a manner acceptable to its members, and to do so in any role that they accept for any one of themselves.）」とある。鈴木（1973: 1）は文化を「ある人間集団に特有の親から子へ，祖先から子孫へと学習により伝承されていく，行動および思考様式上の固有の型（構図）」であり，「人間の行動を支配する諸原理の中から本能的で生得的なものを除いた残りの伝承性の強い社会的強制（慣習）の部分」と定義し，言語もこの定義に当てはまると述べている。

2.2. 言語により伝達される文化モデル

言語は文化の一部であるということはこれまでにも多くの研究者に指摘されてきたことであるが，言語はさまざまな文化的な要素の基盤となり，文化を伝承していく役割を果たす。言い換えれば，我々が使用する言語にはその文化の価値観や世界観が，文化モデル（cultural models）が反映されており，言語を通じてそのような文化モデルは伝承されていくのである。このような文化モデルはことわざや物語などでも伝達されるが，日常的に使用される言語表現によっても伝達される。Bonvillain（2011）は英語とナバホ語を例に挙げこのことを説明している。

---

[1] 文化の定義は多岐にわたる。これまでにも多くの研究者が文化の定義を試みてきたが，言語人類学の分野で重要なものとして考えられてきた文化の理論として，自然とは区別されたものとしての文化（culture as distinct from nature），知識としての文化（culture as knowledge），コミュニケーションとしての文化（culture as communication），媒介としての文化（culture as mediation），実践システムとしての文化（culture as a system of practices），参加システムとしての文化（culture as a system of participation）などが挙げられる（Duranti（1996））。その他にも Foley（1996）や唐須（1988）などを参照。

(1)　英語：I must go there.

(2)　ナバホ語：It is only good that I shall go there.

(3)　英語：I make the horse run.

(4)　ナバホ語：The horse is running for me.

これらの英語とナバホ語の表現方法を比較してみると，両言語の出来事や経験に関する世界観の違い，ここでは両言語文化における個の権利と義務に関する考え方の違いが明らかになっている．(1) と (3) にあるように，英語話者は自己や他者の行動をコントロールできるという考えを持っているが，ナバホ語の話者たちはすべての存在物は自身で何を行うのかを決める権利があり，行為を強制されたり，制御されたりすることはないと考えている．そのため義務を表す助動詞や使役動詞が存在せず，(2) や (4) のように表現しなくてはならないのである．このような人間や動物を含むすべての物に対する両言語の価値観，言い換えれば文化モデルが両言語の言語的な特徴に反映されていると言えよう．

2.3.　メタファーと文化

　文化的な意味はメタファー（比喩）によっても伝達される．メタファーというものは一般的に，文学作品などで使用される言葉の装飾であり，非日常的な言語使用であると考えられがちであるが，我々が使用する日常言語はメタファーに溢れている．[2] Lakoff and Johnson (1980/2003: 5) は「メタファーの本質はあるものを他の物の観点から理解し，経験することである (The essence of metaphor is understanding and experiencing one kind of thing in terms of another)」と述べているが，メタファーとは概念の写しかえや日常の経験の意味づけであるということができるだろう．つまり，メタファーは単なる言語表現の問題ではなく，我々を取り巻く現実世界にある特定の見方や考え方の基礎となる理論 (folk theory) を示してくれると言える．

　Lakoff and Johnson (1980/2003) が挙げている有名な事例として，英語では時間をお金として考える（TIME IS MONEY）という概念や議論を戦争と

---

[2] メタファーについては第 I 部 4.5.1 節も参照．

して捉えたり（ARGUMENT IS WAR），建物として考える（THEORIES (AND ARGUMENTS) ARE BUILDINGS）ことがあり，この考え方が以下のように英語におけるさまざまな表現の中に組み込まれている．

(5)　You're wasting my time.
(6)　You don't use your time profitably.
(7)　Your claims are indefensible.
(8)　He attacked every weak point in my argument.
(9)　Is that the foundation for your theory?
(10)　This argument is shaky.

このようにメタファーというものは単なる言葉の装飾というものではなく，その文化におけるあるものの考え方や理解の仕方である．日常生活において無意識に使用しているメタファー表現に文化モデルが反映されており，話者たちはその文化における世界観や考え方を理解するのである．Bonvillain（2011: 68）も述べている通り，ある文化で繰り返し使用されるメタファーを分析することで，その言語において人々の世界観や考えを創り上げている重要な概念を明らかにすることができると言えるだろう．

2.4.　文化とカテゴリー化

我々は言語を習得し，その社会の一員になる過程において，その言語が提供する視点，現実世界の慣習的な見方を習得する．Leach（1964: 34）が以下の通り述べているように，乳児が生まれた時，乳児の周りの環境は連続体として知覚されているのであるが，成長するにしたがって，子供たちは文化における環境の分割の仕方を学ぶのである．

> I postulate that the physical and social environment of a young child is perceived as a continuum. It doesn't contain any intrinsically separate 'things'. The child, in due course, is taught to impose upon this environment a kind of discriminating grid which serves to distinguish the world as being composed of a large number of separate things, each labelled with a name. This world is a representation of our lan-

guage categories, not vice versa. Because my mother tongue is English, it seems self-evident that bushes and trees are different kinds of things. I would not think this unless I had been taught that it was the case.

幼児を取り巻く自然環境と社会環境は連続体として認められているということを，わたしは前提としている．そこには，本質的に別個のものとしての「事物」は何も含まれていない．子供は，やがて，各々に名前のある多数の別個の事物からなる世界という特徴を与えるのに役立つ一種の分割網をこの環境にあてがうことを教えられることになる．この世界はわれわれのカテゴリーを表したものであるが，その逆ではない．私の母語が英語であるために，bushes と trees とが別個のものであるということが自明の理であると思われるのであって，そのように教えられなかったとすれば，そう考えはしないであろう．（訳は有馬（1985: 41））

言語は単にコミュニケーションのための道具ではなく，現実世界の見方，現実世界を分割する方法を我々に提供してくれる．人間は言語を使用してコミュニケーションを行っているだけではなく，自分達の身の回りにあるものを，文化独自の方法でカテゴリーに分類している．カテゴリー化とは，何を同じものとして，何を違うものとして分類するのかということである．人間は日々新しいものに接する機会があるが，それら身の回りにあるものを文化独自の方法で自分達の文化に都合の良い便利な方法で，カテゴリーに分けているのである．これまでも言語によるカテゴリー化の多様性の問題が言語人類学の中で議論されてきた．

例えば，H_2O という物質を例にあげよう．鈴木（1973）が指摘しているように，日本語と英語ではこの物質を異なる方法で分類している．日本語では温度が高ければ「湯」，低ければ「水」，凝固していれば「氷」と3つに分類しているが，英語では water と ice の2つに分類している．英語の water は日本語の「水」に相当するように思えるが，実は意味範囲が異なり，「湯」に相当するものも含んでいる．またマレー語では日本語が3種類，英語が2種類で分割しているところを "ayer" という一語で表している．

文化的基盤に基づくカテゴリー化の違いが言語に反映される事例を見てみよう．英語では rice という1つの語彙で表しているものを日本語ではコメ，イ

ネ，ゴハンと3種類に区分する．これは日本文化における稲作農業の重要性が反映されていると言えるだろう．また逆の例として日本語では動物の牛に関しては，乳牛，雌牛，雄牛などのように牛という語に基づく合成語が使用され，それぞれの牛の種類を区分しなくてはならない．一方英語では cow（雌牛，乳牛），heifer（仔を生んでいない雌牛），bull（去勢されていない雄牛），ox（去勢された雄牛），cattle（集合的な畜牛）などと基本語彙の中に牛の種類を区分する語彙が含まれている．これは英語圏において生活基盤となっている牧畜の重要性，家畜としての牛の重要性が反映されたものである．

このように人間は身の回りにある存在物をカテゴリー化することを通じて，それらに関する知識体系を築き上げ，現実世界を理解しているのである．言い換えれば，物事をカテゴリーに「分ける」ことで，自分たちをとりまく現実世界をわかりやすいように，整理整頓しているのである．つまり，各言語の語彙を研究することにより，それぞれの文化における文化的価値観がどのように言語に反映されているのかがわかるのである．

また，人間は身の回りのものを単にカテゴリーに分類するだけではなく，自己と他者，自分に近いものと遠いものに分類をする．これらのカテゴリー化は社会言語学の分野で指摘されている人称代名詞や敬語の使用方法などに直結するものである．日本語では会話の相手がウチに属するのか，ソト（もしくはヨソ）のカテゴリーに属するのかにより，適切な人称代名詞や敬語表現を選択する必要がある（鈴木（1973））．また日本文化では相手がウチとソトのどちらに属するのかにより発言内容（言って良いことと悪いこと）も変化し，慣習的な定型表現の使用方法も異なる．またフランス語やスペイン語などでは親疎などの相手との人間関係によって二人称代名詞を変化させる必要がある（Trudgill（1983））．

その他にも自己と自己との関係によるカテゴリー化（自対他のカテゴリー化）は我々の考え方や行動と密接に関わっている．タブー（表現）が例として挙げられる．一般的に我々人間は文化に属し，動物は自然に属すると考えるが，動物を自分たちに近い存在であるか遠い存在であるかということを基準にカテゴリーに分けている．例えば，犬や猫などは動物であるが，我々はこのような動物と日々生活を共に送り，ペットとして自分たちに非常に近い存在としてカテゴリー化する．一方牛や豚などの家畜は，自分たちとは別に生活を送り，自分たちとは異なるものとして分類する．このように動物をどう分類する

かということとその動物が食用になるのか否かということは密接に関わっている．犬や猫などのペットは生物学的には動物のカテゴリーに属するが，自分たち人間に近い生き物として捉えており，「ペットは家族である」とも言われるように，ペットは人間と動物のどちらのカテゴリーに属しているのか明確でなくなる．このような自分たちに近く，どちらのカテゴリーに属するのかわからない動物は食用に不適なものとして，つまり食べるのはタブーであると認識されるのである．また牛や豚のような家畜としてカテゴリー化している動物は自分たちとは明確に異なるものとしてカテゴリー化するため，食用として適しているものと認識するのである（Foley（1996），井上（2007）など参照）．

　また，この食用に適しているか否かということと我々が使用する，いわゆる罵り言葉は密接に関わっており，食用に適していない動物が例えば英語では you son of a bitch や pussy などのようなタブー表現として使用されるのである（Leach（1964），Foley（1996））．これらは Leach（1964）が指摘しているように you son of a kangaroo や you polar bear などの人間とは明確に異なる動物を使用した表現が罵り言葉として使用されないことからも明らかである．

　藤井（2005）は日本語の分類辞と破壊に関する動詞のカテゴリーに相関関係があることを示している．そして物を分類辞で数える言語と分類詞を使用しない言語で，破壊動詞のカテゴリー化には違いがあることを類型的に示している．日本語では細長い一次元の物は「本」という分類辞を使用するが，木の枝や野球のバットのように細長く柔軟性のない固いものを破壊する時は「折る」を使用し，ロープや糸などの柔軟性のあるものの場合は「切る」という動詞を使用する．またガラスや皿，紙のように二次元的な広がりがあるものは「枚」を使用し数えるが，柔軟性のないものを破壊するときは「割る」，柔軟性のあるものは「破る」を使用する．また砂山のように3次元的な広がりがあり，高さのあるものは「山」という分類辞を使用するが，それらを破壊する際には「崩す」という．また人工的に作られ，何かしらの機能を持ったものは「壊す」が使用される．

　このように分類辞は物を表す名詞を分類するための文法範疇であるが，これらの物のカテゴリーと密接に関わる動詞との相関関係があることが明らかになった．分類辞を有する言語は物の形や柔軟性などの特徴に基づいてカテゴリー化をしているため，それに関わる動詞のカテゴリー化も細かくされるのである．一方英語のように分類辞のない言語では分類辞のある日本語のような特

徴で物を分類していないため，破壊に関する動詞も少ないことが指摘されている．この藤井の研究からもそれぞれのカテゴリーは独立して存在し，機能しているのではなく，相互に有機的に関わり合いながら我々の知識体系を構成していることがわかる．

　人間は複雑な現実世界で遭遇する身の回りにある存在物を常にカテゴリーに分類している．またこのカテゴリーは社会生活において学習していくものであるが，環境に何かしらの変化が起きれば，その変化に対応すべく，柔軟にカテゴリーを変化，改変させることができる．つまり既存のカテゴリーを部分的に改良し，新しい環境に順応させたり，新しいカテゴリーを創り上げることも可能なのである．各言語における語彙とカテゴリー化，つまり身の回りにある存在物をいかに分類するのかということには密接な関係がある．Labov（1973: 342）が述べている通り，言語学はカテゴリーの研究であるということができ，各言語のカテゴリーを分析することで，各言語話者が現実をどのように見ているのかを知ることができるのである．

2.5.　言語相対論——サピア・ウォーフの仮説

　言語と文化の関係を論じる際に必ず引き合いに出されるのが，言語相対論，いわゆるサピア・ウォーフの仮説（Sapir-Whorf Hypothesis）である．この仮説は，各言語にはその言語特有の文法的，語彙的特徴があり，その言語を使用している人が現実世界を見たり，切り取ったり，分類したりする方法や考え方に影響を与える，つまり，異なる言語を話す話者は世界の見方や捉え方が異なるというものである．この考え方はアメリカの言語人類学の発展において最も影響を与えた Edward Sapir と彼の弟子であった Benjamin. Lee Whorf の二人にちなんでつけられた名称であるが，この二人の学者が共同で論文を発表したり，自分たちの名に因んだ仮説を発表したりしたことはなく，後の研究者たちが二人に共通する考え方を指して使用するようになった．

　Sapir（1921:162）は言語と人間の関係を以下のように述べている．

　　　Human beings do not live in the objective world alone, nor alone in
　　　the world of social activity as ordinarily understood, but are very
　　　much at the mercy of the particular language which has become the

medium of expression for their society. The fact of the matter is that the "real world" is to a large extent unconsciously built up on the language habits of the group ...We see and hear otherwise experience very largely as we do because the language habits of our community dispose certain choices of interpretation.

人間は客観的な世界にだけ住んでいるのでもないし，また，普通の意味での社会活動の世界にのみ住んでいるわけでもない．人間は自分たちの社会にとって表現の手段となっているある特定の言語に多く支配されているのである…事実は「現実の世界」というものは，多くの程度まで，その集団の言語習慣の上に無意識的に形づくられているのである．われわれが聞いたり，見たり，あるいは経験したりするのにだいたい一定のやり方があるが，これはわれわれ共同体の言語習慣がある種の解釈を前もって選択させるからである．　　　　　　　　　　（池上（1993: 94））

Sapir の主張していることは，現実世界はすべての人間に同じように映るのではなく，人間は言語によってあらかじめカテゴリー化（分類）された世界の中で生活しているということである．上掲した Leach (1964) の引用にもあるように，我々人間は身の回りにある現実世界を各言語が提供している枠組みを通して見ているということであり，言語が現実世界を「分割」し，その分割された方法で世界にいることをその言語話者に強制しているのである．サピアはすべての人間の経験は文化と言語を通じて構成（媒介）されており，人間が生活している物理的，社会的環境を明らかにする際の語彙の分析の重要性を説いた．

　Sapir の弟子であった Whorf は火災保険会社に勤めていたが，火災の原因を調べている時に，人々がドラム缶に貼られていたラベルを見たために火災が起こったということに気づいた．つまり，労働者達がガソリン用のドラム缶に貼ってある "empty" という文字を見て実際には気化したガスが残っているにもかかわらず，"empty" という語が原因となり，そのドラム缶が安全であると考えてしまい，マッチやタバコを投げ入れた結果，火災が起こってしまったというわけである．このことから Whorf は人間の考えや行動が言語に影響を受けていると考えるようになったのである．

　Whorf は各言語における語彙だけでなく，より複雑な文法体系が話し手の

思考や行動に影響を与えることを以下のように述べている.

> The users of markedly different grammars are pointed by the grammars toward different types of observations and different evaluations of extremely similar acts of observation, and hence are not equivalent as observers but must arrive at somewhat different views of the world.
>
> (Whorf (1956: 221))

異なる言語を話す話者は同じ出来事を異なる形で観察するようになり,同じように観察する場合であっても異なる評価にたどり着くようになる.つまり,現実世界の観察者として同じにはなり得ず,異なる世界観を持つようになるのである.

Whorf は Standard Average European (SAE) とアメリカ先住民族の言語であるホピ語の文法カテゴリーを中心に比較調査した.ホピ語では英語の that に当たる語が3種類あるが,それぞれのホピ語の語は異なる意味合いを持つという.

(11)　I see that it is red.
(12)　I see that it is new.
(13)　I hear that it is red.
(14)　I hear that it is new.

(11) の事例では,話者は直接的な知覚情報に基づいて推論を行っているが,(12) では新しさ (newness) についての判断は,その物が輝いていたり,綺麗であるなどの情報から推論し,導き出したものである.英語などの言語では (11) と (12) を区別せずに that が用いられるが,ホピ語では両者を区別し,それぞれに異なる連結詞が使用される.また (13) と (14) の文では,話者は直接その物に触れたり,体験したのではなく,第三者から提供された情報を繰り返し述べているにすぎない.英語では同様に that を使用するが,ホピ語では視覚情報により得られた場合とは異なる連結詞が使用される.ホピ語話者は言語の文法構造によって自らの知識がどのように得られたのか判断する必要がある一方で,英語話者はそのような区分に注意を払う必要がないのである.

　また Whorf はホピ語と英語を比較することを通じて,両言語が時間,数,継続などを概念化する際に異なる方法を使用していることを示した.ホピ語は

連続性や周期性を強調する一方，英語では有界性や物の客体化を重要視することを指摘している．10 men という表現と 10 days という表現を比較してみると，どちらの表現も英語では可算名詞であり，一見何の違いもないと思える表現である．しかし両者をよく考えてみると，性質が全く異なるものであることがわかる．人間は目に見える対象であり，一度に 10 人の人間を捉えることができるが，日にちはどうだろうか．そもそも「時間」というものは抽象的で目で見ることができないのであり，人間が一度に経験，知覚することができるのは現在という 1 日だけである．しかし英語では，日をあたかも人間と同じように捉え，They stayed here for 10 days. というように想像上ひとまとめにして数えているが，ホピ語ではこのように数えることができない．ホピ語では複数形を用いて表現できるのは一度に視覚的に捉えることができる対象だけであるので，もし同じことをホピ語で表そうとすると They stayed here until 11th day（彼らは 11 日目までここに滞在した）や They left after the tenth day（彼らは10 日目の後に出発した）という表現を使用しなければならない．

　「数」に関して，日本語と英語の事例を挙げてみよう．例えば「私は昨日本を買った」という日本語の表現とそれに対応する英語の表現を考えてみよう．英語は I bought a book yesterday. と I bought two books yesterday. などのように，可算名詞に関していえば，単数なのか複数なのかを義務的に言語で表現しなくてはならない一方で，日本語には義務的に数を表す必要性がない．このような各言語の文法規則から英語の話者は常に数に対して習慣的に注目するようになるが，日本語話者は注意を払う必要性がない．

　名詞に関して単数と複数の区別が文法上義務的である言語とそうでない言語によって，目の前の状況の描写の仕方が異なることを示す研究がある．Lucy（1992b）が行った有名な研究に，英語話者とマヤ語の話者にある一枚の絵を見せて，記憶してもらい，絵を隠した後にその絵に何が描かれていいたのかを語ってもらうという実験がある．英語話者の典型的な回答は There is a hut in the back. A man is feeding pigs. There are three pigs eating のようにその絵に描かれていた豚や人間，家などの数を述べたのに対して，マヤ語の話者は数については言及をせず，豚や人間の状態や家の素材を言語で描写したという結果が得られた．単数と複数を義務的に区分する必要のない日本語の話者も同じように絵を描写するよう依頼されると，「奥のほうに，わらぶきの家があって，手前のほうに餌をやっている人がいて，その餌を豚が食べていて」などのよう

に数に関しては言及せずに，豚や人間の状況を述べるにとどまるという．このような研究からも，数に関する我々の習慣的な思考が言語の語彙的・文法的特徴から影響を受けているということができるだろう．

2.6. 言語相対論とことばの民族誌の必要性

前節で概観した言語相対論は言語構造の違いと人間の思考や経験の関係について考察したものであるが，Hymes（1966）は言語使用との関連で言語の相対性を論じるべきであることを指摘している．Hymes（1966）が提唱した二種類目の言語相対論は言語構造と人間の認知の関係ではなく，ことばの民族誌的なデータを収集し，各社会における言語の役割や機能を相対化し，人間が使用する言語の機能を分析することである．その社会における言語が果たす役割や機能が異なれば，言語を使用する話者たちの思考や行動が影響を受けると考えるのである．

唐須（1988）も各文化における言語による表現の価値もしくは重要性は異なっており，言語が日常の社会生活において果たす機能や役割も異なっていることを指摘し，言語文化研究に民族誌的な視点を入れることの必要性を主張している．つまり，ある文化においてことばがどのように使用され，どのような機能を担っているのかは経験的に民族誌として記述されなくてはならないのである．さらに，唐須（1988）は Hymes（1974）や Goodenough（1981）を引用し，世界では多言語使用者のほうが単一言語使用者よりも圧倒的に多いため，多言語使用者に対する言語の影響を考えるためには，それぞれの言語の役割や機能を民族誌的に記述し，明らかにするべきであると述べている．

第3章 〈応用進展部門〉

言語相対論再考

　前章でみたように，言語人類学の分野では人間の言語と精神世界や現実世界の見方を結びつける研究が主流であったが，20世紀半ばに言語学は行動主義の影響を受け，アメリカ構造主義の言語学として発展し，音声などの客観的に観察できるもののみを研究対象とするようになった．その結果，言語と人間の思考や世界観を扱う人類学的な研究や言語相対論に関する議論は下火となってしまった．

　しかし，1996年に Gumperz と Levinson によって編集された *Rethinking Linguistic Relativity* において，言語と思考，そして社会との関連性を人類学，認知言語学，談話分析などのさまざまな立場の研究者たちが具体的な事例を通じて検証し，言語相対論を再考する流れができた．これまでの研究では文化語彙などに関する議論が多く，分析が限定的であったが，この論集では個別の文化や言語の相対性を超えた普遍性に関する議論や異なる言語が人間の認知プロセスに影響を及ぼす可能性を多角的に考察している研究，一見普遍的と思われる空間の認識方法にも，言語特有の空間把握の方法には多様性が存在し，言語相対論を支持するような研究，言語相対論に懐疑的な立場をとる論考や思考には言語が関与しない部分もあることを示すような論考も含まれている．

　また，上掲した Hymes（1966）の研究の流れとして，言語の意味は言語構造の中だけに内在しているのではなく，言語が使用される状況において，そのコンテクストと共に作り出されるものであると考えられるようになり，コンテクストにおける言語の意味解釈に焦点を当てた研究が行われるようになった．

233

コミュニケーションの視点から言語相対論を論じている論考，特にコミュニケーションにおける言語の意味はコンテクストの中で生まれると考え，コンテクスト依存性の高い指示詞などの直示表現（ダイクシス）の文法カテゴリーを社会文化的コンテクストにおける実践の中で分析することが盛んに行われている．言語実践において意味理解のプロセスが社会文化的コンテクストとどうかかわりあっているのか，コンテクストが相互行為により構築されていることなどが論じられている．例えば指示詞などの直示表現がいかにコンテクストの情報と深く結びつき，やり取りが行われる社会文化的コンテクスト情報がいかに文法化されているのか，引用や here のような方向を表す語句を使用する際に，今ここにいる話者の視点が語られている場にいかに転移（transposition）されているのかということ，そして参与者間で共有されている知識などが人間同士のやりとりには不可欠であることなどが論じられている．つまり，文法や語彙などの相違だけから意味の異なる解釈が生まれるのではなく，それ以外の要因から解釈の違いが生まれることが明らかにされている．

　以下では，名詞や空間語彙，時間的関係を表す文法カテゴリーと人間の認知の関係を探っている研究を紹介し，言語の相対性を考察していく．

3.1.　名詞の区分と認知

　Lucy（1992b）や Imai and Gentner（1993）は，言語の名詞カテゴリーの特徴が物体の認知の仕方や分類の仕方に影響を与えるのかどうか調査をした．単数と複数の文法的区分があるか否かなど，名詞カテゴリーは言語ごとに異なっている．英語では有界性を持つものは可算名詞，明確な形や境界線のない無界的なものは物質名詞として文法に組み込まれている．一方日本語やユカテック・マヤは数えられるものであっても数の表示は義務的ではなく，単数と複数の表示をする必要は文法として求められない．

　Lucy（1992b）は名詞の意味論的相違の影響を受け，助数詞を持たない言語の話者はものを分類する際に形状を，助数詞を持つ言語の話者は材質を基準に分類するのではないかという仮説を立て，実験を行った．その実験の 1 つとして英語とユカテック・マヤ語の話者にある基準となるものを提示し，その後に素材は違うが形が同じもの，形は違うが素材は同じものを見せ，どちらが基準となるものに似ているのか（つまり，同じ種類のものであるのか）を質問を

した．結果は Lucy の主張通り，英語話者の 92％が形状を，ユカテック・マ
ヤ語話者の 80％が素材を基準にし，言語の相対性を支持する結果となった．

Imai and Gentner（1993）は生得的な認知能力と言語の影響を考察するため
に，英語と日本語の話者（2 歳前半，2 歳後半，4 歳，大人）を対象に同様の
実験を行った．結果は陶器製のレモン絞りのように複雑な形状のものについて
は両言語話者ともに形状を基準とし分類をした．一方ニベアクリームなどのよ
うに非有界的な素材に関しては，日本語話者は素材を基準に分類をするという
結果が出た．また蝋の塊のように単純な形状のものの場合は英語話者が形状を
基準として分類する割合が高い一方，日本人の大人は素材で分類する割合が高
いという結果となった．言語に関わらず複雑な形状を持つものについては，形
状に注意が向くため，形状による分類が行われるが，非有界的な素材と単純な
形状のものの分類については英語と日本語で有意義な差が確認された．このよ
うな結果から，母語の習得の過程において，母語の名詞カテゴリーの特徴の違
いがものの捉え方や分類方法に影響を与えると考えられる．

3.2. 文化により異なる空間表現

サピア・ウォーフの仮説に関する重要な実証研究として，空間の表現方法と
空間認知に関する研究がある（井上（1998）など参照）．空間の概念は普遍的
なものであると言われ，すべての言語には空間や空間における物の位置関係を
描写する語彙的，統語的表現が存在している．しかし Levinson（1996）が指
摘しているように，空間の表現方法は普遍的な要素により制限を受けているだ
けではなく，空間をどのように言語化するのかということには関しては文化ご
とに非常に大きな違いがある．例えば，物と物の位置関係を表現する際に，左
右という表現を使用するという点で日本語と英語は同じように空間を表現する
ことがわかるが，世界には右や左という言葉を持たず，すべての物の位置関係
を東西南北という絶対的指示枠で描写する言語が非常に多く存在する．

例えば，オーストラリアで話されているグゥーグ・イミディール語では，す
べての物の位置関係を距離に関係なく東西南北の「絶対的指示枠」で表現する．
グゥーグ・イミディール語のよう東西南北を使用する言語の話者は離れた場所
のことや過去のことをすべて東西南北で表現しなくてはならないため，日常生
活において常に無意識のうちに方向に関する情報を認知し，記憶しているとい

う．彼らは方角に関する情報を太陽の位置や木の種類，アリ塚の位置，季節風の向きなどさまざまな要素をもとに収集していると言われており，遠く離れた見知らぬ場所でも方角が正確にわかるという．実際に行われた実験でも彼らの東西南北の感覚と実際の方角は非常に高い割合で一致していたという結果も出ている．Levinson（1997）はグゥーグ・イミディール語の話者に遠く離れた場所から彼らが知っている場所の方角を指し示してもらう実験を行ったが，誤差は平均で13.9度にとどまったことを報告している．

また Haviland（1993）はグゥーグ・イミディール語の話者が過去の出来事をどのように語るのか調査をした．話の内容は過去に起こった船の転覆の話である．Haviland の調査で改めて確認されたのは，この言語の話者たちが，過去の出来事の方角を東西南北の絶対的指示枠で記憶しているということである．その後 Levinson が Brown と共に Haviland の調査の2年後にグゥーグ・イミディール族の言語調査をした時に，非常に興味深いことが分かった．グゥーグ・イミディール語の話者たちは，言語表現だけでなく，彼らのボディーランゲージも過去の出来事の方向と一致していたのである．

Haviland が1980年にこの話者の話を聞いたときには，話し手は西を向いてこの出来事を語っていたが，1982年に Brown と Levinson が同じ話を聞いたときには，話し手は北を向いていた．この話し手であるジャックという人物は船が東から西へ転覆した様子を語ったのだが，西を向いている時には，手を自分の胸から（つまり東側から）弧を描くように前方へ（西の方角へ）移動させたのに対して，北を向いて話している時は，右手と左手を体の前で回して，船が東から西へ転覆した出来事を描写していたのである．この別々に行われた語りから，グゥーグ・イミディール語の話者が過去の記憶を東西南北の指示枠で記憶し，言語で表現するだけではなく，ジェスチャーもその方向に合わせて行っていることが明らかになったのである．

Bowerman（1996）は英語，オランダ語，フィンランド語，ミシュテク語，ツェルタル語，韓国語における前置詞などの空間表現の多様性を示し，空間語彙や空間のカテゴリー化が言語により異なっていることを示している．この空間表現の多様性をもとに，子供たちが言語習得以前に普遍的な空間カテゴリーを自らの身体と環境から習得し，その後空間カテゴリーに各言語の語彙を当てはめていくことで，空間語彙を習得していくという20世紀後半に主流であった認知的アプローチ（Cognitive approach）だけでは説明できない現象がある

ことを指摘している．つまり，子供が成長する過程で，一定の非言語的な空間
認知をしていることは確かであるが，空間の概念を習得していく際には言語に
よる影響があることは否定できないのである．

Bowerman（1996）や Bowerman and Choi（2000）によると，人間の空間
認知そのものは生後間もなくから発達するが，言語ごとの空間語彙の違いは言
語習得の初期の段階から見られ，生後 18 ヶ月から 24 ヶ月には各言語の空間
カテゴリー，特にプロトタイプ的な使用方法が子供の中で定着していくとい
う．このような点から，子供達は成長過程において，普遍的な空間カテゴリー
を認識したのちに空間語彙を習得していくのではなく，子供達は言語習得の初
期の段階から母語の空間カテゴリーに従う形で，空間語彙を習得していくとい
うことが主張されるようになった．普遍的であると考えられてきた空間認知と
いう認知メカニズムが言語ごとに異なることが示されたことは非常に意義のあ
ることである．

3.3. Thinking for speaking：話すための思考パターン

これまでの言語相対論の議論は「言語」と「思考」という静的なカテゴリー
から論じられることが一般的だったが，Slobin（1996）は「考えること（think-
ing）」と「話すこと（speaking）」という動的なプロセスを分析の対象とし，「話
す」というプロセスの中でオンラインに行われる動的な認知活動を分析すべき
であると主張した．何かを描写する実際の発話で使用される文法カテゴリーが
話者の認知プロセスにどのような影響を与えているのか分析をしたのである．

Slobin らが行った Frog Story Project では，文字のない絵本を英語，スペ
イン語，ドイツ語，ヘブライ語，トルコ語などを母語とする子供や成人の話者
に見せ，その内容を語ってもらい，各言語話者によるナラティブディスコース
を分析している．時間的関係と空間的関係を表す文法カテゴリーに注目し分析
をしているが，結果として，異なる言語話者たちは絵本の中の出来事を言語化
する際に，それぞれの言語の義務的な文法カテゴリーで表される出来事に注意
を向け，言語化するという結果が出た．

この絵本では，かえるを探している少年が木の穴の中をのぞいていると，フ
クロウが穴から出てきたため驚いて木から落ちた場面と，木から蜂の巣が落ち
て，怒った蜂に犬が追いかけられている場面を描いた絵がある．この 2 つの

出来事は「少年が木から落ちた」という完了した出来事と「犬が蜂に追いかけられている」という継続している出来事が描かれているのであるが，各言語でこの場面を言語化する際に，各言語の文法カテゴリーにより表現形式に違いが出る．英語とスペイン語はこの2つの出来事を完了相（The boy *fell* from the tree）と継続相（The dog *was running* away from the bees）を使い異なる方法で描写するが，ドイツ語とヘブライ語では完了相と未完了相を区別する必要性がないため，同じ形式で表現する．

　またフクロウは木から出てきて，少年が落ちたことと犬が追いかけられていることを目撃しているのであるが，このフクロウの「見る」という行為の表現方法が英語とスペイン語では異なるのである．英語では落ちたという完了した行為を目撃した場合でも，犬が走っているという継続している行為を見ているときであっても，フクロウの行為は The owl saw と同じ形式が使用されるのであるが，スペイン語では完了した出来事と継続している出来事を目撃する際には異なる形式が以下のように使用される．

(15)　El　buho　vio　　　que　el　niño　se cayó.
　　　 the owl　saw-PFV　that　the　boy　fell-PFV
(16)　El　buho　veía　　　que　el　perro　corría.
　　　 the owl　saw-IPFV　that　the dog　ran-IPFV

Slobin によると，この文法形式の区別は5歳児のナラティブからも観察されており，母語で文法化されていることを獲得することによって，出来事を言語化する際に，文法化された側面に注意をむけるよう導かれている，つまり「話すための思考パターン（thinking for speaking）」が言語の文法事項に影響を受けているということが示されていると言えよう．

　また Slobin の研究では移動に伴う空間の表現方法にも違いがあることが指摘されている．英語とスペイン語は移動動詞の語彙化のパターン（Lexicalization patterns）に関して違いがあるため，両言語の話者は同じ移動の出来事を異なる言語表現を使用して表現することになる．Talmy（1985）は英語やスペイン語などを例に，世界中の言語における移動動詞の特徴を分析し，普遍的な移動動詞の類型を示した．[3] Talmy はこの類型において，移動の事態は，Fig-

---

　[3] Talmy（1991）は「動詞枠づけ言語（verb-framed language）」と「付随要素（衛星）枠づけ

ure（図，移動物），Motion（移動の事実），Path（経路），Ground（地，参照物），Manner/Cause（様態・原因）の5つの要素から構成されていると想定し，各言語における移動動詞は移動の事実とどの要素を動詞に内包するのかにより構成されていると指摘している．例えば，スペイン語やその他のロマンス系の言語では，移動の事実と移動の経路を合成した動詞が多く，このような言語では移動の様態は他の要素で表現されたり，表現されないこともある．2つ目として，移動の事実と移動の様態が合成されるタイプがある．英語やドイツ語などのインドヨーロッパ系の言語では，この種の動詞が非常に多い．

　英語の移動動詞の語彙化パターンは，移動の概念と移動の様態が動詞の中に語彙化され，移動の経路や方向は前置詞で表現される．そのため英語話者は単一の動詞を使用し，前置詞を使用して複雑な経路（移動の軌道）を表現することができる．（17）と（18）の文は英語を母語とする5歳児の表現であるが，移動の様態に注目し動詞で移動の様態を述べ，方向性や経路は前置詞で表現されていることがわかる．

(17)　And then the deer carried him over a cliff and threw him over the cliff into a pond.

(18)　The bird flew down out of the hole in the tree.

一方スペイン語では移動事態は entrar（enter）や salir（exit）のように移動の方向性を語彙化した動詞または volar（fly）や correr（run）のように様態を語彙化した動詞のどちらかで描写することになるが，英語のように前置詞を組み合わせて複雑な経路を表現することができない．そのためスペイン語話者は（19）にあるように移動の軌道ではなく，移動の終点についての静的な状況を描写することが言語的に求められるのである．

言語（satellite-framed language）」の2つの類型を提示している．この類型は，移動事象の基本構成要素のうち，方向や着点などの経路がどの言語的要素により表されているかに注目した分類であり，経路を付随要素（動詞と共起して付随的意味を表す文法カテゴリー）である前置詞で表す英語は「付随要素枠づけ言語」に分類され，スペイン語や日本語は動詞で経路を表す言語であり「動詞枠づけ言語」に分類される．本書の第I部3.7節も参照のこと．また Matsumoto et al.（2017）は日本語，英語，タイ語の話者が同じ移動事態をどのように言語化するのか動画を使用した実験を行い，come／来るや go／行くのような指標的な移動動詞の使用頻度とその機能を分析している．

(19) El nino metió la rana en el frasco que había abajo.

The boy inserted the from en [= in/on] the jar that was below.

(Slobin (1996: 84))

　人間は出来事を言語化する際に，言語によって求められる，もしくは言語に
よって記号化されやすい特徴に注目するようになる．言い換えれば，子供たち
は母語の習得過程において，言語によって要求されるある特定の「話すための
思考パターン (thinking for speaking)」を身につけていくと言うことができる．
これまでの言語相対論の議論は各言語における特徴的な語彙を取り上げた議論
が中心だったが，人間が言語活動をする際にある現実世界の捉え方が言語に備
わった文法事項によって求められ，その捉え方が慣習化されていき，習慣的な
物の見方が備わっていくということができる．我々が現実を捉え，それを言語
化しようとする動的なプロセスにおいて，言語が大きな影響を与えていると考
えられる．そしてある捉え方や言語化の仕方が言語により繰り返し要求される
ことにより，いわゆる習慣的な思考 (habitual thought) や好まれる言い回し
(fashions of speaking) というものが形成されていくと言えるだろう．

3.4.　言語における好まれる言い回し──言語と文化の相同性

　前節で見た通り，言語活動における繰り返しからある特定の捉え方が慣習化
され，自然そして無意識になり，話者の中に蓄積されていく．各言語の文法事
項によって話者は出来事のどこに注目し，どのような言語資源を用いて表すの
かが求められるのであるが，そこからその言語における習慣的な思考が形成さ
れ，Whorf (1956) が言うところの言語における好まれる言い回しが形成され
ていくと考えられる．

　認知言語学の分野で考えられているように，人間がある事態を言語化する際
には，話者がその事態をどの視点からどのように把握するのかということが関
わる．話者は1つの出来事をさまざまな形で把握することが可能であるが，
この言語化のプロセスにおいて，話者は常に自由にその事態を把握できるわけ
ではない．人間は自分の自由意思によって行動することができる一方で，生ま
れてから身につけてきた言語文化的な傾向や規則に従って行動しているのであ
る．社会学者 Bourdieu (1972, 1979) はこのことをハビトゥス (habitus) と

いう概念，つまり「人間は規則に従って行動しているという意識なしに，規則的なふるまいを生み出す元となる〈性向〉（disposition）」（池上（1999: 42））という概念を用いて論じている．池上（1999: 42）によると，人間は「社会的な場にあって，一方では社会的な規則に従うという制約，他方では自らの自由意思に基づく主体的な選択，という2つの要因の狭間」にあって，人間は無意識のうちに社会の中で作られた型や規則に従って行動しているということになる．

　人間の言語使用も同じである．人間は自らが身を置く言語文化で歴史的に築かれてきた規則や型に無意識のうちに従って，言語表現を生み出していると想定されるのである．つまり，すべての言語の事態把握には好まれる傾向があり，それに基づいて生み出される言語表現や言語構造，そして民話のような言語により作られるもの（さらにはスポーツ，建築，宗教儀式などを含むさまざまな文化的構築物）にも相同的な特徴が見いだされると思われる（池上（2006），唐須（1988）など参照）．

　相同性という語は，池上（1999）にあるように，もともとは生物学において19世紀中ごろから使用されるようになった概念であり，「言語構造や文化的構築物などにおいて見られる構造的平行性」ということができるだろう．言語学の分野での相同性という概念は Hawkins（1980, 1982）が使用している cross-category harmony（カテゴリー横断的調和）や Sapir（1921）の structural genius（構造的特質），Whorf（1956）の fashions of speaking（好まれる言い回し）ということができるだろう．

　言語や文化的構築物における相同性は「人間の心の働きに統一性があることに由来するにほかならない（池上（1999: 349））」．池上（1999, 2007）は英語と日本語に関して言えば，両言語における好まれる事態把握である〈客観的把握（objective construal）〉と〈主観的把握（subjective construal）〉が両言語の言語的な傾向を作り出しているというものにより生み出されていると考えられる．池上（2007）は英語ではある事態を言語化する際に，「話者は問題の事態の外にあって，傍観者ないし観察者として客観的に事態把握をする」が，日本語では「話者は問題の事態の中に自らの身を置き，その事態の当事者として体験的に事態把握をする―実際には問題の事態の中に身を置いていない場合であっても，話者は自らがその事態に臨場する当事者であるかのように体験的に事態把握をする」と述べている．本多（2005）も同様のことを述べていて，「英

語は状況を外部から見て表現する傾向が強いのに対して，日本語は状況の中にいて，その現場から見えたままを表現する傾向が強い」と述べている．この両言語における好まれる事態把握が両言語の特徴を生み出している，つまり両言語文化における相同性というものを生み出しているのである．

我々が作り出す言語表現には，人間が事態をどのように把握するのかということが反映されている．各言語にはその文化の中で歴史的に形成されてきた「好まれる事態把握」があり，我々は当該言語を習得する過程において，無意識のうちにこの傾向をこころの中に宿すのである．

第 4 章 〈応用進展部門〉

動画を使用した対照研究

　これまで映像を利用して行われた代表的なディスコースの対照研究は，発話のない動画を異なる文化的背景を持つ英語，日本語，中国語，ドイツ語，ギリシャ語，マヤ語の話者に見せ，その後映像の内容を母語で言語化してもらいその談話を分析したペア・ストーリー（Chafe（1980））や前節で取り上げた *Frog, where are you?*（「かえるくん，どこにいるの？」）という文字のない絵本を英語，スペイン語，ドイツ語，ヘブライ語，トルコ語などを母語とする子供や成人の話者に見せ，その内容を語ってもらい，言語間のナラティブディスコースを分析したものなどがある．

　本章では，井出・藤井（2014）らが中心に行った，親疎や上下などの人間関係を取り入れ，ある物語を二人で完成させるという課題達成談話や，過去に経験した驚いた話を語る時に各言語の参与者たちがどのような言語行動をとるのか，その相互行為を分析したミスター・オー・コーパスの研究，アニメのオリジナル日本語版とその英語吹き替え版を比較した井上（2017）のメディア翻訳研究，サッカーというスポーツの実況中継において日本語話者と英語話者が試合のどの要素に注目し，どのような認知資源を言語化するのかを比較した多々良（2016, 2017）を取り上げる．本節ではこれらの研究を概観し，人間の認知，文化，言語の関係を考察していきたい．

4.1. ミスター・オー・コーパス

　ミスター・オー・コーパスは *Mister O* という文字のない 60 コマからなる絵で 1 つの物語となっており，そのうちの 15 枚を用いて，参与者同士で 1 つの物語を作り上げてもらうという課題達成談話を録画したものである．フログ・ストーリーの研究では話し手が絵本をみて，絵本のどこに注目をして言語化するのかということを分析したものであるが，ミスター・オー・コーパスでは実験の協力者たちはこの課題達成談話を二人で完成させるという共同作業であるため，そのやりとりには上下関係や親疎関係という言語使用の際に重要となる要因が取り入れられ，研究が行われた．またこのプロジェクトには学生と教師もしくは学生同士のペアに，過去に経験した出来事（驚いたこと）をペアの相手に語り，そのやりとりを録画したものも分析している．このプロジェクトでは日本語，英語，韓国語，タイ語，アラビア語を対象とし，解放的語用論の観点から参与者たちの相互行為を分析しているが，分析対象を言語表現に限定するのではなく，マルチモーダルな研究も行われている．

　Fujii（2012）と藤井・金（2014）は日本語，英語，韓国語話者のペアが課題達成談話において，合意を形成する際にどのような相互行為を行なっているのか分析をしている．まず，自身の考えや意見を提案する際には，陳述文，緩和表現を用いた陳述文，陳述形式による疑問文，疑問文の 4 種類の言語形式が使用されているのであるが，各言語で使用頻度が異なる．英語では陳述文や緩和表現を伴う陳述文を多用し，直接的な表現で発言するのに対し，日本語話者と韓国語話者は疑問文や陳述形式による疑問文を多用し，間接的に提案提示を行うという特徴が得られた．日本語話者は緩和表現を多用しているのではないかと予想されたが，実際にはその使用頻度は低く，それ以上に疑問文を用いて，相手に配慮しながら，相手の意見を引き出そうという意図が観察された．

　また参与者たちは意見を提示すると同時に，物語をともに構築している．物語の筋を共同構築する際の言語行動には文の共同構築，リレー発話，繰り返し，繰り返し同時発話という言語行動が使用されているが，各言語で差異が観察された．日本語話者と韓国語話者はリレー発話，繰り返し，繰り返し同時発話という言語行動を頻繁に行い，相互に協調しながら，両者が共鳴するかのように物語を構築している一方で，英語話者は対話型の互いに意見を述べ合う独立型の発話形式をとっていることが明らかになった．

藤井・金（2014）は各言語の差異は，それぞれの文化における文化的自己観が影響していると考えている．北山（1994）はアメリカ文化では，自己はそれぞれが独立しているという「相互独立的自己観」が，日本では互いの自己の関係性を志向した「相互協調的自己観」が文化的に創り上げられ，これらの自己観が各言語のコミュニケーションにおける言語実践を規定すると藤井たちは述べている．

片桐（2014）は日本語，英語，アラビア語話者の教師と学生のペアによる課題達成談話を分析しているが，それぞれの文化には権威の考え方の違いにより，提案の仕方や提案の否定の仕方が異なっていると述べている．物語を共同構築する際に英語では教師と学生は提案を提示する頻度の差はほとんどなく，地位による行動差は観察されない．日本語では社会的地位の高い教師のほうが学生の参加を促しながら相互行為を進め，共同作業の全体に注意を払い，話の流れを構築する際の最終的な決定を行う．また教師により提示された提案を日本人の学生は否定することはほとんどないが，一方で英語話者には顕著な差がなく，むしろ学生のほうが教師の提案を否定する頻度が高いという結果が出た．アラビア語では教師のほうが提案提示を頻繁に行い，学生は教師による提案を否定する頻度は少ない．

このような結果から日本語話者とアラビア語話者では，社会的地位の高低や年齢のような要因が，両者の言語行動の選択に影響を与えている一方で，英語話者の間では教師と学生のような関係は非対称関係として認識されていないため，教師と学生の言語行為の選択は両者でほぼ対等となっていると片桐は述べている．また，この両者の行為選択自体が「上位下位関係を確認するための相互行為シグナルとして機能している」と片桐（2014：172）は述べている．

片岡（2014）は課題達成談話における日本語話者と英語話者の視線の使用方法について分析をしている．この課題達成談話では参与者たちはお互いに向き合った対面会話ではなく，横並びになって作業を行なっている．片岡も指摘している通り，これまで行われてきた言語行動に伴う視線配布の分析は，対面式の会話を扱うことが典型であったが，この研究では横並び型のコミュニケーションにおいて視線がどう使用されているのか分析している．

片岡はまず視線の使用頻度の定量的分析の結果，両言語ともに視線を送る継続時間に差異は観察されなかったが，英語話者のほうが日本語話者よりも約2倍の頻度で視線を使用していることがわかった．日本語話者の視線の使用頻度

は参与者の社会的地位に関連していて，地位が低いほど相手に視線を向ける傾向が観察された．参与者たちがやりとりにおいて使用する視線が「コンテクスト化の合図（contextualization cue）」として機能していることを明らかにしている．片岡は「相互行為ムーブ」の比較対照から，言語に特有の視線の使用方法が明らかになったと指摘している．つまり，日本語話者の視線は受諾，賛成，応答などの行為と親和性が高い一方で，英語話者のそれは質問，提案，要求といった行為の際に使用される傾向が明らかになった．

　ミスター・オー・コーパスを使用したこれらの研究は，解放的語用論の観点から各文化の言語実践を分析している．井出（2014）が述べているように，この解放的語用論とはこれまでの既存の語用論の枠組み，つまり西洋の言語に基づいた語用論の枠組みではなく，さまざまなアプローチを取り入れ，母語話者の視点から各言語の言語実践を分析することを目的としている．西洋文化中心の理論を用いて他の文化における言語実践を分析するのではなく，さまざまな文化の言語実践を分析することを通じて，より豊かな語用論の枠組みを作り上げようとしているのである．

4.2.　メディア翻訳に現れる文化的特徴

　映画の字幕や吹替訳などを分析すると，直訳やオリジナルの作品に忠実に翻訳がされているのではなく，翻訳される言語の文化に合うように表現方法や発言内容，さらには物語が創りかえられていることがある．このようなことを文化意訳（culturally coherent translation）というが，井上（2017）はこのような訳にもそれぞれの文化の根底にある原理が働いていると述べ，Brown and Levinson（1987）のポライトネス理論の観点からアニメなどの日本映画が字幕や吹き替え翻訳などを通じてアングロサクソン的な作品へと変化していることを豊富な事例を基に分析をしている．ポライトネス理論のポジティブな面目（Positive face）もしくは連帯と，ネガティブな面目（Negative face）もしくは独立の概念を軸として，日本語のオリジナル版と英語の吹替版を比較し，翻訳をする際に日本語と英語の背景にある文化的要因がいかに関わっているのか議論している．これまでポライトネス理論による研究は参与者同士の対人的なコミュニケーションが中心であったが，メディア翻訳の背後にある要因を説明する際に有効であることを示している．

例えば，「よろしくお願いします」という日本語の定型表現を考えてみると，日本文化では自己卑下的な謙遜の原理があるため，そのような依存の姿勢を相手に見せることは好まれるが，英米圏のアングロサクソン文化ではこのような表現はしない．つまり，英米圏の文化では，連帯と独立の原理の発展形である対等の原理（egalitarianism）から，お互いに対等であるべきであると考えるため，相手に一方的に依存するような表現は好まれない．

このように日本文化と英米圏の文化には連帯（エンパシー）と独立という対照があるが，日本のオリジナル版では連帯の原理が反映されたやり取りが英訳されるときに，独立の原理に基づき翻訳されることがある．井上（2017）があげている事例は『となりのトトロ』において仕事をしている父親に対して，娘のメイが「お父さん，お花屋さんね」と声をかける場面である．日本語のオリジナル版ではメイが父親にお花屋さんの役を演じて欲しいことを伝えているが，この吹替翻訳は "Daddy, I'm a flower lady" となっており，一見すると誤訳であると感じられる．しかし，このような翻訳の背景にも英米圏の独立の精神が反映されており，たとえ家族であっても相手の独立を脅かすことは（極力）避けるべきであるという文化的な前提がやりとりの根底に存在しているのである．

この連帯と独立の原理が影響しているオリジナル版と英語吹替版の事例は非常に多く観察される．例えば，日本語のオリジナル版ではいきなり相手に「おうちの方はどなたかいらっしゃいますか」と質問をしている場面でも，英語吹替版では "Sorry to bother you, but are your parents around anywhere?" と翻訳されているように，質問の前に相手の独立を脅かすことに対して謝罪することなどは典型的な事例であると言えよう．

もう1つ井上（2017: 121）が挙げている興味深い事例を見てみよう．この事例は日本語でよく見られる「対話が成り立っているようにみえるが，実際には対話が成り立っていないやりとり」が行われている場面である．日本語では誰かに話しかけられてもそれに対して応答をしないことがあるが，英語ではそのような対応は不自然で，無礼になるので，吹替版では参与者間のやりとりが成立しているように編集されるのである．

(20)

サツキ：	すみません … おじさん あの …	I'm sorry to bother you,
おじさん：	え？	
サツキ：	この道を小さな女の子が 通らなかったですか？ 私の妹なの	but you haven't seen a little girl, have you? She's my sister, about 5 years old.
おじさん：	さあてねえ … 女の子？ 見たら気がついただろう けどなあ	Well, seems to me I remember someone. Yes, near as I can recall, she went that way.

『となりのトトロ』（井上（2017: 121））

このように日本語版ではおじさんは女の子を見ていないという話の流れであるが，英語版では見かけたことになっている．またおじさんの発話の最後の that way という発話とサツキの顔と視線の動きを一致させることで対話が成立するようにやりとりを調整していることもわかる．つまり，日本語の非対話を対話として訳すため，発言内容，そして物語の内容がかえられているのである．荒木（1994）なども指摘しているが，日本語はモノローグ言語である一方，英語は常に会話の相手を想定した言語表現を好むダイアローグ言語であるとよく指摘されるが，その特徴がメディア翻訳にも表れていると言えよう．

　その他にもオリジナル版から英語吹替版へ翻訳されている際に，物語が変えられている箇所も見られるが，それは誤訳などではなく，日本文化におけるやりとりを英米圏のアングロサクソン文化の規律に合うよう，翻訳された結果であるということできる．

4.3.　スポーツの実況中継の日英対照研究[4]

　現在サッカーは各国の国内リーグ，クラブや各国代表が参加する国際大会が

---

　[4]　(21) から (24) の事例は FIFA WorldCup2014 ブラジル大会決勝ドイツ代表対アルゼンチン代表（2014 年 7 月 13 日，於 Estádio do Maracanã, 1 対 0）の実況中継の事例である．日本語は NHK，英語は ESPN による放送である．(21) と (22) は多々良（2016），(23) と

世界各地で報道されており，同じ試合が通訳や翻訳を介さずにさまざまな言語で放送されている．実況中継の参与者たちは，ボールと選手が絶えず移動する流動的な試合を即興的に描写，解説することが求められるわけだが，文化によって試合の中で起こる同じ出来事が異なる形で解釈されたり，異なる側面が言及されたりすることがある．多々良（2016，2017）は2013年から2014年に行われた10試合において選手が明らかなミスをし，試合の流れに大きな影響を与えた30の場面（例えば，不要なファールや得点に直結するミス，簡単なシュートミスなど）を描写している日本語と英語によるサッカーの実況中継を分析し，両言語の実況中継の参与者たちが同じ試合における同じ出来事を描写する際に，どの認知資源に注目し，言語化するのか考察している．

　スポーツ実況中継の重要な目的は，適切かつ十分な情報を視聴者に提供し，視聴者の興味を失わせないことである．どの文化でも視聴者が期待する適切な情報を伝達することが実況解説には求められるわけだが，補足的な背景情報が提供されたり，試合の中で起こる出来事の異なる側面が言及されたり，同じ出来事が異なる形で解釈されたりし，試合の中の何を言語化するのかにより，各言語で異なる物語が創り上げられる．言い換えれば，実況中継の参与者たちは，目の前で起こっている出来事のすべてを忠実にことばで再現しているのではなく，ある特定の視点から言語化する認知資源を選択し，ある種の物語を創り上げているのである．

　英語のコメンテーターたちは選手たちのプレーを客観的に分析し，単純なミスや不必要なファールに対しては，ミスをした選手を特定し，厳しい批判を繰り広げる．一方日本語の実況解説では，選手たちの動きを単に客観的に描写し，単にミスをした選手を批判するのではなく，選手の視点から主観的に状況を把握し（本多（2005），池上（2006）），内的引用（野村（2006））を用いて選手の意図を理解し，共感しようとすることが観察される．

　野村（2006）はミスター・オー・コーパスを使用し，日英語のナラティブにおける引用を分析しているが，日本語のナラティブのほうが英語よりも引用を

---

(24) は多々良（2017）で扱った事例である．事例の中で使用される記号は以下の通りである．
　　### 　聞き取れない部分
　　[　　同時発話を表す．
　　[₂ 　複数の同時発話が連続して起こるとき，2つ目以降の同時発話の順番を示す．

多用すること，英語は発言内容を引用する傾向が強いが，日本語のほうが登場人物が心の中でどのように思い，感じたのかを引用する思考内容の引用が多いことを指摘している．日本語の実況中継においてもこの特徴が見られ，単に選手のミスを批判するのではなく，選手の内面に立ち入って，選手の意図を理解しようとする特徴が観察される．英語の実況解説が客観的に選手の動きを描写しているのに対して，日本語では刻々と変化する状況を描写する際に，選手の動きを客観的に描写するだけではなく，描写対象の心の中を推察し，その内容を自身のことばとして描写するのである．単に出来事を客観的に述べ，批判を展開するのではなく，話し手が視点を移動させながら描写し，描写される対象である選手と共感しようとするのである．

　また日本語の実況中継では，選手がミスした際に「雨の影響，相当出ているんじゃないでしょうかね」と述べたり，自陣ゴール前で後ろから相手チームの選手が迫ってくるのに気付かずに得点を許してしまった時に「この大歓声でもしかしたら声が届かなかったこともあったかもしれません」などに見られるように，天候やグラウンド状況など，選手を取り巻く環境を描写することが非常に多く観察される．これは Nisbett et al.（2001）が東洋の文化的考え方を「全体的認知（holistic cognition）」の観点から説明していることや，井出（2016）や藤井（2016）などが述べている，人間は場の一要素としてさまざまなものと共存し，すべてのものが相互に関連し合いながら，影響し合いながら存在しているという場の理論の考え方から説明できるだろう．選手たちは場における一部であり，相互に影響しあっていると考えられ，選手がミスをした場合であっても，話者は個の責任だけを追求するのではなく，状況要因やその他の選手との関連の中でミスが生じたと捉える傾向が表れていると言える．このように選手のミスを描写する際に状況要因に言及することは，選手のおかれている状況を描写することで，選手を全体の一要素として位置づけ，さまざまな要素が関連し合っている状況全体を把握するための情報を提供していると考えられる．このように選手を取り巻く状況を述べることで，ミスの原因が選手にあるのではなく，彼らを取り巻く状況に原因があるという発話者のスタンスを指標しているということができるだろう．

　（21）と（22）は FIFA World Cup 2014 ブラジル大会の決勝戦ドイツ代表対アルゼンチン代表の前半 20 分の場面における実況解説である．ドイツ代表クロース選手がヘディングで同じくドイツ代表のキーパーであるノイアー選手に

第4章　動画を使用した対照研究　　251

バックパスをしたが，そのボールがアルゼンチン代表のイグアイン選手にわたり，ノイアー選手と一対一となり得点のチャンスを迎える．しかしイグアイン選手のシュートはミスキックになり，ゴール左側に大きく外れてしまった場面である．

(21) 　S: サマライザー，C: コメンテーター

01 S: Oh, that's a terrible mistake there by Kroos, and here is Higuain! Oh, he missed the glorious chance that took the Argentina ahead.

02 C: Oh, what a collections of errors. Massive one here by Toni Kroos, look at that, what a gift and a shank! Rise that right leg, right down ### … way way way wide.

03 S: That chance came with it, and the eleven tied around it. Such a natural goal scorer, he was a horrible effort. Kroos must be the most relieved player … the man in the Americana. Definitely go away with that one, Germany.

（Replay）

04 S: Here we go again, look at that, just tried to push it down, Rojo's long ball comes all down Higuain there … must be 7 yard wide just as hit far wide

05 C: Has to hit the target, has it?

06 S: Yeah…a man with ###

(22) 　A: 実況アナウンサー，O: 解説者，F: 解説者

01 O: おっ，[₁ おおお

02 A: 　　　　[₁ おっとオフサイドは？ありません．ありません，イグアインの [₂ シュート！

03 F: 　　　　　　　[₂ あっ！

04 O: 　　　　　　　[₂ あー！

（中略）

09 F: まあ，イメージはねぇ，こう，わかるんですけど，その「相手が来てる」っていうのもちょっと目に入ったと思うんですよね．まあ，その部分で，「しっかり早くボールを蹴らな

きゃ」っていう所で当たらなかったんですかね.

10 O: それとどうですか「ノイアーだ」っていう,

「ノ [₄イアーがいる」っていう意識があったかもしれませんね.

11 F: [₄いやぁ,はい,いや,あると思いますね.ノイアーも
やっぱり集中してましたから,ずっとね,イグアインの動きっ
ていうのを観てましたよね.

(中略 リプレイを見ながら)

16 A: イグアインのシュート,確かにノイアーが … [₅無言の重圧に
なっているような

17 O: [₅うん,そうで
すね.

(21) の英語の実況では,S が 01 でクロース選手が酷いミスをしたことを述
べ,その後再び間投詞により驚きを表し,イグアイン選手がゴールを外したこ
とを述べている.C も 02 でイグアイン選手がゴールを外したことに対する落
胆を表し,その後クロース選手が信じられないミスをしたこと,イグアイン選
手のシュートが大きく外れたことを述べている.05 ではリプレイを見ながら,
S が "Has to hit the target, has it?" と確実に決めなくてはいけないシュート
であるという見解を述べている.

　一方 (22) の日本語の実況中継ではミスをしたイグアイン選手を直接批判す
るのではなく,彼の思考内容を引用する (09, 10) と同時に,10 行目以降に彼
を取り巻く状況(この場合はゴールキーパーのノイアー選手)を描写している
ことがわかる.このように選手たちが置かれている状況や相手選手との関連性
を描写することは,選手を状況全体の一要素として位置づける包括的認知の傾
向が表れていると言える.人間が状況の一要素としてさまざまなものと共存
し,すべてのものが相互に複雑に関連し合いながら存在していると考えられて
いるが,その特徴が実況中継の談話に現れていると言えるだろう.

　(23) と (24) は FIFA World Cup 2014 ブラジル大会の決勝戦ドイツ代表対
アルゼンチン代表の試合で,前後半 90 分を終え 0 対 0 で迎えた延長前半 7 分
にアルゼンチン代表のパラシオ選手がドイツ代表のゴールキーパーであるノイ
アー選手と一対一になり,ループシュートを試みたがゴールを決められなかっ
た場面である.

第 4 章　動画を使用した対照研究　253

(23)　S: サマライザー，C: コメンテーター

01　S: Rojo … towards Palacio … he's in here, finish, finish it here, No! ... well … opportunity … not.

02　C: Great opportunity, lovely ball, and who will almost get the call underneath it … anything just miss the control of the chest just get the way from, still … still hard to get on the target

（その後リプレイを見ながら）

03　S: This is the last one opportunity …

04　C: Yeah, that was the simple chest controlling … Messi looks like he's already chasing the ball

05　S: In fact he put it just wide as well that should be simple … like Iguain in the 1st half comes off inside of the post, just goes wide. Massive chance.

06　C: Umm … Makes you wonder why, just try to lob the goal keeper with the ball going towards the goal.

07　S: Yeah, exactly ###

08　C: It's a fairly simple exercise on what to do ###

09　S: He is a natural goal scorer, all right? He plays for Inter in Italy over the season.

(24)　A: 実況アナウンサー，O: 解説者，F: 解説者

01　A: [₁ あっと

02　O: [₁ おっと.

03　F: [₁ おっと.

04　A: パラシオに来た！チャンスだ！ 浮かせた！

05　O: [₂ いやあ！

06　F: [₂ ああ！

07　A: [₂ それた！パラシオのループシュートは枠の外！ アルゼンチン先制ならず.

08　F: もう完全にスペースかぶってしまいましたけど，

09　A: いやあ，しかし難しい選択を迫らせたのはノイアーの存在感

だったかもしれません．アルゼンチン決定的なチャンスを逃
しました，後半，延長前半の 7 分．
（中略，その後リプレイを見ながら）
10 A: それにしてもパラシオの … このプレー，ノイアーが出てくる，
　　　浮かせる選択をしたそのループシュートはわずかに枠の外．
11 O: ああ，やっぱりこれノイアーのこの迫力は大いにありますよね．
12 A: 普通に浮かせただけでは何か届いてしまいそうな
13 O: うん．

　(23) の英語の実況中継では C が 02 と 04 で絶好のチャンスがパラシオ選手
に訪れたが，胸でのトラップをミスしたこと，さらに 06 と 08 においてシュー
トを外したパラシオ選手に対して，単純なプレーなのにどうして決められない
のかという批判がなされている．

　一方の (24) の日本語の実況中継では 01 から 03 で参与者たちが間投詞でパ
ラシオ選手に絶好のチャンスが巡ってきたことに驚きを表し，シュートが外れ
ると 05 で O が「いやあ！」，06 で F「ああ！」，そして 07 で A が「それた！」
と 3 者が同時発話をしている．その後 09 で A が「難しい選択を迫らせたのは
ノイアーの存在感だったかもしれません」と述べているが，英語の実況解説と
は異なり，ミスをしたパラシオ選手を批判するのではなく，彼を取り巻く状況
を描写（この場合はゴールキーパーのノイアー選手を言及）している．その後
もリプレイを見ながら A が 10 で再び「ノイアーが出てくる」とノイアーの動
きを描写し，続いて O が 11 で「ああ，やっぱりこれノイアーのこの迫力は大
いにありますよね」と A の見解に同意する．その後 12 で A が対峙するキー
パーがノイアーなので「普通に浮かせただけでは何か届いてしまいそうな」と
述べ，O がそれに対して同意し，両者でパラシオ選手がシュートを外した要
因がノイアー選手にあるという合意を形成し談話が終わる．

　ここまで見てきた通り，英語と日本語で放送された同じ試合（場面）の実況
中継を分析すると，それぞれの参与者が異なる認知資源に注目し，同じ出来事
が異なる形で言語化され，異なるストーリーに創りあげられていることがわか
る．英語の実況中継ではそれぞれが選手の動きなどの試合内容を客観的に描写
する分析的認知の特徴が観察される．参与者たちは試合を描写する際に，俯瞰
的な視点から展開しているプレーや出来事を客観的に分析的に描写し，ミスを

した個人に対する責任を追及し，厳しい批判を投げかける．一方，日本語の実況中継では，単に描写対象を客観的に描写するだけではなく，内的引用の形で選手の内面へと描写対象を変化させ，選手の感じていることや選手の意図を描写し，理解しようとする傾向がある．またミスをした選手とそのプレーだけを言及し批判を展開するのではなく，選手たちが置かれている状況や相手選手との関連性を描写することが観察されるが，これは選手を状況全体の一要素として位置づける全体的認知（Nisbett et al.（2001））の傾向が表れていると言えるだろう．

第 5 章

言語文化研究の今後

　言語人類学や言語文化研究の分野におけるテーマはここでは扱うことができないほど多様なものである．本章で主に扱った言語の多様性や言語と思考，認知の問題に加え，言語の指標性，ナラティブの分析，言語実践，言語習得と社会化の問題，言語とイディオロギーの問題，少数話者言語の死と再生，言語と権力など研究の射程は広い．

　言語というものは人間が社会文化的コンテクストにおいて行う社会的行為を通じてのみ存在しているのである．Hymes（1966, 1974）や唐須（1988）が指摘しているように，言語を社会実践の中で観察し，民族誌として記述することで各文化における言語の役割を明らかにし，言語の本質にさらに近づくことができるのではないだろうか．第 V 部 2.6 節で述べた民族誌的な観点からそれぞれの言語文化における言語の機能を明らかにすることは，6.4 節以降で扱われる世界の諸英語の問題に通ずる点がある．つまり世界中で英語がリンガ・フランカとして使用されている昨今であるが，英語が現地化し，同じ英語を話していても，使用方法や役割が異なるなどの報告がなされている．言語人類学で行われている民族誌的な観点をこのような言語使用の問題にも発展させることができるのではないだろうか．

256

第6章 〈基礎内容部門〉

社会言語学序論

6.1. 社会言語学のはじまりとその背景

　社会言語学は社会と言語の関わりを論じる学問である．社会言語学の視点から言うと，統語論などフォーマルな議論を行う言語学は，言語を自律的存在と考えるか，文脈や社会状況から切り離したところの言語を分析するという営みであり，基本的前提が異なる．もちろん統語論のような自律的な言語学の営みも意義深く，その蓄積は膨大であり，社会言語学もその基礎の一部をそこにおいている．ただ，明らかにしたいこと，論じたいことの指向はそれぞれに全く別のところを向いている．社会言語学は，言語の本質はまさに人々のやりとりの中にあり，社会こそが言語の生成の場であると考える．言語の自律性と言語使用者集団の均質性を前提としない．

　現代の社会言語学に連なる欧米のこの分野の研究のはじまりは，1960年代とされるのが一般的である．1964年のインディアナ大学でのアメリカ言語学会の言語学講座（Linguistic Institute）で，Fishman, Ferguson, Labov, Hymes, Gumperz ら，当時のアメリカの社会言語学のそうそうたるメンバーがこぞって社会言語学の重要性を唱えたのが，象徴的な意味で出発点とされることが多い．言語学界を席巻した Chomsky の 1957 年 *Syntactic Structure* の強烈なインパクトに反応したものであることは時期的にみても想像に難くない．

　Labov, Hymes, Gumperz ら現在のアメリカの社会言語学を築いた論者たちが活発に研究を展開したのは 1970 年代あたりからだが，むろんこれらがみ

257

な反チョムスキーという外発的な動機付けによって生み出されたというわけではない．また，欧米全体を見渡せば，Chomsky 以前にも社会言語学の萌芽はあり，そもそも歴史言語学も社会言語学的側面をもっていた．

　具体的な分野，トピックとしては，言語によるバラエティに関わるものと言語の使用に関わるものなどがある．前者には，地域・民族・社会階層・ジェンダーによるバラエティ，社会的立場，言語と社会的不平等を論じるものがあり，後者には会話のルール，発話行為，ポライトネスに応じた言語使用，やりとりの社会言語学，会話分析，社交的言語使用，状況に応じた言語使用などに関心が向けられる．さらには，本書では応用の部類に属するものだが，異文化間コミュニケーション，言語使用とアイデンティティ，ピジン・クレオール，言語習得，世界の諸英語，言語政策，言語政策としての外国語教育，言語実践としての外国語教育，コンピュータを介したコミュニケーション（CMC, Computer Mediated Communication），言語とテクノロジーなども加えることができる．

6.2. 日本の社会言語学

　日本の社会言語学は欧米とは独立した起源をもっている．敬語に象徴されるような対人的配慮の言語への反映は，欧米の言語とは大きく性質を異にしており，日本語独自の社会言語学的な認識が芽生えたとしても不思議ではなかろう．例えば Brown and Ford (1961) や Brown and Gilman (1960) の呼称や二人称代名詞に関する論考などは，1960 年代初期のアメリカの社会言語学の古典とされるものだが，相手によって呼び方を変えるという事象自体は，多くの欧米の言語の話者とちがって日本語話者にとっては，特段の意識を呼び起こしづらい（日本語では呼び方どころか敬語のようにスタイルまで変える）．

　相手や状況によってことばを細やかに変えることが当たり前の日本語，日本語話者にとって，「社会言語学」などという述語や概念の誕生を待つまでもなく，ことばと社会，ことばと人との関わりは当然の知的探求心の対象だったのだろう．1940 年代には「言語生活」の名の下に社会言語学的な調査研究が始まり，1948 年に設立された国立国語研究所はおおよそ社会言語学の研究所といってよい研究機関である．

　以下の節では社会言語学のこれまでの知見をもとに，基礎と呼ぶべき議論，

概念を概観する．ここでの各議論もすべて異なった理論的背景をもっており，異なった研究分野といってもよい．

6.3. 言語のバリエーションと変異理論

　言語のバリエーションに関わる研究を確立したのは William Labov である．方法論的にも，理論的にも，その知見としても，Labov（1966）は画期的だった．都市の調査，ランダムサンプリング，統括的調査，カジュアルスピーチなどさまざまスタイルを引き出す社会言語学的インタビューなどによって，言語変異が社会的な階層とスタイルの階層の双方を指標することを明らかにした．それはあらたな知見をもたらすとともに新しい研究パラダイムの創出でもあった．（社会）言語学的変異という概念を用いて社会的階層と進行中の言語変化を記述する方法論を確立したのである．

　社会言語学（的研究）は他の分野にも広がっているが，方言の社会的側面はいまだ重要なテーマである．Labov が創始した言語のバリエーションと社会的階層との関わりに関する研究は，変異理論（variation theory）として知られており，そこでは「言語運用で選択肢があるときは，統計的手法を用いるのが適切である」という前提に基づいている．これは，文法は固定化した規則であるという考えを持つ伝統的言語学からの実質的な離脱を示しており，社会の中でも分布のばらつきがあり，そしてそのばらつきに意味を読み取ろうとするものである．

6.3.1. Labov の研究の概要と意義

　Labov は，Labov（1966）以前から，すでにハーレムにおいて，African American Vernacular English（AAVE）の研究に携わっていた．共同研究者にはデータのコーディングと分析の専門家やアフリカ系アメリカ人がいた．熟練したフィールドワークの技術とコミュニティに慣れ親しんでいることが，この研究の成功の鍵であり，1972 年の *Language in the Inner City* の基礎となった（Rickford（2016））．

　Labov（1967）では，Standad American English（SAE）と AAVE の微妙な音声学的違いが AAVE の子供たちが初期の学校教育で直面する困難の源になりうることを論じている．Labov の長期にわたる AAVE 研究は，民族や階

級などによってさまざまである，AAVE やその他の非標準的とされる英語変
種の研究に記述的にも理論的にも大きな貢献をした．

　Labov にとっての重要概念の 1 つは vernacular（その集団固有の日常語）で
ある．vernacular は standard に対する概念で，インフォーマルながらも「低
次元」の論理が働いているとされる．Labov が特に着眼したのは，アフリカ系
アメリカ人であるが，彼（女）らのナラティブにも standard の論理とは異なっ
た論理がある．

　Labov は標準的な言語の形式と実践を優先させる支配的な文化イデオロギー
に対抗する意図をもっていたと考えられる．vernacular（その集団固有の日常
語）という概念は，ありふれた，非エリートの言語こそが「標準」であり，文
化的に中心とされる言語に対する認識に抗う社会意識を促進させるものであっ
た．AAVE 話者の高い能力を示すことは，反人種差別主義という政治的なス
タンスの表明でもあったのである．

　Labov はその他にも現在の社会言語学の基礎を築く数々の重要概念や方法
を生み出してきた．ここではさらに，その代表的なものをいくつかとりあげて
論じよう．

　言語にはさまざまな変異（variable），いわゆるバリエーションがある．変異
は一見「パフォーマンスエラー」のようにも見えるが，変異理論ではむしろそ
れは人間のもつ言語知識の一部だと考える．たいていの言語変異現象には何ら
かの規則性があり，社会で使われている言葉は無秩序にみえるが，変異の中に
秩序がある．これを変異規則と呼んだ．こうした規則性は個人の中にも，個人
が居住したり所属したりする社会的集団（言語共同体 speech community）の
中にもみられる．一見混沌としている言語共同体の中に規則性があることを
「秩序だった異質性」（ordered heterogeneity）と呼んでいる（松田（2015），
Weinreich Labov and Herzog（1968））．

　人によって話し方は異なり，人はしばしば相手によっても話し方を変える．
最初はあらたまった話し方をしていても，徐々にくだけた話し方になることも
あるだろうし，あらたまっている，くだけていると言っても例えば世代によっ
て異なっていることもしばしばある．このような話しぶりの違いは「スタイル」
（speech style）の違いと見ることができる．人が話す調子を指す用語である．

　一般に年齢，性別，職業といった話者の社会的属性によって人々のスタイル
は異なり，使用する言語変種も変わる．ことばのバリエーションは話者の社会

的属性によっても大きな影響を受けている．いわば変異の幅を社会的属性が制限しているのである．言語変異には複数の要因がしばしば関わっており，変異理論はその複数の要因を明らかにし，統計的手法も用いながらそれぞれの要因の相対的な強さ，またそうした要因が存在する理由や社会的意味などを考察する分野である（松田（2015））．

Labov の研究には方法論的な意義もある．多様な変種が共存する都市における調査，ランダムサンプリング，統括的調査，カジュアルスピーチなどさまざまスタイルを引き出す社会言語学的インタビューなどは画期的な Labov のアイディアによるものである．社会言語学的変異，言語変異という概念を用いて社会的階層と進行中の言語変化を記述する方法論を確立した．この方法論により言語変異が社会的な階層とスタイルの階層の双方を指標することを明らかにしてきた．

Labov の方法論における社会調査や統計は，この分野が科学であること（科学になろうとしたこと）を意識したものだったのだろう．ニューヨークの調査に見られる可視化された方法（visualization methods）も同様である．いずれも量的な証拠に基づいた社会科学のモデルの 1 つになった．

6.3.2. 顕在的権威と潜在的権威

言語行動や言語変化の 1 つの原動力は威信（prestige）である．人々はそれに向けて自分の言語行動を調整したりする．威信には顕在的威信（overt prestige）と潜在的威信（covert prestige）とがある．

顕在的威信（overt prestige）は，より大きなコミュニティーにおいて社会的地位（しばしばエリートの立場）を獲得するために使われると社会的に定義される標準方言の話者によって獲得される．潜在的威信（covert prestige）はこれとは逆に，ある種のコミュニティーのメンバーとみなされたいと望む話者によって獲得される．これらは話し方を決める主要な要因となる．

多くの社会において，いわゆる標準とみなされているものや「しっかりとした」言語形式を使わない人は怠惰，無教養，非社会的などとみなされる．いわゆる非標準変種の話者は日常的に，彼（女）らの話し方は間違いであり，ひいては劣ったものであると教えられる（規定された形式が唯一の正しい形式である）．いつも彼（女）らは，学校で典型的に教えられる言語変種の話し方を学ぶことが成功につながるという理屈を当てはめるように期待されている．

結果的に，非標準の変種が規範とされる家庭の出身の子供は，不利な状況に置かれることになりやすい．また，第二言語話者は彼（女）らがローカルなコミュニティーではまず出会うことのない多数派の言語を使うことに挫折する．こうしてこの標準言語を手に入れるまでは自分たちが二流であるという感覚に陥る．

二方言的（bidialectic）になる人も少なからずいる．標準変種の学習においては，ごくわずかにしか熟達しない人もいる（非標準変種は結局習得するにもかかわらず）．その反面，規範的な言語が優れているという前提を受け入れてしまい，非標準形式を拒絶し，この過程で隣人や友人から自らを疎外してしまうという人もいる．

ある特定のグループのメンバーとして認められる必要性が重要な社会的要因になるときは，成功とはそのグループに入ることによって得られる利益と入らないことによってえられる「成功」の量（の計算）によって定義される．そして実際には，非標準の話し方が，（汚名ではあるが）あるコミュニティでは，潜在的ステータスを持ち，顕在的ステータスよりも高いレベルに昇るのに役立つこともある．

6.4. 英語の多様性

現代世界においては，英語が人類史上例のない地位を獲得しており，大きな広がりを見せている．英語は英米，アングロサクソンの民族語であるというだけでなく，世界中でさまざまな形と程度で用いられている．英語が世界でどのような多様性を示し，それが何を意味するかを考えることは社会言語学の重要な課題である．

6.4.1. 英語の三大円圏

Braj Kachru（1982, 1985）は，英語が話される国を3つの円モデルで区別している．B. Kachru（1985）によれば，この英語の拡散は，内円圏（Inner Circle），外円圏（Outer Circle），拡大円圏（Expanding Circle）という3つの同心円によって最もうまく捕捉できるという．内円圏は，英語が第一の言語として用いられる地域（イギリス，アメリカ合衆国，カナダ，ニュージーランドなど）で，伝統的，歴史的，社会言語学的に見た英語の本拠地である．外円圏

は主としてイギリスとアメリカのかつての植民地であり，そこでの英語は行政，教育，法律などの国内的な目的のための補助言語として採用されてきた（インド，ナイジェリア，フィリピン，シンガポールなど）．拡大円圏は，英語が主として国際的なコミュニケーションのための媒体として用いられ，学習言語になっている地域である（中国，ヨーロッパ，韓国，中東，日本など）．

英語の広がりは2つの離散（Diaspora）によって広まったと考えられる．1つは内円圏からの離散で，もう1つは外円圏からの離散である．内円圏からの離散は主に植民地主義の教育の目的で広められ，外円圏からの離散は主に植民地の宗主国への親密な関係を構築しようと発達した（Horn (2008)）.

世界諸英語（World Englishes），あるいは世界英語という語は，Quirk (1985, 1990)，B. Kachru (1982 他）らによる，世界規模でのさまざまな英語の描写や分析の方法，研究分野自体を指すこともあれば，東南アフリカやアジアなどで話される新英語（New Englishes）を指すこともある（Bolton (2008)）.

6.4.2. 世界諸英語研究の流れ

研究分野としての世界諸英語については，いくつかの流れがある．

1つは，Quirk に代表される英米系の研究群であり，さらにいえば，英米人の視点からのものである．Burchfield (1985) はラテン語があらゆる地域に発展していったことと，英語が将来さまざまな人に話される言語となって次第に形を変えていくであろうことを比較検討している．この比較が Quirk の一連の議論につながっている．彼は英語の多様性と世界英語の「標準」という概念について論じ，そこで英語の標準の概念を脅かす風潮は母国語としての英語に教育的ダメージを与えると述べている．その意味で辞書の編纂は重要であると考えられ，Quirk は世界諸英語の多様性が制度化されているといえるのは，その多様性が規則などによって支えられている場合だけだと主張する．

他の英米系の論者には，複数の英語があるという視点の重要性を論じた McArthur (1987) や，英語を世界的な言語だと考えることで英語の社会的，歴史的，地理的な視野を広げることができると主張した Görlach (1988) などもいる．

一方，1980 年代来の Kachru に代表される非英語圏の非英語母語話者による研究も独自の視点を持っている．Kachru はインド人であるが，このような分野では，研究者の背景と研究そのものが深く結びついていることを読みとる

べきである．彼は世界諸英語について，英語の発展と階層化，階層化の特徴，コミュニケーション活動における状況，その発展の暗示するもの，バイリンガルの創造性と文学の規範，先住民言語保護主義と英語主義という英語の二面性，英語の力と政治，世界諸英語の教育などについて論じ，この分野の1つの流れを作った．英語使用の広がりと，世界中（とくに外円圏）の英語の需要を認識し，アングロ中心主義の内円圏に属する当時の言語学者たちに立ち向かったのである．Kachru はインド，ナイジェリア，シンガポールなどのコンテクストで用いられる英語の形式面，また機能面のバリエーションを研究し，これによって，内円圏の規範，基準，モデルを重視する考え方は変わり，英語が多様化する現実へと視点がシフトしていった．Y. Kachru and Smith (2008) のような非英語母語話者と英語母語話者の共同研究もあるが，これは基本的に B. Kachru の研究群に位置づけられる．

　社会言語学の方法論に基づいた研究群もある．Fishman （Fishman et al. (1977)）は，英語の発展と帝国主義の後の英語について社会言語学的な見地から論じた．20 年後，彼は帝国主義後の英語について，英語は今や帝国主義の道具ではなく，多国籍的コミュニケーションの道具であると述べている（Fishman （1996a, 1996b））．

　Trudgill and Hannah (2002) は発音，強勢，語彙，文法などの特徴から「国際英語（International English）」という視点を打ち出し，世界諸英語について論じた．オーストラリアやインドなどで話される英語の録音資料に基づいた調査がある．

　新英語は現地化した英語であり，その土地の音声や語彙構造の影響を受けた英語のことを指す．アフリカやカリブ海諸国，アジアや太平洋諸国において用いられている．新英語には2つの特徴がある．1つ目は「中立性」である．英語はある特定の民族に関連のある言語ではないとされている．2つ目は「高い地位」である．高等教育を含む公的場面において用いられているからである．

　そのほか，Todd （1984）など，ピジン・クレオールと英語の関係を見ようとする議論や，Halliday, McIntosh, Angus and Strevens （1964）のように，英語についての言語科学の知見を新しい実用的な言語学に適応させようという試みもあった．

　1980 年代の世界諸英語の議論には，厳密な言語分析が欠けているとして言語学からは批判的な見方もあった（Bolton （2002））．また，Prator （1964）の

ように英語が母語ではないが広く使用されている国々で英語が土着化し，多様化していくことはいい結果をもたらさないという主張もあった．

　英語が発展し，大衆化することを批判する人たちの多くから支持を得たのがCrystal（1988）だ．彼は政治的な偏見なしに英語が世界規模の地位を獲得した経緯を論じた．その後のCrystal（1997）は一般にも多くの読者を得た．

　Phillipson（1992）の「言語帝国主義」という議論は，世界諸英語研究にも1つの流れを作り出した．彼は，母語が英語の国（イギリスやアメリカ），第二言語が英語である国（ナイジェリアやインド），英語が国際語である国（日本など），というように3つのグループ間の政治的な関係について論じた．第一の英語圏（Kachruのことばでは内円圏）の国々の政治的，経済的圧力で3つのグループは不公平な関係にあり，彼はそのような圧力を「英語帝国主義」と定義した．また，彼は英語教育についても述べており，母語が英語の国，第二言語が英語の国の教育システムも，この英語帝国主義に加担していると論じた．

　新しい英語が，いわゆる非英語圏から生み出された時，ある種の拒絶反応が英米圏の人たちから引き起こされたことは容易に想像がつく．そして，それはある時期において，研究にも反映されていた．その後，さまざまな視点が生み出され，さまざまな議論がなされてきたが，英語が従来の英語圏の人たちだけのものではないという事実は圧倒的だ．すでに良し悪しの議論を超えているのが現実となっている．それは，近年の世界諸英語研究ではすでに前提化されているのである．英語帝国主義もそれを主張するための媒体は英語がもっとも効果的であるというパラドクスに悩むことになる．

6.4.3.　英語圏における英語の地位

　内円英語圏においても英語のあり方は多元的で，多様である．政府は必ずしも言語の使用基準を設定していない．例えば，放送で使用されるような音声英語は，一般に規制によってではなく慣習によって確立されている．アメリカのメディアの視聴者は一般的にほとんどのイギリスの放送を容易に理解し，その逆もまたしかりである．また，世界中の多くの英語話者は英語圏の多くの放送を理解することができる．

　いわゆる英米圏の国々も英語を公用語とする国ばかりではない．イギリスやオーストラリアでは英語は実質的に公用語だが，あくまで実質的（de facto）なそれであり，公用語として定められているわけではない．ニュージーランド

では英語は公的な地位を持っているが，この国ではマオリ語，ニュージーランド手話を公用語としているという事情がある．アメリカの人口の大半は英語話者であるが，2016年の時点で，英語は50の州政府のうちのわずか31の州によってしか公用語の地位を与えられていない．アメリカでは英語を公用語とすべきか，多言語状況を積極的に受け入れるか，国民的な議論がなされてきている．英語を公用語として国としての結束を優先すべきか（English-Only），建国以来の多様性を保持すべく，英語以外の言語の使用も受け入れるべきか（English-Plus）の議論があるが，上記31州に見られるように，現在の情勢は前者に傾いている．

6.5. 異なった言語コードの接触と共存

コミュニケーションにおいて伝達のルールの体系やシステムをコード（code）と呼ぶ．ほぼ言語と置き換え可能な場合もあれば，その使用のシステムを指すこともある．現代社会においては，1つのコミュニティの中でも複数の言語や言語コードが共存していることがしばしばあり，それぞれの役割が定着しているところもある．このような異なった言語，言語変種，言語コードが接触したり1つの社会に共存したりしている状況は社会言語学の重要な関心事である．

6.5.1. コードスイッチング

二言語話者（bilingual）同士の会話では，しばしば途中で言語コードを切り替えるという事象が見られる．これをコードスイッチング（code-switching）という．

一般的なコードスイッチングの場合，コードとはほぼ言語と考えてもよいが，注意しなければならないのは，言語体系のことを言っているということだ．例えば，日本語の中にいわゆるカタカナ語としてたくさんの外国語（らしき語）が混在している．われわれはそれらを日常的に用いている．しかし，英語から来たたくさんのカタカナ語を使う人も英語を体系的に身につけているわけではない．要するに英語の話者とは限らない．ここでいうコードスイッチングをするバイリンガルの人たちは2つの言語を両方ともほぼ母語のように話す人たちである．

文法書や辞書においては，言語は離散的なシステムとして扱われているが，現実の社会では，異なる言語の話者同士が隣り合って生活し，関わりをもちあうことが可能であり，また個々の話者はさまざまな言語資源を利用することができる．多言語社会でのコミュニケーション行動は使用可能な言語と変種の機能的な分布の多様なパターンによって特徴づけられる．言語の境界を日常的に交差し，言語を使い分けるものもいる．

コードスイッチングをする二言語話者は，日常のコミュニケーションにおいて，状況に応じて言語を選択しているのか，必ずしも意識していないことがある．単純に考えれば，2つの言語が同じように話せる者同士なら，どちらの言語を使ってもよさそうなものである．伝える内容が同じなら，両方通じるわけだから言語はどちらでもいいはずである．しかし実は2つのコード（言語）のうちどちらにスイッチするかということだけではなく，スイッチするということ，つまりどちらかの言語を選択すること自体が意味をもっている（Gumperz (1982)）．

6.5.2. ダイグロシア

世界には 7000 近くの言語があり，その世界が現在約 200 の国に分かれていることを考えると，いくつかの言語が1つの国，都市，会社，家族の中で共存しているという状況が多く存在すると考えられる．複数の言語の共存はランダムではなくむしろパターンがあるため，共存の状況は社会言語学者にとって興味深い．二カ国語併用の社会的なパターンを見つけるには，話者の言語の選択という要因を理解しなければならない．

Ferguson (1959) は，同じ言語の社会における二層構造を上層語（H 変種, High Variety）と下層語（L 変種, Low variety）という概念を用いて論じた最初である．ダイグロシア (Diglossia) という概念もここから派生したものである．

H 変種の文法は，L 変種に比べてより保守的で，より厳格に標準化されている．H 変種の語彙は，おおむね L 変種と共通しているが，純粋主義的傾向があり，専門的語彙が含まれている．H 変種と L 変種は，習得の点においても違いがある．L 変種は家庭などで自然と身につくが，H 変種は教育によって習得される．これは，標準的な言語はしばしば特定の場所（での使用）に基づくものであるため，H 変種が誰にとってもネイティヴの変種として話されるではなく，標準・方言の状況を区別する特徴であることを示している．学校

教育と古典文学に関連があるおかげで，H 変種は L 変種よりも高い威信を示すことができている．

　上のような状況はそれほど珍しいものではない．よくある状況は，1 つの社会の中で 2 つの言語，あるいは同一の言語の 2 つの種類（variety）が並んで用いられ，それぞれの使われる場面が社会的に比較的はっきりと分化している状態である．社会言語学では，このような状況を二言語変種使い分け，ダイグロシア（diglossia）と呼んでいる．例えば，議会や学校では社会的威信の高い言語あるいは言語の種類が用いられ，家庭や大衆的なラジオ番組では威信の低い種類が用いられる，というぐあいである．このような状況ではある 1 つの場面で 1 つの言語コードが用いられるというのが基本だ．

　そのようなことが行われる社会では，どの場面でどの言語コードが用いられるかは比較的意識されている．社会言語学者が調査するにしてもアンケート形式で調べたりすることができる．一種のエチケットのルールのようになっていて，大人が子供に明示的に教えたりもするし，子供はそれを守らなければ叱られたりもする．

　そういう社会での 2 つの言語コードの使い分けとバイリンガルの社会での 2 つの言語コードの使い分けにはある程度共通していることもある．それは，一方のコードが外から与えられたと考えられている，政治的経済的に有力な国の多数派の言語であり，一方は自分たちの民族の固有の言語，自分たちの仲間内の言語であると認識されていることである．前者を「『彼（女）ら』コード（they-code）」，後者を「『我々』コード（we-code）」と呼ぶ．「彼（女）ら」コードは一般に社会的威信の高いコードであり，フォーマルな状況や個人的ではない話題，部外者とのコミュニケーションにふさわしいと感じられ，「我々」コードは一般に形式張らない状況，個人的な話題，仲間内のコミュニケーションに適していると感じられる．

　H 変種と L 変種はしばしば同言語の変種であるが，どちらの変種を選択するかを決める要因は，その機能やコンテクストであり，L 変種は，家庭や道端，その他インフォーマルなコンテクストで，日常の話しことばとして使用され，親密さや連帯感を表す．H 変種は，権力や形式と関連するフォーマルな変種で，書きことばがもとになっている．パブリックスピーチや宗教的な場，その他フォーマルなコンテクストで使用される変種である．

　多言語社会でのコミュニケーション行動は使用可能な言語と変種の機能的な

分布の多様なパターンによって特徴づけられる．言語の境界を日常的に交差し，言語を使い分けるものもいる．しかし話者個人の選択は恣意的ではない．1つの社会で共存する言語は平等であることはまれである．1つの言語，または言語の要素を選ぶことはそれゆえに社会的な意味をもつ．選択には動機付けがあり，したがって説明可能である．

6.5.3. 精密コードと制限コード

Bernstein (1966) は，教育的な文脈での子供たちに特に着眼し，言語使用には，制限コード（restricted code）によるものと精密コード（elaborated code）によるものがあるとした．

制限コードは一般に文法構造が単純で，文や語彙の数も少なく，共有する暗黙裏の理解に基づいてコミュニケーションがなされる傾向がある．一方，精密コードは文法構造が複雑で語彙数が多く，複雑な文構造や豊富な語彙を用いて表現する．より精緻な情報伝達が可能であり，アカデミックな内容の表現に向いている．したがって，精密コードを使うことが多い環境に育った子供たちは学校教育において有利である．いつも制限コードのみに接している子供にとって学校のアカデミックな言語活動は負担になることが多く，その結果，彼らの学歴は低くなる傾向がある．このような子供たちは労働者階級の家庭のものが多く，学業で苦労するがために，親と同様に労働者となっていくことが多く，階級が固定化され，再生産される原因になっていると指摘している．

バーンスタインのこのモデルは，言語の音韻的・統語的な差と，階級，権力，その他社会構造の側面との関連を描くものである．彼の主な関心は，社会階級の違いによって特定されるだけでなく，イギリスにおける社会的再生産の手段でもある，異なる「コード」についてであった．バーンスタインを支持する研究者によって生まれた教育学的概念は，労働者階級の子供たちが，中流階級のスピーチが多くを占める学校の要求により対処できるよう賠償的な教育を求めた．Gordon and Wilkerson (1966) は，言語変種と習熟度の相関関係についてアメリカでも同様のことが起きていると述べている．民主主義社会で，言語による社会的不平等を恒常化させるべきではないという規範的な考えは，社会階層と言語変種の関係を研究する強い動機になった．

6.5.4. ピジンとクレオール

　異なった言語の話者同士が主として商目的で便宜的に作られた混成言語をピジン（pidgin）と呼ぶ．一説では business からこの語が生まれたとも言われている．この混成言語の使用が安定的になると，ピジン話者同士の子，すなわち第二世代がピジンを母語として育つという状況が生まれる．このような言語をクレオール（creole）と呼ぶ．

　ピジンとクレオールの研究では，異なった言語話者たちの接触によって生まれた言語の問題が論じられるが，世界諸英語の問題ともつながっている．ピジン世代の次の世代のクレオールが生まれることをクレオール化と呼ぶが，Bickerton（1984）のバイオプログラム（bioprogram）仮説以降，生成文法論者をはじめとする非コミュニケーション系言語学にも注目を浴びるようになった．それはむしろ言語の普遍性を求める議論としてであった．ピジンやクレオールは世界中で全く関わりなく別々に生まれているにもかかわらず，もとの言語にもなかったような言語の普遍的特性と思われる特徴を見せる．それはチョムスキーが言うような生得的な特性だとするのがバイオプログラム仮説である．ただし，これには論証のデータに疑義があるという反論もある．

6.6.　言語とアイデンティティ

　言語とアイデンティティの問題はさまざまな側面をもっているが，現実問題としても，また社会言語学の問題としても，しばしば，異なったアイデンティティをもつものとの接触が意識されたり，自らのアイデンティティが危機にさらされていると感じたりする場合に顕在化する．例えば，外国語教育などでは，目標とする言語の背景となる文化と自文化との関係が不均衡であったりすると，アイデンティティの問題になりうる．ここでは，アイデンティティへの社会言語学的アプローチとしてジェンダーと言語の研究と批評的談話分析（Critical Discourse Analysis，以下 CDA）をとりあげることにする．

6.6.1.　言語とジェンダー

　ジェンダーと言語に関わる研究には，大きく「支配」アプローチと「差異」アプローチとがある．ジェンダー研究の嚆矢となった Lakoff（1975）は，社会における男女の不平等が言語に内包されているという主張だった（例えば，

He's a professional. と言えば「専門職」という解釈がなされるのに，She's a professional. と言えば「売春婦」のような解釈がなされる）．支配アプローチは力と不平等に焦点を当てている．言語のふるまいにおける性別特有のバリエーションは，力の差異を表現し，さらにそれを補強することに見られる．例えば，結婚に際して妻が夫の苗字を選び，子供に父の苗字を使うといったような命名の慣習は，男女の別を問わない運用ではなく，男性優位の表れとして解釈される．この議論は言語が人の考えに影響を与え，また決定する力を持つという考えが背景にある．例えば，Spender（1985）は，言語は思考を表現するものというより我々の概念カテゴリーや考え方を形作るという決定論的な概念に基づいている．サピア・ウォーフの仮説に通ずる考え方である．

　差異アプローチとされる考え方の基本は，歴史的に人間の社会が男性優位だったことを認めつつも，男と女は異なったコミュニケーションのスタイルをもっており，それゆえに誤解しあうのだというものである．Tannen（1990）は，多くの女性はラポール（rapport）志向で，関わりを求め，多くの男性は独立志向で，いわばレポート（客観描写）志向である，という事例を多くあげている．ラポール志向のコミュニケーションは，独立志向のものにとって，自己の領域への侵害ととられやすくなる可能性があり，逆に独立志向のコミュニケーションはラポール志向のものにとって，冷淡で無関心な態度に取られやすい可能性がある．

　社会言語学のジェンダー研究が始まって以来，男性・女性に特有の話し方が差異（difference）と支配（domination）という考え方で理解されるべきかという問題は常に議論の的になっている（Cameron（1992））．差異と支配のどちらのアプローチも，なぜ社会が両性の区別を強調したり，またその逆に目立たないようにしたりするのか，またこうした区別をつけるにあたって言語がどのように利用されているかといった疑問に説明を与えることを試みている．しかし両者の説明は異なっている．いくつかの言語形式，発話の振る舞いの種類を見ることで，男女の傾向を判別することができる．このことにはさまざまな機能的な説明が可能であろう．例えば，ニューヨークにおいて女性は男性よりも非標準の形式を使うことが少ないことが知られている．差異のアプローチにおいてこの現象は，女性には子供の第一の世話者という役割があり，この役割の意識が強いことに起因すると想定されている．女性は自分の子供に標準変種を教えることで子供が将来社会的に有利になる可能性を高めようとしているとい

う（Labov（1990），Gordon（1997））．これに似た傾向はイギリスのノリッジ（Trudgill（1984））やオランダのアムステルダム（Brouwer and van Haut（1992））など，他の言語コミュニティーにおいても見られる．差異のアプローチによれば，男性と女性のことばの振る舞いはさまざまな理由によって異なるが，これは権力（power）と支配（domination）という単一の 1 次元のスケールに還元することはできないという．男性と女性は子供時代に同性の仲間同士で相互作用した結果，さまざまな異なる慣習的規範を持つようになる．異なった社会化のパターンにより男子は地位と自己肯定とを気にかけるようになる反面，女子は関与と理解のほうにより関心を向けるようになる．この結果として生じる慣習的スタイルはそれぞれ，対立的（competitive）と協調的（cooperative）と表現されている（Eckert（1989），Tannen（1990））．また，ジェンダー固有の言語パターンが生まれる原因としては，異なるジャンルへの志向が観察されることも挙げられる．例えば，患者への聞き取り調査においては，自分の症状を説明する際に女性の話者が語り（ナラティブ）を多用するのに対し，男性話者は個人化されていない言い方で話すという対照が見られる（Coulmas（2013））．

中村（2010）は，言語がジェンダーに影響を与える関係から，ジェンダーの側面を「ジェンダー・イデオロギー」と「ジェンダー・アイデンティティ」の 2 つに区別している．ジェンダー・イデオロギーは，いわゆる「ジェンダーをつくることば」に関わる側面のことで，私たちの常識や知識として行動を支配しているものである．例えば，「長い髪の女性は魅力的だ」「男性はスポーツが得意だ」などの考え方が社会で流布されたりする（そして，必ずしも正しくない）．

ジェンダー・アイデンティティは，いわゆる「ジェンダーすることば」に関わる側面のことで，本質主義に基づくものと構築主義に基づくものがある．前者は，話し手はあらかじめアイデンティティを持っており，それに基づいて言語行為を行うという考え方であり，後者は，人は言語行為を通して自らのアイデンティティを作り続けるものだとする考え方である．

6.6.2. 批判的談話分析とジェンダー

CDA は 1990 年代に言語学者たちによって提唱，体系化された談話分析の一領域である．この分野はメディア分析を背景として，新聞記事やテレビ番組

など具体的なディスコースに注目し，その背後にある社会的な不均衡，不当に扱われた社会の問題などを浮き彫りにし，分析をするものである．ディスコースの生産と流通，そして受容・解釈・消費といったプロセスに注目し，これらの一連のプロセスにおいて作用する権力関係やイデオロギーを明らかにしようとする（Reisigl and Wodak（2001））．

　マスメディアは一般に見るものへの影響が大きく，不当な描写やジェンダーで言えば男女の差が意識されにくい形で埋め込まれることがしばしばある．例えば，テレビでの男子のラグビーの選手へのインタビューはアスリートとしての扱いであるが，女子ラグビーの選手には女性として扱い，その勇敢さをたたえたりする（「怖くないんですか？」など）ことなどがありえよう．また，CMなどで描かれる夫婦像では，夫は外で働き，妻は家庭を守るという役割分担のイメージが強化されるものであったりする．そのようなステレオタイプに根ざした扱いは，しばしばディスコースに反映しており，社会言語学的な分析が可能である．

6.7. 言語と年齢

　年齢は話し方を左右する．年齢を重ねるにつれ，声が変化するだけでなく，語彙・扱うことのできる文法・対象とする話題の範囲も同様に変化する．生物学的状態と社会的状況が結びつくことで，我々は特定の年齢において典型的とみなされる言語的選択をすることになる．大規模なスピーチコミュニティであればどこでも，会話にさまざまな世代にまたがる話者が参与することがあるが，その話し方には年齢ごとの好み，年齢ごとの特徴や典型が認められることがある．

　我々は，他人の行動を自身の行動と比較し，他人のそれに似ていられるようにと努めることがある．しかしながら，世代間の会話の中での収束はしばしば不均衡であり，若輩者は，年配者がそうすること以上に，相手に合わせて適応することを期待される．年齢的に同質な者の会話は，年齢特有の言語使用をよりはっきりと際立たせる．とりわけ思春期の若者は，自分自身が他の世代の構成要員とは異なることを強調するアイデンティティ標識として言語を使用する．したがって，共存する変種はいつでも年齢によって区別されうる（Coulmas（2011））．

いわゆる若者ことばは，自分たちが上の世代とは異なっていることを示す働きがあるが，これは言語の基本的機能の表れでもある．以下にも述べるが，ことばは，同種のものたちの連帯を高める一方で，他者を排除することがある．若者が若者ことばを使うのは，我々はあの世代とは違う（オジサン，オバサンとは違う）ということを示すと同時に，同世代の結束感を持つことによろこびを感じるからである．

ただし，そのような連帯と排除の機能はつねに上の世代に向いているとは限らない．女子高生はしばしば新しいことば生み出すが，それを女子中学生が使い始めるほど広まると，使うのをやめてしまうという．私たちはあの子たちとはちがう，という連帯と排除の原理が働くのである．

6.8. 言語と集団──連帯と排除の機能

地域方言は出身地域や居住地域との相関で分布するが，それらとは別に集団に固有と思われる言語のバリエーションがある．ある種の職業に固有の言語変種は職業語やジャーゴン（jargon）などと呼ばれる．また，ある年齢層や集団で特に用いられるインフォーマルな語はスラング（slang）と呼ばれたりする．

上の言語と年齢のところでも論じたが，言語バリエーションのひとつの機能は，連帯と排除である．

ときに問題視される日本におけるカタカナ語の氾濫も指示的意味のレベルでは，「意味不明」，「高齢者に不親切」などの問題として論じられることが多い．しかし，より重要なことは，カタカナ語が「自分は外来の概念に通じている」とか「（したがって）進歩的である」などの想定を非指示的に指標（index）しており，それへの価値観を共有している話者間ではお互いの連帯を生み出しうるということである．「自分たちは同じ『文化』に属している」と言っているのだ．この場合に問題とすべきなのは，「業界用語」のような職業語などの隠語がそうであるように，そのようなことばが連帯，話者間の同属意識を高めると同時に他者を排除する働きがあるということである．カタカナ語が問題なのは高齢者が理解できないからではない．高齢者がそのコミュニケーション活動から排除されているということである．

業界用語は，基本的にその業界の人たちのためにある．そのことばを使えば，一般には説明を多く要することがらを瞬時に指し示すことができる．業界

用語がなければ，仕事の能率も落ちてしまうだろう．ことばの指示的，辞書的意味のレベルで考えると，業界用語の目的は利便性である．

　しかし，業界用語にも連帯と排除の原理が働くことがある．一方では，それが通用する人たちの間の連帯感を作り出し，自分たちは同じ業界にいるのだ，多くを語らなくても分かり合える仲間なのだ，というメタメッセージ（meta-message）が発せられる．同時に他方で，部外者を排除する働きもしている．部外者が意識されている場合には，「オレたちにはわかるけど，アンタらにはわからんだろう，オレたちは仲間だが，アンタらはよそ者だ」と言っているのである．

6.9.　言語とコンテクスト

　言語とコンテクストとの関わりはさまざまな形で言語に反映される．ここではいくつかコンテクスト観を背景とした社会言語学の基本概念をみてみよう．

6.9.1.　レジスターとスタイル

　人は状況により異なる変種を使用するが，コンテクストや使用目的に応じて，変種そのものというより，同じ変種の中でも語彙や文法の選択を変えたり，丁寧さを変えたりする．このようなレベルの選択はレジスターやスタイルとして論じられる．レジスター（register）は，特定の集団や語られる内容に応じた言語変種の選択をいい，スタイル（style）は形式性（formality）に関わる言語変種である．

　レジスターは使用者よりはむしろ用い方による言語の変異の選択であり，その場の状況や目的，話題，さらには伝えるべき内容や当事者の関係などが関わる．一般に語彙に顕著にみられる．例えば，法廷での法律家たちや野球の実況中継のアナウンサーたちの言語選択は，その慣習になじんだものなら，すぐにそれとわかる独特のレジスターをもっている．

　一方，スタイルは状況に応じたことばの形式性（formality）にかかわる変種の選択で，「あらたまったスタイル」から「くだけたスタイル」まで，一般に連続した尺度上のどこかに位置づけることができる．それぞれ語彙，文法，音韻に反映される．「お引き取りください」＞「帰ってください」＞「帰れ」の違いは職業や話題の違いというより，あらたまり度の違い，すなわちスタイルの違

いである.

6.9.2. オーディエンスデザイン

　Bell のオーディエンス・デザイン・モデル（Bell（1984））は，その出版以来，社会言語学の研究や理論に幅広く適用され，文体のバリエーションに関する理解に貢献してきた．Bell は，あらゆるレベルの言語活動において，人は主に他の人々に反応してスタイルを調整していると主張する．現代社会言語学が生んだ重要な知見である．話し手は聴衆に合わせてスタイルを設計しているので，話しことばに対する注意の量によって文体の変化のパターンを説明しようとする Labov の変異理論のパラダイムとは異なったアプローチであり，社会のネットワークの理論は明示的に想定されていないが，これにつながるものである．

　さまざまな状況要因が，コードの選択や文体の変化に影響を与える可能性が高いことは，社会言語学の共通の理解である．Bell のモデルでは，コミュニケーションの対象になっていないものが状況に関わる度合いは最小限に抑えられており，受信者に応じた変化を前提としていると主張する．すなわち，話し手は，トピックなどを人に関連づけ，相手やその場のコミュニケーションに関わる人によって，スタイルを変更するということである．

　Douglas-Cowie（1978）は，話者が話題を変化させるよりも，受話者の変化のほうが一般的に言語スタイルをシフトさせていると結論づけた．さらに，スピーチ・アコモデーション理論の基本的な概念を支持する最近の研究からも対話者が一番重要であると判断できる実質的な証拠がある．話者は，対話者の特徴であると考えられる音声パターンに肯定的なグループイメージを見いだすなら，スタイルを収斂させ（つまり，相手に近いスタイルを選択する），音声パートナーである対話者との関係を解消したいときには，スタイルは分散に向かう（発音の非類似性を維持，または高める，つまり相手に似ないようにする）と考えられている．

　Bell のオーディエンスデザインは局所的な少人数のコミュニケーションに関わると考えられるが，Milroy らが論ずる社会的，コミュニティ的ネットワークの視点も重要である．局所的なコミュニケーションの原理もネットワークという枠組みで考えることができる．オーディエンスデザインのモデルはオーディエンスとの関わりによってコミュニケーションのスタイルが変更され，調

整されるというものとされているが，これは相手との関わりの強さもしくは弱さと見ることも可能であり，Milroy が描く弱い結びつき強い結びつきという社会的ネットワークの議論との関連で考えるべきであろう．

　我々の対人コミュニケーションはすべての人と等しく結びついているわけではなく，人とのつながりには強弱や程度，段階がある．同じ方言を話す人たちが等しく分布すると考えやすい方言地図的な言語集団の捉え方は，ある一面では言語状況の描写に優れた効力を発するが，人は同じ方言を話すからといって必ずしも強い結びつきを持っているわけではなく，その使い方もコミュニティにおける慣習にしたがう度合や場面に応じてさまざまである．

　このような見方は，社会言語学の理論としても必ずしも標準的ではないが，より複合的に言語社会や社会のネットワークを考えることが重要であろう．

6.9.3. スピーチアコモデーション

　文脈へのアプローチのひとつに，Giles（1977）らによって展開されたスピーチ・アコモデーション理論（SAT）である．スタイルやパラ言語的な現象（ボリューム，発話速度，ポーズ）を考慮に入れた言語行動における話者の収斂（convergence），分岐（divergence），維持（maintenance）の方略を調査する（Giles, Bourhis and Taylor（1977），Coupland（2010））．もともと言語行動の社会心理学的モデルとして構築されたこの理論は，人が話す相手に応じて言葉づかいを微調整するよう動機づけられていることを想定している．話し方を相手のスタイルに合わせることで相手との距離を縮めたり（収斂），逆に，相手と異なるスタイルで話すことで相手と距離を置いたりする（分岐）という考え方でスタイルシフトによる適応させる能力は，通常のコミュニケーション能力の一部であると考える．スタイルシフトによって話者は属したい集団に身を置くことが可能になる．

　収斂型の対面のコミュニケーションでは，話者同士は言語スタイルの違いを減少させ，互いの発話の特徴を取り入れることによって，互いを言語的に適応させる．対面でのコミュニケーションにおいて方言の特徴を取り入れたり真似たりすることが，長期的に見て方言の水平化や言語の変化につながるが，こうした適応は，異なる言語の話者同士のコミュニケーションにおける次に続く会話やしばしば今後の会話を決めるための言語選択の糸口となる．

第7章 〈基礎内容部門〉

言語とポライトネス・言語と対人関係の構築

　ポライトネス研究は，狭義には丁寧さ，もしくは丁寧表現をさすが，言語使用，コミュニケーションによる対人関係を構築する事象全般に関わる領域と見るほうが妥当である．

　ポライトネス研究を，基本的アイディア，研究の方向から大別すると，協調の原理（Grice（1975））を補完した Leech（1983）のモデル，Brown and Levinson（1987）のフェイス（Face）の概念を用いたモデル，ポライトネスを意図的戦略的なもののみとせず，適切な言語的振る舞いと見るモデルに大別できよう．

　Leech（1983）は，形式的な言語の体系と相補的な関係に語用論を位置づけるという観点からコミュニケーションを問題解決の過程ととらえ体系化を試みた．これは語用論に対して，コミュニケーションにおける言語の効果的な使用という意味で修辞的なアプローチをとることを意味し，発話を目的的行為ととらえる．発話の目的には会話の参与者の発語内的（illocutionary）目的と社会的目的の2つの側面があり，彼の言う修辞はそれに対応して Halliday 流の対人関係的修辞（interpersonal rhetoric）とテキスト形成的修辞（textual rhetoric）から全体の構成がなる．ポラトネスの原理はこの前者に含まれるが，ここでもある意味では上とパラレルな相補的な立場をとる．すなわち，ポライトネスその他の原理を補完させることで Grice の原理の有効性を保つことができると考えているわけである．Grice の協調の原理が字義的ではないメッセージの解釈を可能にし，ポライトネスの原理（Politeness Principle）はそこからの

逸脱，そしてその動機付け，理由の説明を可能にする．彼のモデルでは Searle らの発語内的機能との関係づけを基礎として，それぞれの格率が，負担−利益，選択性，間接性，権威，社会的な距離などの一群の尺度を持っていて，ある発話の状況において上の格率がどの程度要求されるかを決定する際に話者はそれを参照しなくてはならないとされる．

　Brown and Levinson（1987）のモデルは「面目（face）」という概念を用いたモデルである．このモデルは現在のところこの分野では最もよく知られたものであり，ポライトネスへのアプローチとして最も有力なものの 1 つと考えられているといってよかろう．Matsumoto（1988）などのような批判も少なくないがそのような議論がこのモデルをめぐって展開していることからもその影響力の大きさをうかがい知ることができよう．

　このモデルにおける人物（Model Person: MP）はすべて 2 つの特質，すなわち合理性（rationality）と面目（face）とを持っていると仮定され，合理的にして実際的な推論によって，コミュニケーション上の目的と面目に関わる目的とを果たすべく言語的なストラテジーを選択するとされる．このモデルの最も特徴的なことは「面目」という概念を用い，それを 1 つの欲求とし，それを満たし脅かす行為という枠組みでポライトネスを扱っている点である．すべての MP は公的な自己のイメージであるこの面目を持ち，それは文化的により精緻化されるが，基本的には普遍的な概念であるとされる．面目には 2 つの側面があり，1 つは消極的な面目（negative face），もう 1 つは積極的な面目（positive face）である．簡潔に言えば，前者は自らの行動を他者に妨げられたくない，自由を阻害されたくないという欲求で，後者は自らの欲求が他者にとって望ましいものであってほしい，単純化を恐れずに言えば他者によく思われたい，友好的に思われたいという欲求である．発話は潜在的にそれらの面目を脅かす行為（Face Threatening Acts: FTA）という側面を持っているとされる．

　ポライトネス研究における議論では一般にモデル化された話者は合理性が強調されるにしろ社会性が強調されるにしろ，普遍的な存在という仮定の下にある．このどちらのモデルも言語運用面では社会文化的な差があることを認めてはいながらも，これらのモデルの普遍的有効性は維持されると考えられている．現在の言語研究におけるポライトネスの議論は主に Grice（1975）の会話の原理，およびそれを補完する形で Leech（1983, 2014）が発展させたポライトネスの原理と Brown and Levinson（1987）のモデルを批判する形で展開さ

れることが多いが，その批判の多くはモデルの普遍性に向けられ，さまざまな言語文化の反証を提示する形でなされている．すなわち Leech (1983) のことばで言えば社会語用論 (sociopragmatics)，あるいは異文化間語用論 (cross-cultural pragmatics) といわれるような方向のものが多いが，その引用度，批判の対象とされる頻度からいってもこれらのモデルは現在のポライトネス研究の中心にあるといえよう．

第 8 章 〈基礎内容部門〉

相互行為分析

8.1. 相互行為の社会言語学

　Gumperz（1982）はコンテクスト化の合図（contextualization cue）という概念を用いて，社会的なコンテクストや参与者間のやりとりから言語を分析した．言語を社会と相互行為の双方を反映するものと捉え，これが実際の談話でどのように表出するかを観察することで，背景にある社会構造を表面化させることを試みた．コンテクスト化の合図のコンテクストとは，大ざっぱに言って解釈の枠組みと考えてよいだろう．コンテクストとはある発話を解釈するために参照する情報の集まりである．一般にはこの語は比較的漠然とした意味で使われることが多い．Thank you very much. という発話は，ふつうは感謝の表明だがコンテクストによっては皮肉になる，というような言い方をよくするが，そのコンテクストとはどういうものかということまではあまり考えられないことが多い．

　Gumperz の考えでは，コンテクストとは単なる状況といったものではなく，ある発話をどう解釈したらよいかを判断するための枠組みである．それをもとにして我々は発話を理解したり，推論をしたり，いろいろな予期をしたりする．そして彼はその枠組みがどのようにして得られるかが重要であると考えて，そのプロセスを丹念に観察した．その発話の言語上の前後関係（その前に言ったことなど），言語形式の特徴（方言やイディオムなど），発話に伴うさまざまな音的要素（イントネーションなど），非言語的情報（顔の表情など），物

281

理的情報（どういう場所にいるか，など），その他言語以外の情報（対人関係），共有されている暗黙の前提，知識などがどのように解釈の枠組みであるコンテクストを喚起するかを見ようとした．

　一般にコンテクストといえば定的，静的なものと考えられやすい．Thank you very much. はこういうコンテクストでは皮肉になるという時，コンテクストは発話を解釈する際にそこにすでにあるものと考えられやすい．しかし，ガンパーズの考えるコンテクストとはそのような一般的な見方とは大きく異なっている．彼はコンテクストとは会話を行っているものたちがつねにその場その場でお互いのやりとりの中で生み出していく側面があることに気づいた．我々は先ほど挙げたようなさまざまなコンテクスト化の合図をもとに，その場その場で，その時その時に解釈の枠組みを引き出しているのである．

　Thank you very much. という発話もどのような声の調子で言うかによって，その場，その時点でまじめに言っているのか冗談で言っているのか皮肉で言っているのかがわかる．声の調子がここでコンテクスト化の合図になって，その発話をどう解釈したらよいかの枠組みをリアルタイムに与えているのである．顔の表情その他の非言語的な情報も同様で，ニヤつきながら言ったり，そう言った直後にアッカンベーをしたりすれば，この発話が文字通りに解釈されないのは確実であろう．その際の解釈を可能にしたのは，発話と同時に提供された非言語的情報（この場合は顔の表情）なのである．

　なんとなくすでにある場の雰囲気を明示的に言語によって変えることもしばしば行われる．意図的にコンテクストを作り出そうとするわけである．講義，講演，公的なスピーチなどで，「これは余談ですが」，「あまり大きな声では言えませんが」，「硬い話はそのくらいにして」などという前置きはこれからする話の解釈の枠組みがそれまでと違っていることを聞き手に知らせているのである．また，それほど明示的でなくともある種の語彙の選択がコンテクスト化の合図になることもある．大学での授業がゼミナール風になるのか，講義風になるのかは教員の話し方によっている場合も多い．くだけたスタイルで話したり，問いかけを多くすると，受講者が発言をしやすくなったりするのである．

8.2. エスノメソドロジー

　相互行為の社会言語学の基礎の一部になっているのは，社会学の一派である

エスノメソドロジーの会話分析である．エスノメソドロジストたちの関心は，何気ない日常生活をわれわれがうまく営んでいるのはどのような知識があるからなのかということであった．でたらめに生きているようでもきっと何らかのしくみがあるはずだと考えたのである．そして彼（女）らが注目したのは会話だった．我々はなぜ台本もないのに，うまく交替しながら会話をすすめることができるのか（会話の順番取り，turn-taking テキスト），なぜ電話をしていて何となくお互いにうまく話を終わらせる方向にもっていくことができるのか（Sacks and Schegloff（1974））．そのようなことを分析しようとする枠組みを「会話分析（conversation analysis）」という．西阪（1997）などでこのアイディアのエッセンスを知ることができる．

8.3. 会話のスタイル

同じ言語の話者同士でも，話しにくいと感じる相手もいる．相手が外国人で自分の言語を話してくれているのに，どうも会話がかみ合わないような気がして話しづらい場合もある．ある人とはいつも話がはずむのに，ある人とはどうも話が途切れ途切れになってしまったりする．別に嫌いだと思っている人でもないのにである．外国語を話している時のようにことばに不自由していてもわかりあえることもあれば，ことばに不自由しないのにわかりあえないこともある．

これに対する答えの手がかりとなるのは会話のスタイルである（Tannen（1984））．自分と同じ会話のスタイルの人とは会話もスムーズに流れ，ぎこちないポーズ（pause）や重複も少なくなる．それだけ会話をすること自体に心地よさを感じやすく，ミスコミュニケーションも起こりにくい．会話のスタイルが異なっていると，会話がかみ合わず，意図しない誤解がうまれたり，不快感を持ったりするのであった．会話のスタイルも含めたさまざまなかたちで慣習の異なる話し手同士が接触する異文化間のコミュニケーションにおいて，ミスコミュニケーションが期せずして起こることがしばしばある．

第 9 章 〈応用進展部門〉

社会言語学

　これまで見た社会言語学の基礎を土台として近年のこの分野の動向，これからさらに発展していくと思われる研究の方向性を取り上げてみよう．

9.1. 変異理論の展開

　2016 年の Journal of sociolinguistics（20 号 4 巻）において，Labov の社会言語学に嚆矢を放つ研究 *Social Stratification of English in New York City*（1966 年）から，その後の 50 年を振り返る特集があった．変異理論を切り拓いた Labov の研究はいまや社会言語学の古典とも言えるような地位を占めているが，その後の展開をこの特集をもとに見てみよう．

　Labov が切り拓いたものは，言語と社会の関わりについての新しい知見とその方法論であったと言えるが，より具体的に言えば，言語変化，言語（学）的評価，方法論的革新，アフリカ系アメリカ英語への新たな理解，個人と社会，言語スタイルなどの研究に大きなインパクトをもたらしてきた．

　Labov が博士論文のために 1962 年に行ったマンハッタンの Lower East Side での研究は，ニューヨークの英語の社会的分布と言語変化の調査を試みた，変異理論の基礎を築くものである．この調査では，言語的な背景，語や概念の定義に関わる認識，子供のゲーム，発音のタスク，言語知覚と態度などについてのインタビューを行った．Labov は 5 つの異なった「スタイル」を導き出し，とくに「カジュアルなスタイル」に着眼した．この研究，および Labov

のその後の研究における，言語変異，社会階層と分布への取り組みは変異理論の礎であり，方法論的な基礎ともなった．それは，結果として，ソシュールに始まるとされる近代言語学の幕開けからチョムスキーの生成文法に象徴される理論的に抽象化，一般化，普遍化（ラング，生得的言語能力，など）を志向する言語学に対する対抗軸となったと言ってよい．

　変異理論の展開は，理論自体の展開というよりも，言語状況の変化という側面をもっている．50 年も経てば，さまざまな言語使用の変化があってもなんら不思議ではない．むしろ，あって当然だろう．社会言語学はその意味で変化を追いかける宿命にあり，ジャーナリスティックな側面も持たざるを得ない．（つまり本書のこの記述も数十年経てば「昔の話」になっているにちがいない――若者ことばや流行語に限っていえば，数年で様変わりするだろう）．

　例えば，イギリスにおける RP（Received Pronunciation, 容認発音）の威信はこの 50 年で大きく様変わりした．テレビなどではからかいの対象になることもあるという（Coupland（2010））．

　小山（2017）によると，映画『ライオンキング』や『ターザン』などに見られるように RP 話者の登場人物はしばしば悪役に回されており，このことは RP が「傲慢さ」や「排他性」などの否定的な特性と結びつけられていることに起因しているという（Mugglestone（2003））．ロンドンの人口は近年ヨーロッパ系（いわゆる白人）が半数を割り，大きく変化している．ちなみに，日本で標準変種（共通語）といえば東京で話されていることになっているが，イギリスの標準変種はロンドンを連想させない．RP といえば，多くの人たちは Oxford や Cambridge を思い浮かべるだろう．小山（2017）は，このような RP に対して否定的な連想をするのは，近代英国標準語としての RP の斜陽と，それに代わるポストモダンのイギリスの標準語，すなわち河口英語（Estuary English――テームズ川の河口を指す）の台頭の表れであることを論じている．

　Mugglestone（2003）によれば，河口英語のインフォーマルな変種は，ロンドンの労働者階級の英語とされるコックニー（Cockney）のフォーマルな変種と重複し，河口英語のフォーマルな変種は RP のインフォーマルな変種と重複するという．このような，よりカジュアル（インフォーマル）な変種が新たな標準語として広まってきていることは，RP と結びついた伝統的な支配階級の没落と，それに代わって現れた，ニューロンドンの金融市場で活躍する新たな上層階級の勃興を示していると小山は見ている．

Labov が生み出した vernacular（日常語）という概念も，それを「労働者階級」と結びつける視点にはもはや限界があるだろう．日常語自体が変容を受けている．また，Labov のフィールドワークの調査法では，メディアの言語は軽視される嫌いがあったが，これも日常語の一側面として今後は重要なデータ源となっていくであろう．YouTube などの動画は重要な資料源になっていくだろう．

半世紀前に開拓された Labov の原理とメソッドは，いかなる事例においても言語変種をより深く理解する上での基盤となる．非英語の変種研究の数々からは，Labov の原理とメソッドと一致するケース，西洋基盤の原理がより特殊なことを示唆するケース，地域の社会文化的文脈の再解釈が必要とされるケース等々が観察された．新しいデータの探究は，従来の仮説に新しい視点を提供する．よって変異理論の社会言語学者は，自身のホームに留まらず，より多様なフィールドを探索することが必要である．

50 年前に Labov によって開拓されたアプローチがさまざまな非英語コミュニティに適用されることになるだろう．未だ数多くの変種研究の中心は英語または欧州の言語であり，そのことは研究の少ない言語変種についての我々の理解に溝を残す．これまで多くの少数言語の変種研究が出てきているが，いまだ活発とはいえない．新たなフィールドへ繰り出すことは，既存の概念や原理への挑戦のために有益である．Labov が強調した社会階層を概観するところから出発し，続いて変異理論の原則が非英語の研究と相互に作用する多言語使用／多方言使用（multilingualism/multidialectalism），子供の方言習得（child dialect acquisition），ジェンダーや性（gender/sex），あまり一般的に研究されていない言語変種にも目を向けるべきであろう．

Labov の画期的なアプローチの発表から 50 年が経ち，それ以来，社会言語学者は彼の歴史的な研究と革新的な分析の恩恵を受けながら膨大な知識を構築してきた．我々は彼の先駆的な精神を取り入れ，されに深化させていくために，新たなフィールドやデータソースを精力的に探究する必要がある．

9.2. 英語の三大円圏は現在でも有効か

Crystal（2007）は，英語の話者の中でも非母語話者が母語話者を 3 対 1 の比率で上回っていると推定している．Kachru の英語三大円圏のモデルでは，

フィリピン，ジャマイカ，インド，パキスタン，シンガポール，ナイジェリア，ナイジェリアなどの外円圏では英語母語話者の割合は少ないが，教育，政府，または国内ビジネスの第二言語としての英語の使用が多く，また，学校教育や政府との公式のやりとりに英語は日常的に使用されている．

　ただし，英語三大円圏モデルでは，ポーランド，中国，ブラジル，ドイツ，日本，インドネシア，エジプトなどが外国語として英語が教えられている拡大円圏とされているが，第一言語としての英語，第二言語としての英語，そして他の外国語との区別はしばしば議論の余地があり，時間の経過と共に変化する可能性もある．例えば，オランダや他のいくつかのヨーロッパ諸国では，第二言語としての英語に関する知識はかなり一般的であり，80％以上がそれを使用することができる．英語は日常的に外国人とコミュニケーションするために使用され，しばしば高等教育も英語でなされる．これらの国では，政府のビジネスに英語は使用されていないが，広く使われているため，「外円圏」と「拡大円圏」の境界線を明確に引くことは困難である．

　Yano（2001）も英語の未来について論じているように，まず，第一に，内円圏と外円圏の境界線が曖昧になってくると考えられる．Kachru の三分類，英語の内円圏，外円圏，拡大円圏という区分は修正を迫られ，すでにそれらの境界はあいまいとなっている．理由は 2 つあり，1 つには英米以外で英語を母語とする人たち（例えば，シンガポールの人など）は母語話者としての感覚をもっており，将来的に外円圏の人たちが人数的にも経済的にも内円圏を上回ると考えられるからである．2 つに，英米でも移民等の外国人が増え続けており，英語母語話者の数を上回る地域もあるといわれている．非英米人＝非英語母語話者，英米人＝英語母語話者，という図式がすでに成り立たなくなり始めているということである．

　Yano（2001）は Kachru の二次元的なモデルではなく三次元のモデルを提案している．ダイグロシア，すなわち二言語併用状況には，上層／下層（acrolect/basilect）という層があり，この次元を考えねばならない．国や地域によって，両方の層で英語が用いられるのか，上層のみにおいて用いられるのかは異なっている．単純な三分類ではなく，複層的な視点が今後より重要になってくるだろう．

9.3. グローバル社会における言語と社会言語学

いわゆる「グローバル化」の意味するところは関わる分野や視点によって一様ではないが、ここでは言語、言語学という観点から、政治的、経済的理由による国境を越えた人の動き、インターネットによるコミュニケーションの利便性などによる、異なった背景を持った人たちの関わりがもたらした状況を指すことにしよう。このような視点からの研究は、社会言語学の中でも急務であると考えられる。つねにリアルな世界と関わらざるをえないのが社会言語学である。

9.3.1. 英語と少数言語

英語がいわゆる国際語になった現在、マクロの視点では英語と少数言語の危機問題との関わりは大きな問題である。少数言語の消滅には必ずしも人々と言語の関わりとは直接の関係がないものもあるが、どの言語を選ぶか、選ばざるを得ないかについては、広い意味で、ことばと人々の社会のネットワークの問題でもある。

危機言語ということが、ここ何十年かの間に盛んに叫ばれるようになってきた。Krauss（1992, 1998）の算定によれば、世界に約 7,000 ある言語のうち、21 世紀中にその 90％から 95％が消滅するかもしれないという。これはやや極端な計算かもしれないが、消滅の危機にある言語が少なくないことは誰しもが認めるところであろう。そして、いわゆるマイノリティの言語、少数言語を危機にさらし、言語の消滅に追いやるのはグローバル化や英語である、という考えもある。しかし言語消滅の原因を特定することはそれほど単純ではない。

少数言語の消滅は、まず第一にその話者の人権を侵害することになる。また、言語は民族、集団のさまざまなと知恵や世界観と結びついており、それを失うことは長期的に見れば人類の損失でもある。たんに悲劇であるとか、大切なものを失うというような感情論では済まされない。

しかし考えてみると、少数言語どころか地球上に 1 つの言語以外なくなって、人類の言語が 1 つになれば、コミュニケーションが容易になって便利なはずだ。例えば、人類が全員英語だけを話すようになれば、誰も英語学習に苦労することもなく、世界中の誰とでもコミュニケーションがとれる。

これは一見理想郷に見える。しかし、言語はコミュニケーションの道具であるばかりでなく、思考の道具でもあり、人が生きることそのものである。言語

は世界観を形成する．地球上に多数の言語がある現在でさえ，現代の世界は英語による世界観が支配的である．本書が世に出ている時代に生きるものが生きている間はそれでよいかもしれない．しかし，何百年後，ひょっとして何十年後かに人類が危機を迎えたとき，英語的な世界観では対応できないかもしれない．人類が破綻してしまうかもしれない．そのときの世界によりうまく対応できるのは，ひょっとすると現在知られている大言語ではないかもしれない．少数言語の保存は，言語と結びついた社会的，文化的，言語的，文化人類学的な価値（遺産）の保存を意味するが，それ以上に少数言語を守ることは人類全体のリスクヘッジなのである．言語は世界観であるゆえに，多くの世界観を人類の未来のためにとっておかねばならない．それは今生きる我々の責務である．

　さて，英語が少数言語にとって脅威となりうるというのは妥当な主張だろうか．たしかにアメリカ合衆国やオーストラリアのように，先住民の言語を死滅に追いやったと見るべきところもある．Crystal（2002）によれば，オーストラリアの土着語は英語により言語的に壊滅状態にあると述べている．しかし，Holmes（2008）のように，オーストラリアの多くの土着語は，虐殺や疫病によって消滅したことが原因だとする論者もいる．またもし仮に英語が原因でこれらの言語が消滅したとしても，それはあらゆるケースに一般化できるわけではない．英語に一切触れることなく，消滅してしまった言語が存在するからだ（Majidi（2013））．ニューギニアやインドネシアの消滅の危機にある言語は，英語の直接の影響は必ずしも受けていない．中南米のように，英語が重要な役割を果たしていない地域でも消滅の危機にある言語はある．言語の死はさまざまな要因が複雑に絡み合って起こる．その要因としては，虐殺や疫病といった話者への身体的なダメージ，言語に対する強い嫌悪感，グローバル化とより支配的な文化への同化などがあげられる．

　言語の死と言語交替は区別しなければならないし，言語交替には段階がある．これには英語のような大言語を使用することで，社会的・経済的なメリットが得られるという要因がまず背景としてあるだろう．さらに，地理的な移動が加速し人々が混じり合うことで言語の優劣が生まれ，一部の言語の話者が減少したり，消滅したりする都市化（urbanization）が起こる．それらに伴って話者の言語に対する態度や価値観によって言語が維持されたり，交替したりする態度と価値観が複雑に絡み合うことにより言語交替が起きると考えられる（Majidi（2013））．国による少数言語に対する援助の不足，少数言語に対する

差別や承認の不足，そして支配言語の政府やメディアにおける主導権の強化も要因となりうる.

　グローバル社会での英語の新しい役割は，道具としての言語，共通語としての英語（English as Lingua Franca）であることだ．英語を習得することで世界をつなぐことが可能である一方で，少数言語（移民の言語を含む）を保存するには積極的にそれを使用することも重要である．移民は移住した先で，彼らの母語を使用するのをやめてしまう場合がある．これはアメリカの移民によく見られる状況である．アメリカの移民第一世代は彼らの母語の知識を有しており，それを第二世代に伝承している．しかし第二世代では次の世代に母語知識が伝承されず，その知識が失われてしまうことがある．これは英語だけが話せればよいという社会的圧力によるところが大きい．しかし，移民のもともと暮らしていた地域でその言語が話されていれば，言語消滅は生じない.

　スコットランドやアイルランドでは，ゲール語に代わって社会的あるいは経済的要因によって，英語が台頭してきた．その要因は2つある．1つ目は，仕事を探すためである．古来の職業である水産業や造船業の衰退によって，地方を出て仕事を探す必要が出てきた時に，英語の知識が求められたのである．2つ目は，英語の威信である．英語が話せることは社会的に優れているという認識があり，とりわけ若者の間では英語が音楽やファッション，スポーツと結び付けられて，英語に良いイメージが生まれている.

　英語とは対照的に，ゲール語で書かれた名声のある古典はなく，あるといえば現代では軽んじられてしまいそうな昔話くらいだという者もいる．しかも，ゲール語は科学技術を表す語彙を表すために英語を借用している．そのため，ゲール語話者は複雑な話題を話すことに使用言語を英語に切り替えることがある．これらの事情を踏まえると，ゲール語が復権する可能性は極めて低いだろう.

　ブレンツィンガー（2002）は，英語のグローバル化と言語の国内問題とを混同してはならないと主張する．アメリカやオーストラリアで，英語が多くの言語を消滅へと押しやったのは事実だが，これはアメリカやオーストラリアの国内の問題であり，英語のグローバル化とは関係がないという．先住民の言語が消滅したのは，英語が隅々まで用いられるようになった結果である（そしてそれへの評価はまた別問題である）．ブレンツィンガーによれば，英語のグローバル化によって消滅した言語は1つもない．英語を使う頻度が高まっても，

母語を使わなくなるわけではないからである.

　パプアニューギニアは世界で最も多くの言語が話されている国で，その数は850を超えているといわれている．中には消滅の危機にあるとされている言語もある．このような国において，共通のコミュニケーションの手段の1つは英語である．英語は，トク・ピシン (Tok Pisin)，ヒリモツ語 (Hiri Motu) と並ぶ公用語であり（ほかにパプアニューギニア手話も公用語），教育，テレビ，ラジオ，新聞などは基本的にすべて英語が使用されている．この多言語国家では，少数言語を維持させている1つの要因は英語である．インド，マレーシア，シンガポールなどの多言語国家においても同様で，英語は民族間の利害の対立の解決策であり，緩衝材でもあるのである．

9.3.2. グローバルテクスト

　これもグローバル化の一側面だが，主に輸出企業の海外展開において，さまざまなユーザー向けの文書のローカル化（現地の言語に翻訳すること）のコストは大きな問題である．それに苦心する企業の関心は，機械翻訳に耐えられる，もしくはそれに準じた，翻訳しやすい英語テクストを作成し，そこからローカル化するという作業のコストパフォーマンスとクオリティである．そのような関心は高く，テクニカルコミュニケーション (Technical Communication) の名のもとに，世界的な学会活動が展開されるほどである (Kohl (2008))．この世界でいうところの「グローバル英語 (Global English)」は，英会話産業でよく目にする宣伝文句のごときものではない．「グローバルテクスト (Global Text)」と呼ばれる英語文体は，次節で論ずる現代の社会と経済とテクノロジーが生み出した，社会言語学的な現象なのである．

　英語の多様化については先に世界の諸英語というトピックでも論じた．内円圏の民族語としてではなく，リンガフランカとしての地位を得て，外円圏，拡大円圏の使い手たちが独自の英語を発達させてきたことについて，肯定的な立場をとる論者や一般人の背景には，複中心主義 (pluricentricism) 的な思想的背景もあり，「国際英語」のような類いの英語変種は存在しないとされることが多い (Y. Kachuru and Smith (2008))．また，Basic English, Globish などの「反英語帝国主義」的な試みや Esperanto などの国際共通言語への希求も高貴な理想のもとになされてきた．しかし，その普及はやはり高貴な理想を共有する限られた人々の間に限定されていたといわざるを得ない．

グローバルテクストは，その背景は高尚な理想ではない．極めてシンプル
に，企業にとってのコストと利便性がその生みの親である．現在のところ，こ
れを社会言語学的な現象と捉えている論者は少ないが，グローバルテクストを
書くためのガイドラインは多く出版され（Kohl（2008）など），世界中のテク
ニカルライター（企業の文書作成者）たちが，よりよくローカル化されるため
の英語文書作りに苦心している．このような営みは，たんなる経済活動のよう
に見えて，一般的な言語活動にも影響を与えるものである．一般にビジネスの
状況での言語活動は，Hall のいわゆる低コンテクストなものであるが，コン
テクストに依存しないばかりでなく，翻訳を意識した，あいまいさ（ambigui-
ty）排除志向の文章なのである．このような言語に対する意識は，後述するテ
クノロジー適応行動でもある．グローバルテクストは，インターネットと言語
テクノロジーの進歩なしではありえなかった言語事象である．

第 10 章 〈応用進展部門〉

テクノロジーの進化と社会言語学

　一般に社会言語学の問題と考えられない，主として認知言語学で近年展開している量的転換（quantitative turn）は，実は社会言語学，言語とテクノロジー，言語研究とテクノロジーという意味でも実は非常に大きな意味をもっている．

　理論的にはこれらの展開は用法基盤（usage-based）という考えにのっとり，コーパスベースの論証によって行われるが，より最近になって大きな展開を見せている．（本章は主として井上（2018）にもとづいている．）

10.1. 「社会統語論」の意味するところ

　2000 年前後から新しい言語観，文法観が生み出されてきた．Hopper（1998）の創発文法や Du Bois（2014）の対話統語論などである（堀内（2018））．これらは，文法能力がやりとりの中で，つまり社会的に獲得されるものであるという考え方に根ざしており，その意味で「社会統語論」と呼ぶことができるだろう（吉川（2015））．この考えは，20 世紀後半において支配的だった生成文法と真っ向から対立するもので，生成文法の演繹的，トップダウン的な言語習得モデルとは正反対のボトムアップ的なモデルであり，その考えは認知言語学の用法基盤，用例基盤（exemplar-based）を土台としている．しかし，このモデルはつい最近までモデル以上のものではなく，実質的な論証は非常に限られた範囲でしかできなかった．それが現実味をもつようになったのは，データサイエンス，およびコンピュータテクノロジーの進化によるものである．

293

Hopper（1998）の創発文法（emergent grammar）では子供の言語獲得と大人の文法は，定型性，事例の集積であり，生成文法のように言語能力の中心にあるものではなくむしろ周辺にあるものと考えられ，文法はやりとりの中で創発するという考えである．この立場に立てば，文法は事後的に生まれる現象ということになり，生成文法のみならずこれまでの一般の文法観を大きく覆すものである．「創発的」という切り口は，文法を発話にともなうリアルタイムで，一時的で，移ろいやすい社会現象だと見なす．その場その場で進行する談話の中で，構造や規則性は立ち現れ，相互行為のうちに形成されるという考えである．

従来の言語観，文法観では，文法は言語の運用が埋め込まれたコンテクストとは無関係に規定できると考えられてきた．生成論者にあらずとも，一般的にもそのような文法に対する意識はいわば当然視されていたであろう．そもそも文法書なるものが，規範的なガイドラインとして，学習者などに参照されることからもその想定から逃れることはむしろむずかしい．生成文法では，言語能力と言語学の自律性は大きく謳われた．

創発文法においては，生成文法のモジュールのようなものは想定されない．抽象的構造の貯蔵庫のような独立した文法は存在しないとされる．創発文法は多種多様なかたちの繰り返しだったり，使用の蓄積であったりする．そして，十分に多くのパタンが識別され，下位システムを形成するとみなされて文法が創発すると考えられる．個別の文法は，実際の使用の中でたえず再構成される開放された集合である．

創発文法は抽象的なものではなく，実体的であり，物質的である．文法形式はかつて使われたことのあるものであり，将来また使われるかもしれないものである．そして，使われるごとにまた異なった文脈の中で意味は修正をうける．生成文法が想定する「理想的な話者」という見方とは大きく異なっている．このような考え方に立てば，文法はコミュニケーションの共同参与者に分散されているものということになる．文脈から切り離されたところの文の容認可能性については話者の直観が一様ではないことがあるのは，それが理由である．生成文法からすればその問題を回避するための方策が「理想的な話者」だったわけだ．

Hopperの創発文法においては，言語の構造や規則性は日常の言語使用から創発すると考えられているが，チョムスキーで言えばperformance，ソシュー

ルにおいてはパロールにこそ創発される文法の源があるということになる．日常の会話の中で繰り返し生じるパターンが文法であると考えられ，文法は話者がコミュニケーション上の要請から生み出した動的なものとして捉えられる（堀内（2018））．生得性という生成文法の前提とも真っ向から対決することになる．話しことばは動的な使用の中で生じる文法を最もはっきりした形で示すものであると考えられるとされる．こうした文法観に依拠した研究において会話は重要な研究対象である．かつての話しことばに関わる研究では，書きことば対話しことばというスタイルの差などを論ずるものがあったが，それとは全く異なる．

　Du Bois（2014）の「対話統語論」も基本的には同じ思想に根ざしている．対話統語論にとって重要なデータ源はいわゆる話しことばにおける対話である．たとえば，Du Bois の対話統語論は，対話とコミュニケーションを基盤とする文法観を背景とし，相互行為の中で統語が成立するという立場にたつ．発話は先行文脈から切り離しては存在しえず，発話間の連鎖関係の中にある．発話はつねに先行発話に基づいたものであり，別の話者の新たな発話も文脈とは切り離せない．とくに Du Bois が知られる概念は発話間に見られる「響鳴（resonance）」と呼ばれる現象である．会話には，ある発話に対して別（または同一）の発話者が音韻・形態・統語・意味・機能などあらゆる面で類似した発話をする現象が多く見られるとされる．

　従来の言語学では，言語分析はしばしば作例ベースで作られた文を母語話者の直観によって判断した抽象的な原理にもとづいていた．もちろんそれは生成文法の考えとは矛盾しない．しかし創発文法やこれと共通する考えをもつ相互行為，談話・機能を旨とする研究群では，談話のある部分が固定され，繰り返し用いられ，安定的で均一的なレベルはなく，パタン化されてかたちをなし文法が創発すると考える．自然発生した発話の中にそのような用法基盤という言語の本質を見ることができると考える．Wray（2002）のように定式性の機能に特化した議論もある．

　そのようにみれば，社会統語論の本質は，話しことばにあると思いがちだ．しかし，それは一面に過ぎない．言語研究が会話や自然発話を研究対象とする方向へと舵を切っている大きな要因は，まぎれもなくコンピュータテクノロジーの発達，データ処理技術の発達である．社会言語学的にみれば，つまり社会言語学からメタ的に言語研究を見れば，この時代の潮流の本質は，会話でも

話しことばへの傾注でもなく，コーパス基盤であったり，用法基盤であったりという理念でもない．コンピュータ処理が可能であるとかデジタル化であることは本質の一側面ではある．しかし，より本質的なことは，あらゆることがデジタル化され，分節化され，その情報が大量のデータでありつつ個化されているということだ．そしてさらにそれがインターネットのネットワークに組み込まれているということなのである．

　社会言語学的にみてこれらの研究群は何を意味しているだろうか．

　生成文法との対照で考えるならば，まず第一に明らかなことは，先にも述べたように，これらの研究群が研究手法としても言語獲得のモデルとしてもすべてボトムアップ的であるということだ．生成文法のトップダウン的なモデルは理論としてエレガントであるとしても現実の言語使用，さらには言語能力を解明するには不十分であることが明らかになってきている．実用面においても，機械翻訳（自動翻訳）の世界では，トップダウン的な，旧来の文法モデルではうまくいかないことがすでに数十年前から明らかになっている．

　このボトムアップモデルであることは，社会的な文脈で考える必要がある．言語研究も社会から生み出されたものであり，その社会的な背景やトレンドと無関係ではありえない．19世紀以前の歴史言語学は近代ヨーロッパの国家形成への意識と無関係ではなく，1920年代からのいわゆるアメリカ構造主義言語学は，背後に行動主義ブームがあったことは明らかだ．認知言語学の下支えになっているものの1つはあいまい工学であり，当時はあいまいさが「ファジー洗濯機」などの家電のセールスポイントにもされ，流行にもなった．

　本節で取り上げてきた研究群はとりわけコミュニケーション・テクノロジーの変革と関わりが深い．1990年代以降，我々のコミュニケーションのしかたは大きく変わってきた．電話回線を用いたパソコン通信の登場で驚いたかと思いきや電子メールのインパクトは，仕事のやりかたそのものが大きく変わることを瞬時に予感させた．さらに近年のSNSの登場やなによりもスマートホンの普及は我々のコミュニケーション，さらには生活そのものを変革した感がある．

10.2. 量的転換の社会言語学的意味[5]

　言語学の世界では，2008 年は，いわばマニュアル的な研究からコーパスなどを用いた研究など，コンピュータで大量のデータ処理をする分析が急増する「量的転換」の年だと Janda（2013）は論じている．彼女は，1990 年から 2012 年の *Cognitive Linguistics* 誌に掲載された論文を調査し，2008 年を境にそれまでの 20 年と比較してこの 5 年間は全く傾向が異なっていることを示した．量的研究をした論文の割合は 50% を超えるのが 2008 年であり，1990-2012 年の量的研究をした論文の半数以上が 2008-2012 年に出版されたものであるという．Janda は，この転換を生み出した要因として，コーパスの発達と統計ソフトの発達をあげている．

　2008 年といえば，世界がいわゆるリーマンショックに揺れた年である．リーマンショックと聞いて経済の世界の話など言語や言語学の動きと無関係と思う人が多いかもしれない．しかし，実はそうでもない．話はアメリカの NASA にさかのぼる．アポロ計画を頂点として，アメリカ政府は NASA の予算を削減し続けているが，そのためにここの頭脳が放出された先の 1 つは金融業界だった．デリバティブと呼ばれる金融商品群を開発した中心は元 NASA の精鋭たちだったのである．しかし，その頭脳もリーマンショックで金融業界から放出されることになる．そして，その受け入れ先が Google をはじめとするコンピュータテクノロジーの世界だったのである．つまり，2008 年はコンピュータテクノロジーによる世界の大変革の始まりを象徴する年でもあった．もちろん NASA の予算削減も急激なものというわけでもなく，リーマンショックで一斉に人材が移動というわけでもない．しかし，2008 年が Janda の指摘と符合することはたんなる偶然ではないように思われる．

　リーマンショックはたしかに大きな出来事ではあったが，もちろんそれが直接の引き金ということではないだろう．しかし，宇宙科学から金融工学，そしてインターネットテクノロジー，データサイエンスへと大きく人材が流れていったことは事実だ．YouTube は 2006 年に Google に買収される．データサイエンスもインターネットと共進化してきた．YouTube の動画をすべて再生すると（本稿執筆時で）3000 年以上かかると言われているが，これほど巨大

---

[5] 本節と次節は井上（2018）に基づいている．

なデータを管理運営する程度までにテクノロジーが進化しているということだ.

10.3.　分節化の時代

　日常に目を向けても，我々のコミュニケーション活動に対する，電子メール，LINE, Facebook, Twitter などの SNS, Google などの検索，YouTube などの動画配信が与える影響ははかりしれない．我々のことばを用いた生活のコンピュータテクノロジーへの依存度は飛躍的に高まった．言語学における量的転換を生み出した要因も，データサイエンス，インターネットを含めたコンピュータテクノロジーである．繰り返すが，言語学も時代の流れとしばしば無関係ではない．21 世紀の最初の四半世紀であるこの時代を象徴するキーワードはいまのところまだ定着したものはなさそうだが，その 1 つは分節化 (fragmentation) だろう．fragmentation ということば自体は，コンピュータの用語でもあり，また金融関連のことばでもあるが，ここで意図することは，デジタル化，個別化と，それと一見相反するようなクラウド化とを併せ持ったような意味合いである．マーケティングや広告業界では，近年さかんに用いられるようなキーワードである.

　例えば，広告業界で言えば，いまマスの時代が終わりつつある．新聞や雑誌の広告出稿量は大幅に減少し，不特定多数の人たちに向けた街中の看板などに空きが目立つようになってきた．アマゾンに代表されるような，消費者に対して個化したビジネスが急速に広がってきた．特定の品目を大量に売るというビジネスモデルは減退傾向にあり，個人それぞれの好みに応じた商品がファンを生み出し，そのファンが繰り返し類似のものを買うという消費モデルが志向されるようになってきた.

　分節化のインパクトは社会的にも大きく，その意味するところは多岐にわたる．Google はいまや動詞としても使われるまでになったが（OED は 2017 年時点では未収録），この社会的な意味は，ピンポイントで目標に到達することができるメンタリティが人々に身についているということだ．Google などを検索すれば一般的な情報であればピンポイントですぐにたどり着くことができる（現代人は物知りである）．あまりにピンポイントで目標にたどり着けすぎて，社会が余剰のものに対する忍耐を失いつつある．スマートホンで直接電話

できることに慣れすぎて，電話で呼び出してもらうことにはおっくうさを感じるようになった．

　マスコミもエンターテイメントもマスの時代が終わりつつあり，細分化された社会の構成が浸透してきた．主としてインターネットを介してつながる新しい共同体は，community of interest と呼ばれている．これは新しい社会言語学の概念にもなるだろう．

　分節化，デジタル化，個化の意味するところは，その一方で，生身の人間にはとても手におえないような大量のデータを扱うことができるということである．グーグルや SNS を基盤とするビジネスを可能にしているのはまさにこれであり，コンビニやあらゆる業種で，ポイントカードを顧客に持たせる目的は大量のデータそのものがビジネスの資源になっているからにほかならない．ビッグデータということばも日常的に耳にするようになった．

　言葉の魔術師とも言われる劇作家シェイクスピアが初めて使ったとされることばは以前は 2,000 ぐらいあるとされていたが，最近では 1,500 程度とされるようになった．デジタル化され，コーパスの出現で，400 年近くにも渡って数多くの人たちが目にしてきたはずのテクストから得た知識はデジタル化によってあっという間に覆されたのである．

　トップダウン的なモデルは人間の理解がしやすく，扱いやすいものなのだろう．チョムスキーがたとえどんなに天才だとしても，やはり人間だ．生成文法のトップダウン的なモデル対用法基盤的なボトムアップ的なモデルはアプローチの方向性として対峙しているというだけではない．単純に言ってしまえば，生身の人間ができるかいなかということでもある．

　ボトムアップの処理は量が多くなればなるほど人間の手には負えない．用法基盤という考え方は，言うはやすしだが，絵空事になるところだった．コンピュータの「ビッグデータ」的な処理があってはじめて現実的な意味を持つようになったのである．相互行為によって文法が創発するという視座も，生成文法が前提とする文法の生得性に相対する概念であるという理念的な対立軸である段階を超えつつある．コーパス言語学の哲学は，量が膨大になると量の問題が質の問題に転化するというものだが，やがて質の問題も量の問題に転化していくだろう．

　このようなボトムアップ的で，デジタル的で，大量のデータ処理に適合性の高い研究は今後も大きな潮流となり，ニュースなどの社会性の強いデータにも

応用範囲をひろげて行くだろう．そうなれば，当然の流れとして，このような研究群の一部は社会言語学的な性格を帯びてくる．言語は異なった経験を持った人たちが不均衡に分布し，人々は異なった威信（prestige）を持った言語変種に接してきた経験をもち，不平等に言語能力を身につけるという現実を我々は突きつけられる．テクストが（つまりはデータが），CDA（Critical Discourse Analysis）がこれまでも想定してきたような社会的バイアスと無縁であることは，理論的にも実際的にもできなくなる（CDA のほうも変容を迫られるだろう）．その意味では言語学は必然的に社会言語学にならざるを得ないのである．言語が個々人のコミュニケーションと言語を介した生活の集積であるとするなら，それはまさしくこれまでも長く問われてきた社会言語学の問いそのものである．言語共同体の成り立ちそのものが分散型であり，開放的で，分節化されたものだ．そしてそれを議論の俎上に乗せることができるテクノロジーを言語学は手に入れ始めたのである．

第 11 章

まとめ：これからの社会言語学

　社会言語学のみならず言語学は大きな転換期を迎えていると考えられる．言うまでもなくこれからも人と人との接触は絶えることがなく，これまでの社会言語学の枠組みで捉えることができる事象もあり続けるだろう．しかし，インターネットテクノロジーの進化と普及は人間社会のあり方を根本から変えつつある．そして，そのインパクトは 2010 年前後からより大きくなってきた．20世紀初めのソシュールの構造主義，1920 年代から 30 年代にかけてのいわゆるアメリカ構造主義，1957 年のチョムスキー革命，1970 年代の生成意味論を経て認知言語学への転換，と言語学は四半世紀ごとにパラダイム転換をしてきた．そして，21 世紀最初の四半世紀のパラダイムがようやく見えてきたように思われる．かつて文字の発明が人類の記憶を大きく変え，印刷術が情報の流通を変え，テレビが我々の言語と国際意識をかえたように，昨今のテクノロジーの変化はまた大きく我々の生活とコミュニケーションのしかたを変えつつある．

　社会言語学にとって，これほどおもしろい時代はないだろう．世界と我々のコミュニケーションが変わるのと同時に社会言語学も変わる．むろん 50 年後に本書が読み返されることがもしあるなら，古い話に失笑していることはまちがいないが．

301

参 考 文 献

第 I 部

Anderson, Stephen R. (1971) "On the Role of Deep Structure in Semantic Interpretation," *Foundations of Language* 7, 387–396.

Bagha, Karim Nazari (2011) "A Short Introduction to Semantics," *Journal of Language Teaching and Research*, Vol. 2, No. 6, 1411–1419.

Benedict, Ruth (1964 [2006]) *The Chrysanthemum and the Sword: Patterns in Japanese Culture*, Mariner Books.

Carlson, Gregory (1977) *Reference to Kinds in English*, Garland, New York.

Chaffin, Roger, Douglas J. Herrmann and Morton Winston (1988) "An Empirical Taxonomy of Part-whole Relations: Effects of Part-whole Relation Type on Relation Identification," *Journal of Language and Cognitive Processes* 3 (1), 17–48.

陳奕廷・松本曜 (2018) 『日本語語彙的複合動詞の意味と体系——コンストラクション形態論とフレーム意味論』ひつじ書房，東京．

Croft, William (2001) *Radical Construction Grammar*, Oxford University Press, Oxford.

Croft, William (2009) "Connecting Frames and Constructions: A Case Study of *Eat* and *Feed*," *Constructions and Frames* 1, 7–23.

Croft, William and D. Alan Cruse (2004) *Cognitive Linguistics*, Cambridge University Press, Cambridge.

Cruse, D. Alan (2002) *Meaning in Language*: *An Introduction to Semantics and Pragmatics*, Oxford University Press, Oxford. ［片岡宏仁 (訳) (2012) 『言語における意味——意味論と語用論』東京電機大学出版局，東京．］

Deane, Paul (1988) "Polysemy and Cognition," *Lingua* 75, 325–361.

Fauconnier, Gilles and Mark Turner (2002) *The Way We Think: Conceptual Blending and the Minds Hidden Complexities*, Basic Books, New York.

Fillmore, Charles J. (1968). "The Case for Case," *Universals in Linguistic Theory*, ed. by Emmon W. Bach and Robert T. Harms, 1–88, Holt, Rinehart & Winston, New York.

Fillmore, Charles J. and Beryl T. Atkins (1992) "Toward a Frame-based Lexicon: The Semantics of RISK and Its Neighbors," *Frames, Fields and Contrasts*, ed. by A. Lehrer and E. F Kittay, 75–102, Lawrence Erlbaum, Hillsdale, NJ.

Fillmore, Charles J. and Collin Baker (2010) "A Frames Approach to Semantic Analaysis," *The Oxford Handbook of Linguistic Analysis* (1 ed.), ed. by Bernd Heine and Heiko Narrog, 313-340, Oxford University Press, Oxford.

Geeraerts, Dirk (2010) *Theories of Lexical Semantics*, Oxford University Press, Oxford.

Goddard, Cliff (1998) *Semantic Analysis: A Practical Introduction*, Oxford University Press, Oxford.

Grady, Joseph (1997) "THEORIES ARE BUILDINGS revisited," *Cognitive Linguistics* 8 (4), 267-290.

Grady, J., S. Taub and P. Morgan (1996) "Primitives and Compound Metaphors," *Conceptual Structure, Discourse and Language*, ed. by A. E. Goldberg, 177-188, CSLI Publications, Stanford.

Griffiths, Patrick (2006) *An Introduction to English Semantics and Pragmatics*, Edinburgh University Press, Edinburgh.

Grimshaw, Jane (1990) *Argument Structure*, MIT Press, Cambridge MA.

Gruber, J. (1965/1976). *Lexical Structure in Syntax and Semantics*, North Holland, New York.

Haspelmath, Martin (1999) "Why is the Grammaticalization Irreversible?" *Linguistics* 37 (6), 1043-1068.

早瀬尚子 (2017)「多義語の分析 II——認知意味論的アプローチ」『語はなぜ多義になるのか——コンテキストの作用を考える』, 中野弘三（編著）, 80-105, 朝倉書店, 東京.

早瀬尚子 (2018)「名詞の認知意味論」『認知文法論 I』, 西村義樹（編）, 25-87, 大修館書店, 東京.

Heine, Bernd (2003) "Grammaticalization," *The Handbook of Historical Linguistics* (Blackwell Handbooks in Linguistics), ed. by Brian D. Joseph and Richard D. Janda, 575-601, Blackwell, Oxford/Malden, MA.

Heine, Bernd, Ulrike Claudi, and Friederike Hunnemeyer (1991) *Grammaticalization: A Conceptual Framework*, University of Chicago Press, Chicago.

影山太郎 (2005)「辞書的知識と語用論的知識——語彙概念構造とクオリア構造の融合にむけて——」『レキシコンフォーラム No. 1』, 影山太郎（編）, 65-101, ひつじ書房, 東京.

Jackendoff, Ray (1972) *Semantic Interpretation in Generative Grammar*, MIT Press, Cambridge, MA.

Jackendoff, Ray (1990) *Semantic Structure*, MIT Press, Cambridge, MA.

Johnson, Christopher (1999) "Metaphor vs. Conflation in the Acquisition of Polysemy: The Case of *See*," *Cultural, Psychological and Typological Issues in Cognitive Linguistics*, ed. by Masako K. Hiraga, Chris Sinha and Sherman Wilcox, 155-170, John Benjamins, Amsterdam.

Kay Paul (2005) "Argument Structure Constructions and the Argument-adjunct Distinction," *Grammatical Constructions: Back to the Roots*, ed. by M. Fried and H.

C. Boas, 71-100, John Benjamins, Amsterdam.

Kay, Paul (2013) "The Limits of (Construction) Grammar," *The Oxford Handbook of Construction Grammar*, ed. by Thomas Hoffmann and Graeme Trousdale, 32-48, Oxford University Press, Oxford.

Keller, Rudi (1994) *On Language Change: The Invisible Hand in Language*, Routledge, London.

児玉徳美 (2002)『意味論の対象と方法』くろしお出版, 東京.

Lakoff, George and Mark Johnson (1980) *Metaphors We Live By*, University of Chicago Press, Chicago.

Lakoff, George (1987) *Women, Fire, and Dangerous Things: What Categories Reveal about the Mind*, University of Chicago Press, Chicago.［池上嘉彦・河上誓作・辻幸夫・西村義樹・坪井栄治郎・梅原大輔・大森文子・岡田禎之（訳）(1993)『認知意味論──言語から見た人間の心』紀伊國屋書店, 東京.］

Lakoff, George (1993) "The Contemporary Theory of Metaphor," *Metaphor and Thought*, ed. by A. Ortony, 202-251, Cambridge University Press, Cambridge.

Langacker, R. W. (1987) *Foundations in Cognitive Grammar*, Vol. 1, Stanford University Press, Stanford.

Langacker, R. W. (1990) "Subjectification," *Cognitive Linguistics* 1, 5-38.

Langacker, R. W. (2008) *Cognitive Grammar: A Basic Introduction*, Oxford University Press, Oxford.

Lehler, Adrienne (1974) *Semantic Fields and Lexical Structure*, North-Holland, Amsterdam.

Levin, Beth (1993) *English Verb Classes and Alternations*, University of Chicago Press, Chicago.

Levin, Beth and Malka Rappaport Hovav (1995) *Unaccusativity: At the Syntax-Lexical Semantics Interface*, MIT Press, Cambridge, MA.

Levin, Beth and Malka Rappaport Hovav (2013) "Lexicalized Meaning and Manner/Result Complementarity," *Studies in the Composition and Decomposition of Event Predicates*, ed. by Boban Arsenijević, Berit Gehrke and Rafael Marín, 49-70, Springer, Dordrecht.

益岡隆志 (1987)『命題の文法』くろしお出版, 東京.

益岡隆志 (2006)「叙述類型論に向けて」『叙述類型論』, 益岡隆志（編）, くろしお出版, 東京.

松井健 (1991)『認識人類学論考』昭和堂, 京都.

松本曜（編）(2003)『認知意味論』大修館書店, 東京.

松本曜 (2007)「英語反義語の認知意味論的考察」『神戸言語学論叢』5, 125-130.

松本曜・陳奕廷 (2017)「「泣く」──複合語を手がかりとしたフレーム意味論的分析──」https://researchmap.jp/?action=cv_download_main&upload_id=152728)

McCawley, James D. (1968) "The Role of Semantics in a Grammar," *Universals in*

Linguistic Theory, ed. by Emmon Bach and R. Harms, 125-170, Holt, Rinehart, and Winston, New York.

Murphy, Lynne M. (2003) *Semantic Relations and the Lexicon*, Cambridge University Press, Cambridge.

Newmeyer, Frederick J. (1998) *Language Form and Language Function*, MIT Press, Cambridge, MA.

小原京子（2013）「日本語フレームネット：文意理解のためのコーパスアノテーション」『言語情報処理学会第 19 回年次大会発表論文集』（2013 年 3 月），166-169.

小原京子（2015）「日本語フレームネットに見る文法と語彙の連続性」『日本認知言語学会論文集』Vol. 15，471-479.

Ohara, Kyoko (2018) "Relations between Frames and Constructions: A Proposal from the Japanese FrameNet Constructicon," *Constructicography: Constructicon Development across Languages*, Benjamin Lyngfelt, Lars Borin, Kyoko Ohara and Tiago Timponi Torrent, 141-164, John Benjamins, Amsterdam.

小野尚之（2005）『生成語彙意味論』くろしお出版，東京.

大室剛志（2017）「多義語の分析 I──語彙意味論的アプローチ」『語はなぜ多義になるのか──コンテキストの作用を考える──』，中野弘三（編），50-79，朝倉書店，東京.

Pustejovsky, James (1995) *The Generative Lexicon*, MIT Press, Cambridge, MA.

Quine, Willard Van Orman (1951), "Two Dogmas of Empiricism," *The Philosophical Review* 60, 20-43. [Reprinted in his 1953 book *From a Logical Point of View*, Harvard University Press, Cambridge, MA.]

Quine, Willard V. O. (1960) *Word and Object*, (Cambridge) Technology Press of MIT, Cambridge, MA.

Ramat, A. G. (1992) "Thoughts on Degrammaticalization," *Linguistics* 30, 549-560.

Rappaport Hovav, Malka and Beth Levin (1998) "Building Verb Meanings," *The Projection of Arguments: Lexical and Compositional Factors*, ed. by M. Butt and W. Geuder, 97-134, CSLI Publications, Stanford.

Rappaport Hovav, Malka and Beth Levin (2001) "An Event Structure Account of English Resultatives," *Language* 77, 766-797.

Saeed, J. (2003^2) *Semantics*, Blackwell, Oxford.

佐藤信夫（1992 [1981]）『レトリック認識』講談社，東京.

瀬戸賢一（1997 [1986]）『認識のレトリック』海鳴社，東京.

Shibatani, Masayoshi (1976) "The Grammar of Causative Constructions: A Conspectus," *The Grammar of Causative Constructions, Syntax and Semantics 6,* ed. by Masayoshi Shibatani, 5-41, Academic Press, New York.

Sinclair, John (2004) *Trust the Text: Language, Corpus and Discourse*, Routledge, London.

Taylor, John (2013) *The Mental Corpus: How Language is Represented in the Mind*, Oxford University Press, Oxford.

Talmy, Leonard (2000) *Toward a Cognitive Semantics*, MIT Press, Cambridge MA.

Traugott, Elizabeth C. (2003a) "Constructions in Grammaticalization," *The Handbook of Historical Linguistics*, ed. by Brian Joseph and R. D. Janda, 624–646, Blackwell, London.

Traugott, Elizabeth C. (2003b) "From Subjectification to Intersubjectification," *Motives for Language Change,* ed. by H. Raymond, 124–140, Cambridge University Press, Cambridge.

Traugott, Elizabeth C. (2007) "The Concepts of Constructional Mismatch and Typeshifting from the Perspective of Grammaticalization," *Cognitive Linguistics* 18, 523–557.

Traugott, Elizabeth C. (2008) "The Grammaticalization of NP of NP Constructions," *Constructions and Language Change*, ed. by Alexander Bergs and Gabriele Diewald, 21–43, Mouton de Gruyter, Berlin/New York.

Traugott, Elizabeth C. (2010) "Revisiting Subjectification and Intersubjectification," *Subjectification, Intersubjectification and Grammaticalization*, ed. by Kristin Davidse, Lieven Vandelanotte and Hubert Cuyckens, 29–70, Mouton de Gruyter, Berlin.

Traugott, Elizabeth C. and Richard B. Dasher (2002) *Regularity in Semantic Change*, Cambridge University Press, Cambridge.

Traugott, Elizabeth C. and Graeme Trousdale (2013) *Constructionalization and Constructional Change*, Oxford University Press, Oxford.

Tuggy, David (1993) "Ambiguity, Polysemy, and Vagueness," *Cognitive Linguistics* 4 (3), 273–290.

Ungerer, Friedrich and Hans-Jörg Schmid (1996/2006^2) *An Introduction to Cognitive Linguistics*, Longman, London.

Vendler, Zeno (1967) *Linguistics in Philosophy*, Cornell University Press, Ithaca, NY.

Wierzbicka, Anna (1972) *Semantic Primitives*, Athenäum-Verl, Frankfurt.

Wierzbicka, Anna (1996) *Semantics: Primes and Universals*, Oxford University Press, Oxford.

Wierzbicka, Anna (1997) *Understanding Cultures through Their Keywords: English, Russian, Polish, German, and Japanese*, Oxford University Press, Oxford.

Wierzbicka, Anna (1999) *Emotions across Languages and Cultures: Diversity and Universals*, Cambridge University Press, Cambridge.

Wierzbicka, Anna (2006) *English, Meaning and Culture*, Oxford University Press, Oxford.

Wilson, Deidre (2003) "Relevance and Lexical Pragmatics," *Italian Journal of Linguistics* 15 (2), 273–291.

Wittgenstein, Ludwig (1953) *Philosophical Investigations*, Basil Blackwell, London.

由本陽子 (2013)「語彙的複合動詞の生産性と2つの動詞の意味関係」『複合動詞研究の

最前線——謎の解明に向けて——』，影山太郎（編），109-142，ひつじ書房，東京．
由本陽子・小野尚之（2015）『語彙意味論の新たな可能性を探って』開拓社，東京．

第 II 部

Ariel, Mira（2010）*Defining Pragmatics*, Cambridge University Press, Cambridge.

Austin, John L.（1962）*How to Do Things with Words*, Clarendon Press, Oxford.

Bach, Kent（2001）"You don't say?" *Synthese* 128, 15-44.

Blakemore, Diane（1987）*Semantic Constraints on Relevance*, Blackwell, Oxford.

Blakemore, Diane（2011）"On the Descriptive Ineffability of Expressive Meaning," *Journal of Pragmatics* 43, 3537-3550.

Burton-Roberts, Noel（1987）"Pragmatics and Wittegenstein: Ostensive and Non-Descriptive Definition," *The Pragmatic Perspective*（Pragmatics and Beyond Companion Series 5）733-753, ed. by Verschueren, Jef and Marcella Bertuccelli-Papi, John Benjamins, Amsterdam.

Carston, Robyn（1998）*Pragmatics and the Explicit-Implicit Distinction*, Doctoral dissertation, University College London.

Carston, Robyn（2000）"Explicature and Semantics," *UCL Working Papers in Linguistics* 12, 1-44, University College London.

Carston, Robyn（2002）*Thoughts and Utterances: The Pragmatics of Verbal Communication*, Blackwell, Oxford.

Carston, Robyn（2016）"The Heterogeneity of Procedural Meaning," *Lingua* 175-176, 154-166.

Cole, Peter and Jerry L. Morgan, eds.（1975）*Syntax and Semantics*, vol. III: Speech Acts, Academic Press, New York.

Cole, Peter, ed.（1978）*Syntax and Semantics*, vol. IX: Pragmatics, Academic Press, New York.

Escandell-Vidal, Victoria and Manuel Leonetti（2011）"On the Rigidity of Procedural Meaning," *Procedural Meaning: Problems and Perspectives*, ed. by Escandell-Vidal, Victoria, Manuel Leonetti and Aoife Ahern, Emerald Group Publishing, Bingley, UK.

Fauconnier, Gilles（1975）"Pragmatic Scales and Logical Structure," *Linguistic Inquiry* 6（3）, 353-375.

Fodor, Jerry A.（1983）*The Modularity of Mind: An Essay on Faculty Psychology*, MIT Press, Cambridge, MA.

Glucksberg, Sam and Boaz Keyser（1990）"Understanding Metaphorical Comparisons: Beyond Similarity," *Psychological Review* 97（1）, 3-18.

Grice, H. Paul（1967, 1975）"Logic and Conversation," *Syntax and Semantics*, vol. III: Speech Acts, ed. by Peter Cole and Jerry L. Morgan, 41-58, Academic Press,

参考文献 309

New York (William James Lecture).

Grice, H. Paul (1989) *Studies in the Way of Words*, Harvard University Press, Cambridge, MA. [清塚邦彦 (訳) (1998)『論理と会話』勁草書房, 東京.]

東森勲・吉村あき子 (2003)『関連性理論の新展開』研究社, 東京.

Hirschberg, J. (1991) *A Theory of Scalar Implicature*, Garland, New York.

Horn, Laurence R. (1972) *On the Semantic Properties of Logical Operators in English*, Doctoral dissertation, University of California, Los Angeles. [Distributed by the Indiana University Linguistic Club, 1976.]

Horn, Laurence R. (1984) "Toward a New Taxonomy for Pragmatic Inference," *Meaning, Form and Use in Context*, ed. by D. Schiffrin, Georgetown University Press, Washington, D.C.

Horn, Laurence R. (1991) "*Duplex Negatio Affirmat* …: The Economy of Double Negation," *CLS* 27 (2): Papers from the Parasession on Negation, 80–106.

Horn, Laurence R. (1993) "Economy and Redundancy in a Dualistic Model of Natural Language," *SKY 1993: 1993 Yearbook of the Linguistic Association of Finland*, ed. by S. Shore and M. Vilkuna, 33–72.

Horn, Laurence R. (2004) "Implicature," *The Handbook of Pragmatics*, ed. by Laurence R. Horn and Gregory Ward, 3–28, Blackwell, Malden, MA.

Horn, Laurence R. (2006a) "The Border Wars: a Neo-Gricean Perspective," *Where Semantics Meets Pragmatics*, ed. by von Heusinger, Klaus and Ken Turner, 21–48, Elsevier, Oxford.

Horn, Laurence R. (2006b) "More Issues in Neo- and Post-Gricean Prgmatics: A Response to Robyn Carston's Response," *Intercultural Pragmatics* 3 (1), 81–93.

Kaplan, David (1997) "What Is Meaning? Explorations in the Theory of Meaning as Use," ms.

河上誓作 (1984)「文の意味に関する基礎的研究: 認識と表現の関連性をめぐって」『大阪大学文学部紀要』第 24 巻.

Kuno, Susumu (1971) "The Position of Locatives in Existential Sentences," *Linguistic Inquiry* 2, 333–378.

Levinson, Stephen (1983) *Pragmatics*, Cambridge University Press, Cambridge.

Levinson, Stephen (1988) "Generalized Conversational Implicatures and the Semantics/Pragmatics Interface," ms., University of Cambridge.

Levinson, Stephen C. (2000) *Presumptive Meanings: The Theory of Generalized Conversational Implicature*, MIT Press, Cambridge, MA.

三原健一・高見健一 (2013)『日英対照　英語学の基礎』くろしお出版, 東京.

Morris, Charles W. (1938) "Foundation of the Theory of Signs," *International Encyclopedia of Unified Science*, ed. by Otto Neurath, Rudolf Carnap and Charles W. Morris, 77–138, University of Chicago Press, Chicago.

Recanati, François (2004) *Literal Meaning*, Cambridge University Press, Cambridge.

Sperber, Dan and Deirdre Wilson (1981) "Irony and the Use-Mention Distinction," *Radical Pragmatics*, ed. by Peter Cole, 295–318, Academic Press, New York.

Sperber, Dan and Deirdre Wilson (1986, 1995²) *Relevance: Communication and Cognition*, Blackwell, Oxford.［内田聖二・中逵俊明・宋南先・田中圭子（訳）（1999）『関連性理論』研究社出版，東京．］

Wharton, Tim (2003) "Interjections, Language and the 'Showing-Saying' Continuum," *Pragmatics and Cognition* 11, 39–91.

Wharton, Tim (2009) *Pragmatics and Non-Verbal Communication*, Cambridge University Press, Cambridge.

Wilson, Deirdre (2011) "The Conceptual-Procedural Distinction: Past, Present and Future," *Procedural Meaning: Problems and Perspectives*, ed. by Victoria Escandell-Vidal, Manuel Leonetti and Aoife Ahern, Emerald Group Publishing, Bingley, UK.

Wilson, Deirdre (2017) "Relevance Theory," *The Oxford Handbook of Pragmatics*, ed. by Yan Huang, 79–100, Oxford University Press, Oxford.

Wilson, Deirdre and Dan Sperber (1992) "On Verbal Irony," *Lingua* 87, 53–76.

Wilson, Deirdre and Dan Sperber (1993) "Linguistic Form and Relevance," *Lingua* 90, 1–25.

Wilson, Deirdre and Dan Sperber (2012) *Meaning and Relevance*, Cambridge University Press, Cambridge.

Wilson, Deirdre and Tim Wharton (2006) "Relevance and Prosody," *Journal of Pragmatics* 38, 1559–1579.

吉村あき子（2009）「メタ言語否定とノデハナイ」『日本エドワード・サピア協会　研究年報』第 23 号，25–37，日本エドワード・サピア協会．

Yoshimura, Akiko (2010) "On Horn's Descriptive/Metalinguistic Dichotomy of Negation," *Proceedings of the 12th Conference of the Pragmatics Society of Japan*, 217–220, The Pragmatics Society of Japan.

吉村あき子（2010）「日本語のメタ言語否定と「ワケデハナイ」」『人間文化研究科年報』第 25 号，1–13，奈良女子大学大学院人間文化研究科．

吉村あき子（2012）「日本語の外部否定表現再考」『ことばを見つめて』，吉村あき子・須賀あゆみ・山本尚子（編著），511–525，英宝社，東京．

Yoshimura, Akiko (2013a) "Descriptive/Metalinguistic Dichotomy?: Toward a New Taxonomy of Negation," *Journal of Pragmatics* 57, 39–56.

Yoshimura, Akiko (2013b) "Relevance and Another Type of Implicature," *Studies in European and American Language and Culture*, Vol. 1, 1–22, Society for the Study of European and American Language and Culture, the Faculty of Letters, Nara Women's University.

吉村あき子（2015a）「帰属否定と記述否定」『欧米言語文化研究』第 3 号，37–70，奈良女子大学文学部欧米言語文化学会．

参考文献 311

吉村あき子 (2015b)「発話の推意と推論規則」『言葉のしんそう (深層・真相)——大庭幸
男教授退職記念論文集——』, 大庭幸男教授退職記念論文集刊行会 (編), 513-524,
英宝社, 東京.

吉村あき子 (2016)「演繹される推意と創作される推意」*Papers from the Thirty-Third
Conference (November 21-22, 2015) and from the English International Spring
Forum (April 18-19, 2015) of The English Linguistic Society of Japan (JELS* 33),
209-215, 日本英語学会.

吉村あき子 (2017a)「帰属否定のノデハナイとワケデハナイ」『〈不思議〉に満ちたこと
ばの世界——中島平三教授退職記念刊行物——』, 高見健一・行田勇・大野英樹 (編),
465-470, 開拓社, 東京.

吉村あき子 (2017b)「分析的推意と拡張的推意」『欧米言語文化研究』第 5 号, 23-45,
奈良女子大学文学部欧米言語文化学会.

Zipf, George K. (1949) *Human Behaviour and the Principle of Least Effort,* Addison-
Wesley Press, Cambridge, MA.

第 III 部

Akmajian, Adrian (1984) "Sentence Types and the Form-function Fit," *Natural Lan-
guage and Linguistic Theory* 2, 1-23.

Bergen, Benjamin and Nancy Chang (2013) "Embodied Construction Grammar," *The
Oxford Handbook of Construction Grammar*, ed. by Thomas Hoffmann and
Graeme Trousdale, 168-190, Oxford University Press, Oxford.

Boas, Hans C. and Ivan A. Sag (2012) *Sign-based Construction Grammar*, CSLI
Publications, Stanford.

Bolinger, Dwight (1987) "The Remarkable Double IS," *English Today* 3 (1), 39-40.

Booij, Geert (2010a) "Construction Morphology," *Language and Linguistics Compass*
4 (7), 543-555.

Booij, Geert (2010b) *Construction Morphology*, Oxford University Press, Oxford.

Booij, Geert, ed. (2018) *The Construction of Words: Advances in Construction Mor-
phology*, Springer, New York.

Brône, Geert and Elisabeth Zima (2014) "Towards a Dialogic Construction Grammar:
Ad Hoc Routines and Resonance Activation," *Cognitive Linguistics* 25 (3), 457-
495.

Bybee, Joan (2010) *Language, Usage and Cognition,* Cambridge University Press,
Cambridge.

Croft, William (2003) "Lexical Rules vs. Constructions: A False Dichotomy," *Motiva-
tion in Language: Studies in Honour of Günter Radden*, ed. by Hubert Cuyckens,
Thomas Berg, René Dirven and Klaus-Uwe Panther, 49-68, John Benjamins,
Amsterdam.

Du Bois, John W. (2014) "Towards a Dialogic Syntax," *Cognitive Linguistics* 25 (3), 359–410.

Fauconnier, Gilles and Mark Turner (2002) *The Way We Think: Conceptual Blending and the Mind's Hidden Complexities*, Basic Books, New York.

Fillmore, Charles J, Paul Kay and Mary C. O'Connor (1988) "Regularity and Idiomaticity in Grammatical Constructions: The Case of *Let Alone*," *Language* 64 (3), 501–538.

Goldberg, Adele E. (1995) *Constructions: A Construction Grammar Approach to Argument Structure*, University of Chicago Press, Chicago. [河上誓作・早瀬尚子・谷口一美・堀田優子 (訳) (2001)『構文文法論: 英語構文への認知的アプローチ』研究社, 東京.]

Goldberg, Adele E. (2006) *Constructions at Work: The Nature of Generalization in Language*, Oxford University Press, Oxford.

Hoffmann, Thomas and Graeme Trousdale, eds. (2013) *The Oxford Handbook of Construction Grammar*, Oxford University Press, Oxford.

Hopper, Paul J. and Elizabeth C. Traugott (1993) *Grammaticalization*, Cambridge University Press, Cambridge.

堀内ふみ野 (2017)「響鳴からみる子供の前置詞の使用——CHILDES を用いた考察から」『日本認知言語学会論文集』17, 339–351.

Jackendoff, Ray (2008) "*Construction after Construction* and Its Theoretical Challenge," *Language* 84, 8–28.

Kay, Paul and Charles J. Fillmore (1999) "Grammatical Constructions and Linguistic Generalizations: The 'What's X doing Y?' Construction," *Language* 75 (1), 1–33.

Lakoff, George (1974) "Syntactic Amalgams," *CLS* 10, 321–344.

Lakoff, George (1987) *Women, Fire, and Dangerous Things: What Categories Reveal about the Mind*, University of Chicago Press, Chicago. [池上嘉彦・河上誓作ほか (訳) (1993)『認知意味論——言語から見た人間の心』紀伊國屋書店, 東京.]

Lakoff, George (1993) "The Contemporary Theory of Metaphor," *Metaphor and Thought*, 2nd ed., ed. by Andrew Ortony, 202–251, Cambridge University Press, Cambridge.

Langacker, Ronald W. (2000) "A Dynamic Usage-Based Model," *Grammar and Conceptualization* 91–145, Mouton de Gruyter, Berlin.

Lambrecht, Knud (1988) "There Was a Farmer Had a Dog: Syntactic Amalgams Revisited," *BLS* 14, 319–339.

Lambrecht, Knud (1990) "'What, Me Worry?': 'Mad Magazine Sentences' Revisited," *BLS* 16, 215–228.

Massam, Diane (1999) "*Thing Is* Constructions: The Thing Is, Is What's the Right Analysis?" *English Language and Linguistics* 3 (2), 335–352.

McConvell, Patrick (1988) "*To Be* or Double *Be*? Current Changes in the English

Copula," *Australian Journal of Linguistics* 8 (2), 287-305.

Östman, Jan-Ola (2005) "Construction Discourse: A Prolegomenon," *Construction Grammars: Cognitive Grounding and Theoretical Extensions*, ed. by Jan-Ola Östman and Mirjam Fried, 121-144, John Benjamins, Amsterdam and Philadelphia.

Sag, Ivan A., Hans C. Boas and Paul Kay (2012) "Introducing Sign-based Construction Grammar," *Sign-based Construction Grammar*, ed. by Hans C. Boas and Ivan A. Sag, CSLI Publications, Stanford.

﨑田智子・岡本雅史 (2010)『言語運用のダイナミズム：認知語用論のアプローチ』研究社，東京．

Steels, Luc (2013) "Fluid Construction Grammar," *The Oxford Handbook of Construction Grammar*, ed. by Thomas Hoffmann and Graeme Trousdale, 153-167, Oxford University Press, Oxford.

Steen, Francis and Mark Turner (2013) "Multimodal Construction Grammar," *Language and the Creative Mind*, ed. by Michael Borkent, Barbara Dancygier and Jennifer Hinnell, 255-274, CSLI Publications, Stanford. Available at SSRN: http://ssrn.com/abstract=2168035 or http://dx.doi.org/10.2139/ssrn.2168035.

Stefanowitsch, Anatol and Stefan T. Gries (2003) "Collostructions: Investigating the Interaction of Words and Constructions," *International Journal of Corpus Linguistics* 8 (2), 209-243.

谷口一美 (2015)「動詞の用法の獲得とインプットとの相関に関する考察」『日本認知言語学会論文集』15, 656-661.

Tomasello, Michael (2003) *Constructing a Language: A Usage-Based Theory of Language Acquisition*, Harvard University Press, Cambridge, MA. ［辻幸夫ほか（訳）(2008)『ことばをつくる──言語習得の認知言語学的アプローチ』慶應義塾大学出版会，東京.］

Traugott, Elizabeth C. and Graeme Trousdale (2013) *Constructionalization and Constructional Changes*, Oxford University Press, Oxford.

吉川真未・谷口一美 (2017)「構文の響鳴に伴う意味関係に関する考察」『日本認知言語学会論文集』17, 284-296.

第 IV 部

Austin, John L. (1962) *How to Do Things with Words*, Oxford University Press, Oxford.

Chomsky, Noam (1957) *Syntactic Structures*, Mouton, The Hague.

Chomsky, Noam and Morris Halle (1968) *The Sound Pattern of English*, MIT Press, Cambridge, MA.

Croft, William A. (2001) *Radical Construction Grammar: Syntactic Theory in Typological Perspective*, Oxford University Press, Oxford.

Fillmore, Charles J. (1988) "The Mechanisms of 'Construction Grammar'," *Proceedings of the Fourteenth Annual Meeting of the Berkeley Linguistics Society*, 33–55.

Fried, Mirjam and Hans Christian Boas (2005) *Grammatical Constructions: Back to the Roots*, John Benjamins, Amsterdam.

Goldberg, Adele E. (1995) *Constructions: A Construction Grammar Approach to Argument Structure*, University of Chicago Press, Chicago.

Goldberg, Adele E. (2006) *Constructions at work: The Nature of Generalization in Language*, Oxford University Press, Oxford.

早瀬尚子・堀田優子 (2005) 『認知文法の新展開──カテゴリー化と用法基盤モデル──』研究社, 東京.

Lakoff, George (1987) *Women, Fire and Dangerous Things: What Categories Reveal about the Mind*, University of Chicago Press, Chicago.

Langacker, Ronald W. (1985) "Observations and Speculations on Subjectivity," *Iconicity in Syntax*, ed. by Haiman John, 109–150, John Benjamins, Amsterdam.

Langacker, Ronald W. (1986) "*An Introduction to Cognitive Grammar*," *Cognitive Science* 10, 1–40.

Langacker, Ronald W. (1987a) *Foundations of Cognitive Grammar: Volume I Theoretical Prerequisites*, Stanford University Press, Stanford.

Langacker, Ronald W. (1987b) "Grammatical Ramifications of the Setting/Participant Distinction," *Annual Meeting of the Berkeley Linguistics Society* 13, 383–394.

Langacker, Ronald W. (1990) "Cognitive Grammar: The Symbolic Alternative," *Studies in the Linguistic Sciences* 20 (2), 3–30.

Langacker, Ronald W. (1991a) *Concept, Image, and Symbol: The Cognitive Basis of Grammar*, Mouton de Gruyter, Berlin.

Langacker, Ronald W. (1991b) *Foundations of Cognitive Grammar: Volume II Descriptive Application*, Stanford University Press, Stanford.

Langacker, Ronald W. (1999) *Grammar and Conceptualization*, Mouton de Gruyter, Berlin.

Langacker, Ronald W. (2000) "A Dynamic Usage-based Model," *Usage-based Models of Language*, ed. by Michael Barlow and Suzanne Kemmer, 1–63, CSLI Publications, Stanford.

Langacker, Ronald W. (2001) "*Discourse in Cognitive Grammar*," *Cognitive Linguistics* 12 (2), 143–188.

Langacker, Ronald W. (2003) "Constructions in Cognitive Grammar," *English Linguistics* 20 (1), 41–83.

Langacker, Ronald W. (2004) "The First 40 Years," *Imagery in Language: Festschrift in Honour of Professor Ronald W. Langacker*, ed. by Barbara Tomaszczyk and Alina Kwiatkowska, 31–41, Peter Lang, Frankfurt am Main.

Langacker, Ronald W. (2007) "Cognitive Grammar," *The Oxford Handbook of Cogni-*

tive Linguistics, ed. by Dirk Geeraerts and Hubert Cuyckens, 421–462, Oxford University Press, Oxford.

Langacker, Ronald W. (2008) *Cognitive Grammar: A Basic Introduction*, Oxford University Press, New York. [山梨正明（監訳）(2011)『認知文法論序説』研究社，東京.]

Langacker, Ronald W. (2009a) *Investigations in Cognitive Grammar*, Mouton de Gruyter, Berlin.

Langacker, Ronald W. (2009b) "Metonymic Grammar," *Metonymy and Metaphor in Grammar*, ed. by Klaus-Uwe Panther, Linda L. Thornburg and Antonio Barcelona, 45–71, John Benjamins, Amsterdam.

Langacker, Ronald W. (2010) "Cognitive Grammar," *The Oxford Handbook of Linguistic Analysis*, ed. by Bernd Heine and Heiko Narrog, 87–109, Oxford University Press, Oxford.

Langacker, Ronald W. (2012) "Interactive Cognition: Toward a Unified Account of Structure, Processing, and Discourse," *International Journal of Cognitive Linguistics* 3 (2), 95–125.

Langacker, Ronald W. (2014) "Approaches to Language, Culture, and Cognition: The Intersection of Cognitive Linguistics and Linguistic Anthropology," *Culture and Cognitive, Lexicon and Grammar*, ed. by Masataka Yamaguchi, Dennis Tay and Benjamin Blount, 27–49, Palgrave Macmillan, Basingstoke.

Langacker, Ronald W. (2015) "Construal," *Handbook of Cognitive Linguistics*, ed. by Ewa Dabrowska and Dagmar Divjak, 120–143, Mouton de Gruyter, Berlin.

Langacker, Ronald W. (2016a) "Baseline and Elaboration," *Cognitive Linguistics* 27 (3), 405–439.

Langacker, Ronald W. (2016b) "Toward an Integrated View of Structure, Processing, and Discourse," *Studies in Lexicogrammar: Theory and Applications*, ed. by Grzegorz Drozdz, 23–53, John Benjamins, Amsterdam.

Langacker, Ronald W. (2016c) "Working toward a Synthesis," *Cognitive Linguistics* 27 (4), 465–477.

Levinson, Stephen C. (1997) "From Outer to Inner Space: Linguistic Categories and Non-linguistic Thinking," *Language and Conceptualization*, ed. by Jan Nuyts and Eric Pederson, 13–45, Cambridge University Press, Cambridge.

Newman, John (2004) "The Quiet Revolution: Ron Langacker's Fall Quarter 1977 Lectures," *Imagery in Language: Festschrift in Honour of Professor Ronald W. Langacker*, ed. by Barbara Tomaszczyk and Alina Kwiatkowska, 43–60, Peter Lang, Frankfurt am Main.

Ross, John R. (1970) "On Declarative Sentences," *Readings in English Transformational Grammar*, ed. by Roderick A. Jacobs and Peter Rosenbaum, 222–277, Ginn, Waltham.

Taylor, John R. (2002) *Cognitive Grammar*, Oxford University Press, Oxford.

山梨正明 (2000)『認知言語学原理』くろしお出版，東京.

第 V 部

荒木博之 (1994)『日本語が見えると英語も見える：新英語教育論』中央公論社，東京.

Bell, Allan (1984) "Language Style as Audience Design," *Language in Society* 13, 145-204.

Bernstein, Basil (1966) "Elaborated and Restricted Codes: An Outline," *Sociological Inquiry* 36 (2), 254-261.

Bickerton, Derek (1984) "The Language Bioprogram Hypothesis," *The Behavioral and Brain Sciences* 7 (2), 173-188.

Bolton, Kingsley (2002) "Chinese Englishes: From Canton Jargon to Global English," *World Englishes* 21 (2), 181-199.

Bolton, Kingsley (2008) "English in Asia, Asian Englishes, and the Issue of Proficiency," *English Today* 24 (2), 3-12.

Bonvillain, Nancy (2011) *Language, Culture, and Communication: The Meaning of Messages*, 6th ed., Pearson Educaiton, Harlow.

Bourdieu, Pierre (1972, 1977) *Outline of a Theory of Practice*, tras. R. Nice, Cambridge University Press, Cambridge.

Bowerman, Mellissa (1996) "The Origins of Children'S Special Semantic Categories: Cognitive versus Linguistic Determinants," *Rethinking Linguistic Relativity*, ed. by John Gumperz and Stephen Levinson, 145-176, Cambridge University Press, Cambridge.

Bowerman, Mellissa and S. Choi (2000) "Shaping Meanings for Language: Universal and Language Specific in the Acquisition of Spatial Semantic Categories," *Rethinking Linguistic Relativity*, ed. by John Gumperz and Stephen Levinson, 475-511, Cambridge University Press, Cambridge.

ブレンツィンガー，マティアス (2002)「周縁化とグローバル化による言語の危機」『消滅の危機に瀕した世界の言語——ことばと文化の多様性を守るために』，宮岡伯人・崎山理（編），83-117，明石書店，東京.

Brouwer, Dede and Roeland Van Hout (1992) "Gender-related Variation in Amsterdam Vernacular," *International Journal of the Sociology of Language* 94 (1), 99-122.

Brown, Penelope and Stephen C. Levinson (1987) *Politeness: Some Universals in Language Usage*, Cambridge University Press, Cambridge. [田中典子（監訳）(2011)『ポライトネス——言語使用におけるある普遍現象』研究社，東京.]

Brown, Roger and Marguerite Ford (1961) "Address in American English," *The Journal of Abnormal and Social Psychology* 62 (2), 375.

Brown, Roger and Albert Gilman（1960）*The Pronouns of Power and Solidarity*, Bobbs-Merrill, Indianapolis.

Burchfield, Robert（1985）*The English Language*, Oxford University Press, New York.

Cameron, Deborah, ed.（1992）*Researching Language: Issues of Power and Method*, Routledge, London.

Chafe, Wallace L.（1980）*Pear Stories: Cognitive, Cultural, and Linguistic Aspects of Narrative Production*, Ablex, Norwood, NJ.

Chomsky, Noam（1957）*Syntactic Structures*, Mouton, The Hague／Paris.

Coulmas, Florian（2013）*Sociolinguistics*: *The Study of Speaker's Choices*, Cambridge University Press, Cambridge.

Coupland, Nikolas（2010）"Accommodation Theory," *Society and Language Use,* ed. by Jurgen Jaspers, Jan-Ola Ostman and Jef Verschueren, 21–27, John Benjamin, Amsterdam.

Crystal, David（1988）*The English Language*, Penguin Books, London.

Crystal, David（1997）*English as a Global Language*, Cambridge University Press, Cambridge.

Crystal, David（2002）*The English Language: A Guided Tour of the Language*, Penguin Books, London.

Crystal, David（2007）*How Language Works*, Avery, New York.

Du Bois, J. W.（2014）"Towards a Dialogic Syntax," *Cognitive Linguistics* 25（3）, 359–410.

Douglas-Cowie, Ellen（1978）"Linguistic Code-switching in a Northern Irish Village," *Sociolinguistic Patterns in British English*, ed. by Peter Trudgill, 37–51, Edward Arnold, London.

Duranti, Alessandoro（1996）*Linguistic Anthropology*, Cambridge University Press, Cambridge.

Eckert, Penelope（1989）"The Whole Woman: Sex and Gender Differences in Variation," *Language Variation and Change* 1（3）, 245–267.

Ferguson, Charles A.（1959）"Diglossia," *Word* 15（2）, 325–340.

Fishman, Joshua, Robert Cooper and Andrew Conrad, eds.（1977）*The Spread of English: The Sociology of English as an Additional Language*, Newbury, Rowley, MA.

Fishman, Joshua（1996a）"Summary and Interpretation: Post-imperial English 1940–1990," *Contributions to the Sociology of Language* 72, 623–641.

Fishman, Joshua, ed.（1996b）*Post-Imperial English: The Status of English in Former British and American Colonies and Spheres of Influence*, Mouton de Gruyter, Berlin.

Foley, William A.（1996）*Anthropological Linguistics: An Introduction*, Blackwell,

Oxford.

藤井洋子（2005）「＊骨をこわす vs. break the bone——認知カテゴリーと文法項目のタイポロジー」『講座社会言語科学第1巻　異文化とコミュニケーション』，井出祥子・平賀正子（編），156-169，ひつじ書房，東京.

Fujii, Yoko (2012) "Differences of Situating Self in the Place/Ba of Interaction between the Japanese and American English Speakers," *Journal of Pragmatics* 44, 632-662.

藤井洋子（2016）「日本人のコミュニケーションにおける自己観と「場」——課題達成談話と人称詞転用の分析より」『コミュニケーションのダイナミズム・自然発話データから』，井出祥子・藤井洋子（編），1-38，くろしお出版，東京.

藤井洋子・井出祥子（編著）（2014）『解放系語用論への挑戦——文化・インターアクション・言語』ひつじ書房，東京.

藤井洋子・金明姫（2014）「課題達成過程における相互行為の言語文化比較」『解放的語用論への挑戦』，井出祥子・藤井洋子（編著），くろしお出版，東京.

Giles, Howard, Donald Taylor and Richard Bourhis (1977) "Dimensions of Welsh Identity," *European Journal of Social Psychology* 7 (2), 165-174.

Goodenough, Ward H. (1957) "Cultural Anthropology and Linguistics," *Language in Culture and Society: A Reader in Linguistics and Anthropology*, ed. by Dell Hymes, 36-39, Harper and Row, New York. ［有馬道子（訳）（1985）『言語と人間科学』南雲堂，東京.］

Goodenough, Ward H. (1981) *Culture, Language, and Society*, Benjamin/Cummings Publishing Company, Menlo Park, CA.

Gordon, Edmund W. and Doxey A. Wilkerson (1966) *Compensatory Education for the Disadvantaged: Programs and Practices, Preschool through College*, College Entrance Examination Board, New York.

Gordon, Matthew J. (1997) "Geographical and Social Diffusion of Language Change: The Case of the Northern Cities Chain Shift," *Texas Linguistics Forum* 37, 176-187. [*Proceedings of the 1996 Symposium about Language and Society*.]

Görlach, Manfred (1988) "English as a World Language—The State of the Art," *English World-Wide* 9 (1), 1-32.

Grice, Herbert P. (1975) "Logic and Conversation," *Syntax and Semantics* 3: *Speech Acts*, ed. by P. Cole and J. Morgan, 41-58, Academic Press, New York. [Reprinted in S. Davis (ed.) 1991, *Pragmatics: A Reader*, Oxford University Press, Oxford.]

Gumperz, John J. (1982) *Discourse Strategies*, Cambridge University Press, Cambridge. ［井上逸兵他（訳）（2004）『認知と相互行為の社会言語学——ディスコース・ストラテジー』松柏社，東京.］

Gumperz, John and Stephen Levinson (1996) *Rethinking Linguistic Relativity*, Cambridge University Press, Cambridge.

Halliday, Michael A., Angus McIntosh and Peter Strevens (1964) *The Language Sci-*

ences and Language Teaching, Longman, London.

Haviland, John B. (1993) "Anchoring and Iconicity in Guugu Yimithirr Pointing Gestures," *Journal of Linguistic Anthropology* 3 (1), 3-45.

Haviland, John B. (1996) "Projections, Transpositions, and Relativity," *Rethinking Linguistic Relativity*, ed. by John Gumperz and Stephen Levinson, 271-323, Cambridge University Press, New York.

Hawkins, John A. (1980) "On Implicational and Distributional Universals of Word Order," *Journal of Linguistics* 16, 193-235.

Hawkins, John A. (1982) "Cross-category Harmony, X-bar and the Predictions of Markedness," *Journal of Pragmatics* 18, 1-35.

Holmes, Janet (2008) *Gendered Talk at Work: Constructing Gender Identity through Workplace Discourse* (Vol. 3), John Wiley & Sons, New York.

本多啓 (2005)『アフォーダンスの認知意味論』東京大学出版会, 東京.

Hopper, Paul J. (1998) "Emergent Grammar," *The New Psychology of Language: Cognitive and Functional Approaches to Language Structure*, ed. by M. Tomasello, 155-175, Lawrence Erlbaum Associates, Mahwah, NJ.

堀内ふみ野 (近刊)「親子のやりとりにおける前置詞の使用——対話統語論のアプローチ——」『認知言語学論考 No. 14』, 山梨正明ほか (編), ひつじ書房, 東京.

Horn, Laurence R. (2008) "I Love Me Some Him: The Landscape of Non-Argument Datives," *Empirical Issues in Syntax and Semantics* 7, 169-192.

Hymes, Dell (1966) "Two Types of Linguistic Relativity (with Examples from Amerindian Ethnography)," *Sociolinguistics, Proceedings of the UCLA Sociolinguistics Conference, 1964*, ed. by W. Bright, 114-167, Mouton, The Hague.

Hymes, Dell (1974) *Foundations in Sociolinguistics: An Ethnographic Approach*, University of Pennsylvania Press, Philadelphia.

井出祥子 (2014)「解放的語用論とミスター・オー・コーパスの意義——文化・インターアクション・言語の解明のために」『解放的語用論への挑戦』, 1-32, くろしお出版, 東京.

井出祥子 (2016)「グローバル社会へのウェルフェア・リングイスティックスとしての場の語用論——解放的語用論への挑戦——」『社会言語科学』18(2), 3-18.

井出祥子・藤井洋子 (編著) (2014)『解放的語用論への挑戦』くろしお出版, 東京.

Imai, Mutsumi and Dedre Gentner (1993) "A Cross-linguistic Study of Early Word Meaning: Universal Ontology and Linguistic Influence," *Cognition* 62, 169-200.

池上嘉彦 (1999)「'Bounded' vs. 'Unbounded' と 'Cross-category Harmony' (1)~(24)」『英語青年』第 145 巻 1 号-第 146 巻 12 号.

池上嘉彦 (2006)『英語の感覚・日本語の感覚〈ことばの意味〉のしくみ』NHK ブックス, 東京.

井上逸兵 (2017)「字幕・吹替訳ディスコースの社会言語学——ポライトネス研究の一展開——」『朝倉日英対照言語学シリーズ発展編 社会言語学』, 井上逸兵 (編), 107-

124，朝倉書店，東京.

井上逸兵（2018）「相互行為・機能・談話系言語学が意味すること」『認知言語学研究』第 3 巻，56-71.

井上京子（1998）『もし「右」や「左」がなかったら――言語人類学への招待』大修館書店，東京.

井上京子（2007）「言語と身体性」『開放系言語学への招待』，唐須教光（編），57-82，慶應義塾大学出版，東京.

Janda, Laura A. (2013) "Quantitative Methods in Cognitive Linguistics," *Cognitive Linguistics—The Quantitative Turn: The Essential Reader*, ed. by L. A. Janda, 1-32, Mouton de Gruyter, Berlin.

Kachru, Braji B., ed. (1982) *The Other Tongue. English Across Cultures*, University of Illinois Press, Urbana, IL.

Kachru, Braji B. (1985) "Standards, Codification, and Sociolinguistic Realism: The English Language in the Outer Circle," *English in the World: Teaching and Learning the Language and the Literature*s, ed. by R. Quirk and H. Widdowson, Cambridge University Press, Cambridge.

Kachru, Yamuna and Larry E. Smith (2008) *Cultures, Contexts, and World Englishes*, Routledge, New York/ London.［井上逸兵ほか（訳）(2013)『世界の英語と社会言語学：多様な英語でコミュニケーションする』慶応義塾大学出版会，東京.］

片桐恭弘（2014）「対話から見た権威の様態について――能力と敬意」『解放の語用論への挑戦』，井出祥子・藤井洋子（編著），157-174，くろしお出版，東京.

片岡邦好（2014）「課題達成談話における日英語話者の視線配布について――共通点と相違点から見る文化的行為――」『解放的語用論への挑戦』，井出祥子・藤井洋子（編著），123-156，くろしお出版，東京.

北山忍（1994）「文化的自己感と心理的プロセス」『社会心理学研究』10 (3)，153-167.

Kohl, John R. (2008) *The Global English Style Guide: Writing Clear, Translatable Documentation for a Global Market*, SAS Institute, Cary, NC.

小山亘（2017）「社会語用論」『社会言語学』，井上逸兵（編），朝倉書店，東京.

Krauss, Michael (1992) "The World's Languages in Crisis," *Language* 68 (1)，4-10.

Krauss, Michael (1998) "The Scope of the Language Endangerment Crisis and Recent Response to It," *Studies in Endangered Languages, Papers from the International Symposium of Endangered Languages*, 101-113, Hituzi Syobo, Tokyo.

Labov, William (1966) "Hypercorrection by the Lower Middle Class as a Factor in Linguistic Change," *Sociolinguistics* 84, 102, Mouton, The Hague.

Labov, William (1967) "Effect of Social Mobility on Linguistic Behavior," *International Journal of American Linguistics* 33 (4)，58-75.

Labov, William (1972) *Language in the Inner City: Studies in the Black English Vernacular*, University of Pennsylvania Press, Philadelphia.

Labov, William (1973) "The Boundaries of Words and Their Meanings," *New Ways of

Analyzing Variation in English, ed. by C. J. N. Bailey and R. W. Shuy, 340–373, Georgetown University Press, Washington, D.C.

Labov William（1990）"The Intersection of Sex and Social Class in the Course of Linguistic Change," *Language Variation and Change* 2, 205–254.

Lakoff, Robin（1975）*Language and Woman's Place*, Harper & Row, New York.

Lakoff, George and Mark Johnson（1980/2003）*Metaphors We Live By*, University of Chicago Press, Chicago.

Leach, Edmund（1964）"Anthropological Aspects of Language: Animal Categories and Verbal Abuse," *New Directions in the Study of Language*, ed. by E. H. Lenneberg, 23–63, MIT Press, Cambridge, MA.［有馬道子（訳）（1985）「言語の人間学的側面──動物のカテゴリーと悪罵」E. H. レネバーグ（編）『言語と人間科学』南雲堂, 東京.］

Leech, Geoffrey（1983）*Principles of Pragmatics*, Routledge, London.

Leech, Geoffrey（2014）*The Pragmatics of Politeness*, Oxford University Press, New York.

Levinson, Stephen（1996）"Relativity in Spatial Conception and Description," *Rethinking Linguistic Relativity*, ed. by John Gumperz and Stephen Levinson, 177–202, Cambridge University Press, New York.

Levinson, Stephen（1997）"Language and Cognition: The Cognitive Consequences of Spatial Description in Guugu Yimithirr," *Journal of Linguistic Anthropology* 7（1）, 98–131.

Lucy, John（1992a）*Language Diversity and Thought: A Reformulation of the Linguistic Relativity Hypothesis*, Cambridge University Press, Cambridge.

Lucy, John（1992b）*Grammatical Categories and Cognition: A Case Study of the Linguistic Relativity Hypothesis*, Cambridge University Press, Cambridge.

Majidi, Afsaneh（2013）"English as a Global Language; Threat or Opportunity for Minority Languages?" *Mediterranean Journal of Social Sciences* 4（11）, 33.

松田謙次郎（2015）「変異理論で見る日英語のバリエーション」『社会言語学』, 井上逸兵（編）, 朝倉書店, 東京.

Matsumoto, Yoshiko（1988）"Reexamination of the Universality of Face: Politeness Phenomena in Japanese," *Journal of Pragmatics* 12（4）, 403–426.

Matsumoto, Yo, Kimi Akita and Kiyoko Takahashi（2017）"The Functional Nature of Deictic Verbs and the Coding Patterns of Deixis," *Motion and Space across Languages*, ed. by I. Ibarretxe-antunano, 95–122, John Benjamins, Amsterdam/Philadelphia.

McArthur, Tom（1987）"The English Languages?" *English Today* 3（3）, 9–13.

Mugglestone, Lynda（2003）*Talking Proper: The Rise of Accent as Social Symbol*, Oxford University Press on Demand, Oxford.

中村桃子（2010）『ジェンダーで学ぶ言語学』世界思想社, 京都.

Nisbett, Richard E., Kaiping Peng, Incheol Choi and Ara Norenzayan (2001) "Culture and Systems of Thought: Holisctic versus Analytic Cognition," *Psychological Review* 108 (2), 291-310.

西阪仰 (1997)『相互行為分析という視点』金子書房, 東京.

野村佑子 (2006)「語り手は何に注目するのか？―引用から見る日米語のナラティブ―」『日本女子大学大学院文学研究科紀要』13, 83-93.

Phillipson, Robert (1992) "ELT: The Native Speaker's Burden?" *ELT Journal* 46 (1), 12-18.

Prator, C. H. (1964) "English as a Second Language: Teaching," *Overseas* 3, 18-21.

Quirk, Randolph (1985) "The English Language in a Global Context," *English in the World: Teaching and Learning the Language and Literatures*, ed. by Randolph Quirk and Henry G. Widdowson, 1-6, Cambridge University Press, Cambridge.

Quirk, Randolph (1990) "Language Varieties and Standard Language," *English Today* 21, 3-21.

Rickford, John R. (2016) "Labov's Contributions to the Study of African American Vernacular English: Pursuing Linguistic and Social Equity," *Journal of Sociolinguistics* 20 (4), 561-580.

Reisigl, Martin and Ruth Wodak (2001) *Discourse and Discrimination: Rhetorics of Racism and Antisemitism*, Routledge, London.

Sacks, Harvey, Emanuel A. Schegloff and Gail Jefferson (1974) "A Simplest Systematics for the Organization of Turn-Taking for Conversation," *Language* 50 (4), 696-735.

Sapir, Edward (1921) *Language: An Introduction to the Study of Speech*, Harcourt, Brace and Wold, New York.

Sapir, Edward (1949) "The Status of Linguistics as a Science," *Selected Writings of Edward Sapir,* ed. by D. Mandelbaum, 160-166, University of California Press, Berkeley.

Slobin, Dan (1996) "From "Thought and Language" to "Thinking for Speaking"," *Rethinking Linguistic Relativity*, ed. by John Gumperz and Stephen Levinson, 70-96, Cambridge University Press, Cambridge.

Spender, Dale (1985) *Man Made Language*, Routledge and Kegan Paul, London.

Stocking, George W. (1966) "Franz Boas and the Culture Concept in Historical Perspective," *American Anthropologist* 68, 867-882.

鈴木孝夫 (1973)『ことばと文化』(岩波新書), 岩波書店, 東京.

Talmy, Leonard (1985) "Lexicalization Patterns: Semantic Structure in Lexical Forms," *Language Typology and Syntactic Description, vol. III: Grammatical Categories and the Lexicon*, ed. by Timothy Shopen, 56-149, Cambridge University Press, Cambridge.

Talmy, Leonard (1991) "Path to Realization: A Typological Event Conflation," *Pro-

ceedings of the Seventeenth Annual Meeting of the Berkeley Linguistics Society, 480–519.

Tannen, Deborah (1984) *Conversational Style: Analyzing Talk among Friends*, Ablex, Norwood, NJ.

Tannen, Deborah (1990) *You Just Don't Understand: Women and Men in Conversation*, William Morrow, New York.

多々良直弘 (2016)「フットボール・ストーリーと場の理論」『日本認知言語学会論文集』第 15 巻, 594–599.

多々良直弘 (2017)「メディア報道における批判のディスコース──スポーツ実況中継において日英語話者はどのように批判を展開するのか──」『社会言語科学』第 20 巻第 1 号, 71–83.

Taylor, John (2012) *Mental Corpus: How Language Is Represented in the Mind*, Oxford University Press, Oxford / New York.

Todd, Loreto (1984) *Modern Englishes: Pidgins and Creoles*, Blackwell, Oxford.

Tomasello, Michael (1999) *The Cultural Origins of Human Cognition*, Harvard University Press, Cambridge, MA.

唐須教光 (1988)『文化の言語学』勁草書房, 東京.

唐須教光 (2000)「序論」『英語学文献改題 2　言語学 II』, 唐須教光 (編), 3–8, 研究社, 東京.

Trudgill, Peter (1983) *Sociolinguistics*, Penguin Books, Harmondsworth.

Trudgill, Peter (1984) "Standard English in England," *Language in the British Isles*, ed. by P. Trudgill, 32–44, Cambridge University Press, Cambridge / New York.

Trudgill, Peter and Jean Hannah (2002) *International English: A Guide to Varieties of Standard English*, 4th ed., Arnold, London.

Weinreich, Uriel, William Labov and Marvin Herzog (1968) "Empirical Foundations for a Theory of Language Change," *Directions for Historical Linguistics: A Symposium*, ed. W. Lehman and Y. Malkiel, 95–188, University of Texas Press, Austin.

Whorf, Benjamine L. (1956) *Language, Thought, and Reality: Selected Writings of Benjamin Lee Whorf*, ed. by J. B. Carrol, MIT Press, Cambridge, MA.［池上嘉彦 (訳) (1993)『言語・思考・現実』講談社, 東京.］

Wray, Alison (2002) *Formulaic Language and the Lexicon*, Cambridge University Press, Cambridge.

Yano, Yasukata (2001) "World Englishes in 2000 and beyond," *World Englishes* 20 (2), 119–132.

吉川正人 (2015)「社会統語論」『社会言語学』, 井上逸兵 (編), 朝倉書店, 東京.

索　引

1. 日本語は五十音順に並べてある．英語（などで始まるもの）は
   アルファベット順で，最後に一括してある．
2. ～は直前の見出し語を代用する．
3. 数字はページ数を示し，n は脚注を表す．

［あ行］

アドホック概念　44, 96-98, 116, 120
アドホック構文（ad hoc construction）
　161, 163
アマルガム（amalgam）　143, 152
威信（prestige）　261
一方向性仮説（Unidirectionality
　Hypothesis）　48
移動，移動動詞　238, 239
意味の構成性（semantic compositionality）
　130
意味場（semantic field）　3, 8
意味役割（semantic role）　13-16
イメージ・スキーマ変換（image-schema
　transformation）　41, 138
英語の三大円圏　262, 288
英語帝国主義　265

［か行］

外円圏（Outer Circle）　262
解釈（construal）　175, 181, 182, 190, 201,
　202, 210, 211
概念意味論（Conceptual Semantics）　18
概念基盤（conceptual substrate）　193,
　194, 203
概念ブレンディング　59

概念メタファー　139
開放系言語学　219
解放的語用論　246
乖離的態度（dissociative attitude）
　107-109, 115
会話の格率　71, 74, 79
会話のスタイル　283
拡大円圏（Expanding Circle）　262
格率　80
カテゴリー（カテゴリー化）　168,
　185-188, 206-212, 219, 224-229, 234,
　236, 237
カテゴリー関係（categorizing
　relationship）　185, 186
「彼（女）ら」コード（they-code）　268
間主観化・相互主観化
　（intersubjectification）　49, 50
間主観性・相互主観性（intersubjectivity）
　49, 50
関連性の（認知／伝達）原則　92, 93, 101
関連性誘導による発見的解釈過程　93-
　95, 119, 120
記述のターゲット（descriptive target）
　200
基準（baseline）　204-206
創発文法　293
客観的把握（objective construal）　241
協調の原則　71, 74, 79, 80, 83

325

響鳴（resonance）　161
空間（空間表現，空間認知）　235, 236
グラウンド（ground）　194-198
クレオール化　270
グローバル化　288
グローバルテクスト（Global Text）　291
経験的共起（experiential correlation）
　42
形式性（formality）　275
継承リンク（inheritance link）　137
言語獲得　148, 164
言語交替　289
言語相対論　228, 232-234, 240
顕在的威信（overt prestige）　261
語彙意味論　19
語彙化（lexicalization）　45, 48
　〜ギャップ　86, 88, 89
　〜パターン（Lexicalization patterns）
　　238, 239
硬直性（rigidity）　114, 115
構文（construction）　126
　〜スキーマ　127, 152, 155, 163, 186-
　　188
　〜の意味（constructional meaning）
　　135
構文化（constructionalization）　61, 64,
　65, 160
構文形態論（construction morphology）
　151
項目依拠構文（item-based construction）
　149
コードスイッチング　266
個化　296
ことばの民族誌　232
好まれる言い回し（fashions of speaking）
　240
語用論的強化（pragmatic strengthening）
　46

語用論的推論（pragmatic inferencing）
　46
語用論的労力の分業（Division of Prag-
　matic Labor）　88, 89
コンテクスト　233, 234, 256
コンテクスト化の合図（contextualization
　cue）　246, 281

［さ行］

再分析（reanalysis）　159
サピア・ウォーフの仮説（Sapir-Whorf
　Hypothesis）　219, 228, 235
参与者（participant）　172
軸語スキーマ（pivot schema）　149
事象構造鋳型（event structure template）
　21
事象叙述文　30
事態把握　241, 242
シネクドキ（synecdoche）　42
ジャーゴン（jargon）　274
社会統語論　293
習慣的な思考（habitual thought）　240
修正オッカムの剃刀原則　74, 74n
主観化（subjectification）　49
主観的把握（subjective construal）　241
主題役割（thematic role）　14
使用基盤モデル（usage-based model）
　129, 150
消極的な面目／積極的な面目（negative/
　positive face）　279
少数言語と英語　288
上層語／下層語（High/Low Variety）
　267
事例化のリンク（instantiation link）　140
スキーマ（schema）　181, 186-190
スコープ（scope）　177-179, 195, 196, 201
スタイル（style）　275

索　引　　327

直示表現（ダイクシス）　234
制限コード／精密コード（restricted/
　elaborated code）　269
生成意味論（generative semantics）　17
生成語彙意味論（Generative Lexicon
　Theory）　22
精緻化（elaboration）　186, 204-206, 204n
成分分析（feature/componetial analysis）
　3, 12
世界諸英語（World Englishes）　263
セッティング（setting）　172
潜在的威信（covert prestige）　261
全体的認知（holistic cognition）　250
層（strata）　206-208, 210, 211
相同性　240-242
属性叙述文　30
素性分析（feature/componetial analysis）
　3, 12

[た行]

対応関係（correspondence）　184, 185
ダイクシス（deixis）　70
ダイグロシア（Diglossia）　267, 268
対当の方形（Square of Opposition）　86,
　87
対話統語論（dialogic syntax）　161, 293
多義（polysemy）　5, 31-33
多義性リンク（polysemy link）　137
単義（monosemy）　31-33
単義的　43
談話標識（discourse marker）　157
秩序だった異質性（ordered
　heterogeneity）　260
チャンク（chunk）　144, 154
チャンク化（chunking）　154
同音異義（homonymy）　5, 32, 33
同義関係　4

同義語　11
動詞特化構文（verb-specific
　construction）　146
動詞の島（verb island）　149
トラジェクター（trajector）　176, 177,
　184, 185

[な行]

内円圏（Inner Circle）　262
日常言語学派　71
認知資源　243, 249

[は行]

バイオプログラム（bioprogram）　270
発話行為（soeech act）　70, 71, 198
話すための思考パターン（thinking for
　speaking）　237, 238, 240
話し手の意味（speaker's meaning）　69,
　71
ハビトゥス（habitus）　240
反義関係（antonymy）　5
非自然的意味（non-natural meaning）
　101n
ピジン（pidgin）とクレオール（creole）
　270
百科事典的知識　9
部分関係のリンク（subpart link）　139
部分-全体関係（meronymy）　7
フレーム（frame）　9-11, 51-55
フレーム意味論（Frame Semantics）　9,
　11, 51-54
フレームネット　51, 133n
ブレンディング（blending）　157
プロトタイプ（prototype）　181, 181n,
　209-211
プロトタイプ意味論　25

プロファイル（profile）　176, 181, 182, 195, 196
文化モデル（cultural models）　222-224
分析的認知　254
分節化（fragmentation）　298
文法化（grammaticalization）　45, 159
ベース（base）　176, 195, 196
変異（variable）（規則）　260
変異理論（variation theory）　259
包摂関係（hyponymy）　6
飽和　96-98
ポライトネス　246

［ま行］

マクロ社会言語学（macro-sociolinguistics）　218
マルチモーダル構文（multimodal construction）　166
ミクロ社会言語学（micro-sociolinguistics）　218
矛盾関係（contradictory）　5
メタファー　37-42, 46, 219, 223, 224
　〜的拡張のリンク（metaphorical extension link）　139
メタメッセージ（meta-message）　275
メトニミー　39-42, 152
メンタル・コーパス　57-59

［や行・ら行・わ行］

様態・結果の相補性仮説（manner/result

complementarity）　21
ランダムサンプリング　259, 261
ランドマーク（landmark）　177
理想言語学派　71
量的転換（quantitative turn）　293, 297
レジスター（register）　275
連帯と排除　274
「我々」コード（we-code）　268

［英語］

African American Vernacular English（AAVE）　259
B/E 構成（B/E organization）　204-206
community of interest　299
English-Only と English-Plus　266
Facet　34
implicature　69, 70, 74, 77, 79, 81-83, 90
meaning$_{NN}$（非自然的意味）　101
Microsenses　34
NSM 理論　27
Q 原理　84, 85, 88, 89
R 原理　84, 88, 89
Satellite-framed Language（衛星枠づけ言語）　25, 238, 239
snowclone　64
Verb-framed Language（動詞枠づけ言語）　25, 238, 239
vernacular（集団固有の日常語）　260

【執筆者紹介】（掲載順）

早瀬　尚子（はやせ　なおこ）［編者］
大阪大学言語文化研究科 准教授. 専門分野は英語学・認知言語学・構文論.
主要業績：「懸垂分詞構文を動機づける「内」の視点」（『「内」と「外」の言語学』共編著, 開拓社, 2009）, "The cognitive motivation for the use of dangling participles in English" (*Motivation in Grammar and the Lexicon*, John Benjamins, 2011), "The motivation for using English suspended dangling participles: A usage-based development of (inter)subjectivity" (*Usage-Based Approaches to Language Change*, John Benjamins, 2014), 「従属節からの語用論的標識化──発話動詞関連の懸垂分詞構文がたどる新たな構文への道──」（『現代言語理論の最前線』共編著, 開拓社, 2017）, 「分詞表現の談話標識化とその条件」（『構文の意味と拡がり』共編著, くろしお出版, 2017）, など.

吉村　あき子（よしむら　あきこ）
奈良女子大学研究院人文科学系 教授. 専門分野は英語学・言語学・意味論・語用論.
主要業績：『否定極性現象』（英宝社, 1999, 第33回市河賞受賞）, "A cognitive constraint on negative polarity phenomena" (*BLS* 20, 1994), "Procedural semantics and metalinguistic negation" (*Relevance Theory: Applications and Implications*, John Benjamins, 1997), 『否定と言語理論』（共編著, 開拓社, 2010）, "Descriptive/metalinguistic dichotomy?: Toward a new taxonomy of negation" (*Journal of Pragmatics* 57, 2013), など.

谷口　一美（たにぐち　かずみ）
京都大学大学院人間・環境学研究科 教授. 専門分野は認知言語学.
主要業績：『認知意味論の新展開──メタファーとメトニミー』（研究社出版, 2003）, 『学びのエクササイズ 認知言語学』（ひつじ書房, 2006）, 『ことばの本質に迫る理論言語学』（共著, くろしお出版, 2014）, 『最新理論言語学用語事典』（共著, 朝倉書店, 2017）, など.

小松原　哲太（こまつばら　てつた）
立命館大学言語教育センター 講師. 専門分野は認知言語学.
主要業績：「行為連鎖のアクティヴ・ゾーン──介在使役構文の換喩的基盤──」（『日本認知言語学会論文集』16, 2016）, 『レトリックと意味の創造性──言葉の逸脱と認知言語学──』（京都大学学術出版会, 2016）, 「比喩を導入する構文としての直喩の語用論的機能」（共著, 『日本語語用論フォーラム 2』, 加藤重弘・滝浦真人（編）, ひつじ書房, 2017）, 「修辞的効果を生み出すカテゴリー化──日本語における類の提喩の機能的多様性──」（『認知言語学研究』3, 開拓社, 2018）, など.

井上　逸兵（いのうえ　いっぺい）

慶應義塾大学文学部　教授．専門分野は英語学・社会言語学．

主要業績：『伝わるしくみと異文化間コミュニケーション』（南雲堂，1999），『ことばの生態系——コミュニケーションは何でできているか』（慶應義塾大学出版会，2005），"Different languages, different contextualization resources: politeness and discourse strategies in English and in Japanese"（*Advances in Discourse Approaches*, Cambridge Scholars Publishing, 2009），『グローバル・コミュニケーションのための英語学概論』（慶應義塾大学出版会，2015），『朝倉日英語対照言語学シリーズ　発展編 1 社会言語学』（編著，朝倉書店，2017），など．

多々良　直弘（たたら　なおひろ）

桜美林大学リベラルアーツ学群　准教授．専門分野は英語学・社会言語学．

主要業績：「スポーツコメンタリー——メディアが創るスポーツという物語」（共著，『開放系言語学への招待——文化・認知・コミュニケーション』慶應義塾大学出版会，2008），「メディア報道における批判のディスコース——スポーツ実況中継において日英語話者はどのように批判を展開するのか——」（『社会言語科学』第 20 巻第 1 号，2017），「報道の社会言語学」（共著，『朝倉日英語対照言語学シリーズ　発展編 1 社会言語学』朝倉書店，2017），など．

【監修者紹介】

西原哲雄（にしはら　てつお）宮城教育大学教育学部 教授

福田　稔（ふくだ　みのる）　宮崎公立大学人文学部 教授

早瀬尚子（はやせ　なおこ）　大阪大学大学院言語文化研究科 准教授

谷口一美（たにぐち　かずみ）京都大学大学院人間・環境学研究科 教授

言語研究と言語学の進展シリーズ　第2巻

言語の認知とコミュニケーション
──意味論・語用論，認知言語学，社会言語学──

監修者	西原哲雄・福田　稔・早瀬尚子・谷口一美
編　者	早瀬尚子
著作者	早瀬尚子・吉村あき子
	谷口一美・小松原哲太
	井上逸兵・多々良直弘
発行者	武村哲司
印刷所	日之出印刷株式会社

2018 年 11 月 27 日　第 1 版第 1 刷発行©

発行所　　株式会社　開 拓 社

〒 113-0023 東京都文京区向丘 1-5-2
電話　（03）5842-8900（代表）
振替　00160-8-39587
http://www.kaitakusha.co.jp

ISBN978-4-7589-1372-0　C3380

JCOPY ＜出版者著作権管理機構 委託出版物＞

本書の無断複製は，著作権法上での例外を除き禁じられています．複製される場合は，そのつど事前に，出版者著作権管理機構（電話 03-3513-6969, FAX 03-3513-6979, e-mail: info@jcopy. or.jp）の許諾を得てください．